存在之路

新经济学下的社会轮廓

庄艳忠◎著

河海大学出版社
·南京·

图书在版编目（CIP）数据

存在之路：新经济学下的社会轮廓/庄艳忠著．
南京：河海大学出版社, 2024.12. -- ISBN 978-7
-5630-9452-3

Ⅰ．F0

中国国家版本馆 CIP 数据核字第 20249LX746 号

书　　名	存在之路：新经济学下的社会轮廓 CUNZAI ZHI LU: XINJINGJIXUE XIA DE SHEHUI LUNKUO
书　　号	ISBN 978-7-5630-9452-3
责任编辑	陈丽茹
特约校对	罗　玮
装帧设计	乐读文化
出版发行	河海大学出版社
地　　址	南京市西康路 1 号（邮编：210098）
网　　址	http://www.hhup.com
电　　话	（025）83737852（总编室）　（025）83722833（营销部） （025）83787104（编辑室）
经　　销	江苏省新华发行集团有限公司
排　　版	南京布克文化发展有限公司
印　　刷	苏州市古得堡数码印刷有限公司
开　　本	718 毫米 ×1000 毫米　1/16
印　　张	16
字　　数	221 千字
版　　次	2024 年 12 月第 1 版
印　　次	2024 年 12 月第 1 次印刷
定　　价	68.00 元

导　读

　　缘何要创写《存在之路：新经济学下的社会轮廓》这部经济学著作？众所周知，经济学这门学科仅有两百多年的历史，与人类数千年的历史相比是相当短暂的。经济学作为一门独立的学科，历经了曲曲折折的演变过程。1776年美国发表《独立宣言》。也正是在这一年，经济学的鼻祖亚当·斯密创作了《国富论》这部伟大的经济学著作，后人奉《国富论》为经济学中的《圣经》，与爱因斯坦的理论在物理学中的地位一样，对后世的影响极大。在《国富论》里，亚当·斯密首次提出了"经济人假设"，也就是那只推动经济现象运动的"看不见的手"，还有一个是分工理论。亚当·斯密的《国富论》形成了一套体系，但是这套体系是否就是无懈可击的、完全合乎逻辑的呢？换句话讲，《国富论》是否存在瑕疵？是否存在问题？回答是：《国富论》有问题，而且问题还不小。那么，读者的兴趣就来了，如此伟大的一部经济学著作到底有哪些问题呢？剖析《国富论》是件复杂的工作，绝不是一件简单的事，并非一蹴而就的。因此，对于读者的诸多疑问，我会在诸章节中逐步回答。当然，本书不单单剖析《国富论》，对于其他的经济学理论，也要进行剖析，譬如大卫·李嘉图、凯恩斯、萨缪尔森等经济学大家所创立的理论。我们知道，任何一种完美的理论都需建立在正确的基础上，不管它是数学、物理，还是所谓的经济学。一旦理论的基础有问题，那么建立在这种基础上面的整个理论体系都会有问题，是会崩塌的。正如我们盖房子一样，假如地基不结实，那么房子盖得越高，它崩塌的危险就越大。建立一种理论，如同盖一栋房子。不同的是，房子的基础，人们称它为地基；而理论的基础，人们则称它为原理。原理皆是简单的，越简单的原理，它就越具有普遍性，它所包含的内容或现象就越多。可判断原理的正确与否，却不是件容易的事。我们必须从原理演绎出来的各种结论，反过来判断原理的正确与否。正确的原理一定要经得起时间的检验，要通得过思维的审查。因此，真正的原理来之不易。当然，以此原理为基础，建立起一整套完整的理论更是不易，那是多少年寒窗的结果。

一个人一生能够"捡到"几条真理，已实属幸运。在真理的海洋面前，每个人都要保持谦虚。正如科学巨人牛顿曾言：我只不过是在大海边玩耍的孩子，偶尔捡到几个美丽的贝壳而已。

我在2014年出版的《生命之路》中，提出了几条原理和定律，用它们作为基础，构建出一套完整的理论。当然，书中也涉及其他问题的论述，但没有做到详细展开，使它们成为一种严格的详细的理论，譬如经济学理论。出于此及以上诸原因，我下定了决心要创作这部书。我深知创立理论的艰难和不易，但纵使有大山拦路，也要把它打通，把这套理论完整地建立起来。

为了便于读者的理解，也为了使读者理解此书的来龙去脉（此书的理论基础所涉及的原理是从《生命之路》中的几条原理演绎而来的），我先列出《生命之路》中的几条原理或定律，同时也列出《存在之路：新经济学下的社会轮廓》中的两条基础原理。在本质意义上，《存在之路：新经济学下的社会轮廓》是《生命之路》的子集合。

（1）基本原理：生命的一切都是围绕生存而运动的。

（2）感存定律：高等生命的一切都是围绕感存而运动的。

（3）作用性原理：在动物界中，对生存作用越大的事物，注入的感存会越多；反之，会越少。

（4）统一性原理：高等生命体的内在物质或物质运动过程，都与感存有关或影响到感存。

（5）转化原理：高等生命的外在一切和内在相应的一切都可以转化为感存。

（6）外表现原理：动物生命体的外在表现形式都是感存的一种具体的表现或是一种具体的对应。

（7）美的定律：美是人的感存对任何一切注入的产物，它随着感存的变化而变化。

（8）梦的原理：梦是人的大脑中的一般度发生感存内强差并且达到一定程度

而表现出来的产物。

（9）智力原理：智力是人的感存的对应产物，有怎样的感存就有怎样的智力。

以上九条原理或定律是我在《生命之路》中提出来的。

《存在之路：新经济学下的社会轮廓》中的原理如下：

（1）经济物存原理：经济的运动是人或人类社会的物存的运动。

（2）经济感存原理：经济的运动同样遵循感存的运动规律。

这两条原理是整套经济理论的基础。

为了创作经济学理论，我进行了漫长又辛苦的前期准备。当然，虽然说这样的工作是一件十分累人的事，但当种种理论成果建立起来时，我内心的幸福感是满满的。经济学理论涉及的现象是各个方面的，如商品、货币、价值、劳动等。以商品为例，我们的传统理论不能对其进行完整的解释，即传统的商品理论还有诸多不足，并且这样的不足涉及的是本质性问题。另外，劳动价值论和边际效用价值论，被看作水火不相容的两种独立的理论。难道二者之间就没有实际上的本质联系吗？在本书中，我将证明劳动价值论与边际效用价值论在本质上是一致的，也就是二者在本质上是等价的。这是对马克思理论的一种贡献。以上的这一切，我都会在书中详细阐释，以得到一个符合事实的结果。

最后，我想说的是，任何一种理论的建立都要博采众长，正如牛顿所言："如果我看得比别人更远些，那是因为我站在巨人的肩膀上。"唯有采集百花，方能酿出好蜜。

庄艳忠

目录

第一章　存在于我们世界中的感存与物存　/1

第二章　当我们在讨论经济时，
　　　　我们在研究什么　/10

第三章　矛盾又奇妙的经济人假设　/23

第四章　交换带来了什么　/32

第五章　理所当然的商品
　　　　与意想不到的商品　/37

第六章　什么决定商品的价值　/43

第七章　货币是如何演变的　/48

第八章　货币的真相　/53

第九章　货币的法则：
　　　　货币基本属性的运用　/66

第十章　会游动的货币：
　　　　论货币的国际运动　/88

第十一章	货币运转的秘密： 什么是货币的富集现象	/96
第十二章	难逃的波动： 当经济危机来临时	/101
第十三章	价值与价格的博弈： 商品价格的演变与属性	/113
第十四章	水与钻石的矛盾背后： 价格的矛盾性	/124
第十五章	"卖画现象"与"新酒陈酒现象" 背后：论稀缺与供求的关系	/131
第十六章	波动的规律： 商品的价值如何转化为价格	/136
第十七章	高高低低的工资背后： 什么决定着特殊商品的价值	/142
第十八章	奇怪的吉芬现象： 什么是反态商品的价格	/149
第十九章	非正常交换： 反商品也有货币性	/154
第二十章	商品的利润从哪里来	/157
第二十一章	李嘉图的遗憾： 价值规律的局限	/166

第二十二章　劳动价值和效用价值哪个更重要：
　　　　　　走进效用价值的深处　　　/172

第二十三章　寻找价值的真正内蕴　　/181

第二十四章　关于绝对价值和相对价值　/199

第二十五章　作用态的一般性划分和
　　　　　　作用价值的量化　　　　/203

第二十六章　通往幸福的经济学　　　/211

第二十七章　美与经济的关系：
　　　　　　从美的角度建立劳动价值论与
　　　　　　边际效用递减价值论的等价关系/234

参考文献　　　　　　　　　　　　　/241

后记　　　　　　　　　　　　　　　/243

第一章
存在于我们世界中的感存与物存

这一章的阐述，是为了让读者更好地理解把握《存在之路：新经济学下的社会轮廓》。我们有必要花费一定篇幅来进行一些阐释，阐释的内容是关于2014年我出版的《生命之路》中的三个基本概念：生存、物存和感存。当然，这样的阐述也只能是扼要性的。

自从地球有了生命之后，一切生命都是围绕生存而运动的，不管是天上的、地上的，还是海底的，也不管是动物的、植物的，还是更为低级的生命形式。也许就有读者会感到疑惑，"生存"不是一种低级的生活行为吗？它与我们人类的精神境界是有相当的差距的，难道不是属于层次较低的一种类型吗？面对这样的疑问，我的回答是：这是人们长期以来的一种思维定式，人们普遍认为生存是一种水平层次较低或精神境界较低的生活行为，这样的思维定式是一种巨大的误区。很明显，本书中的"生存"完全不是人们思维定式中的"生存"，它是一种最基本的概念，"生存"二字已经被概念化了。"生存"的内蕴已被拓展了，是一种广义上的概念，对于一切生命而言具有绝对的普遍性。因此，人们脑海中的"生存"仅仅是一类狭义上的词语，与本书中的"生存"概念有本质上的区别。

"生存"从狭义上的词语到一般性的概念，其内蕴含义被最大限度地拓展了，适用于一切形式的生命。从植物的生长、牛吃草、老虎捕食，再到人类的吃喝住行等一切，都是生存的现象。这一切的现象都遵循生存的规律。

但对于动物界，特别是对于作为高等生命的人类而言，还有一股基本的力量在控制着我们的言行，如我们人类会感觉到天空是美的、大海是美的、草原是美的、一望无际的田野是美的、吃的食物是美的，等等。也就是说，我们人类会明明白白地感到宇宙中的一切皆会引起美感。这一切是极其深刻的基本现象，假如我们人类不能感受到这一切的美，人类是无法生存的。因为，假如一切都如此丑陋——大地是丑陋的、天空是丑陋的、河水是丑陋的、树木是丑陋的、衣服是丑陋的，人类的生存根本就是不可能的，人类会痛苦地活着，甚至死去。让我们人类感到美的这一股神秘的生存力量，就是感存。

感存是一种集合性的基本概念。所谓集合性的概念，指的是感存这个基本的概念包含众多类似的元素，比如爱、情感、美感等。这些类似的元素都蕴藏于感存这个基本的概念之中。其实，我们生活中的概念都是集合性的，也就是说每一种概念都包含着相似的元素。同样，生存和物存也是集合性的基本概念。

读者对于"生存"的理解基本都停留在原有的认识之上，而本书中的"生存"是一种具有普遍性的基本概念，其内蕴远远地超出了原先的所识范围。由此可见，本书所阐述的理论是一种全新的理论，涵盖了生命现象的各个方面。

美是感存的直接产物，并与生存发生了内在的本质联系。

【1】此外，酸雨毁掉了温带地区的森林，也让湖泊的酸性达到了许多物种所能承受的临界值。因为工业事故，生活在切尔诺贝利、戈亚尼亚（巴

西）和博帕尔地区的人们受到空气污染、水污染和辐射污染。

所有这些都在某种程度上指向一个重要的基本现实：相对生物圈而言，人类的活动范围已经变得太大。在过去的36年里（1950—1986年），人口已经翻了一番（从25亿增长到50亿）。而同一时期，世界生产总值和化石燃料消耗几乎都翻了两番。超过现有规模的进一步增长极有可能使得消耗比收益增长更快，从而进入一个"不经济的增长"的新时代，这会让我们变得贫穷而非富有。然而到目前为止，对这些狂野现实的表述，仍不足以成功冲击沉迷于经济学话语的民众。实际上，与凯恩斯所说的相反，如今无论是狂野的文字还是现实，似乎都被当成谎言的例证。道德担忧是"不科学的"，而所谓的事实都是"杞人忧天"。

关于此摘录所指出的事实，我们有如下分析。

一方面要表述的是环境与生存的重要关系。由于人类不断地发展生产力，盲目地从大自然中夺取各种资源，以牺牲环境为代价来发展所谓的经济，结果是经济表面上看是上去了，环境却被严重地破坏了或污染了，甚至出现了严重的工业事故，产生了空气污染和水污染等。我们应当知道，所有这样的盲目发展必将使人类被环境狠狠报复，人类的生存会受到严重的威胁。人类盲目追求利益，给大自然带来了巨大的伤害。而人类所造成的后果，也必须由自己来承受。一个美丽的环境是生存的必然要求，一旦我们人类赖以生存的环境被严重地污染了，变得不美了，势必严重影响我们人类感存的正常注入，进而影响人类正常的生存。历史一遍一遍地惩罚了人类的此种行径，但是我们人类还是在狂热地追求利益，不惜牺牲优美的环境，人类何时才能觉醒呢？没有美的环境，哪有心灵的宁静，哪有爱的清净？我想其中的道理是深刻的。

另一方面要表述的是什么才是真正的经济发展，经济发展的最终目的是什么。我想这是我们人类要发展经济必须要解答的问题，否则在目的不明确的情形下发展经济，会带来种种恶果。（1）真正的经济发展必须兼顾环境，环境既优美，经济又得到相应的增长，这是最好的结果。（2）所有的经济发展其最终都是为了人们的幸福，也就是说人们的幸福是经济发展的宗旨所在。人们的幸福生活，离不开优美的环境。我们很难想象人们在空气污染严重、水资源污染严重的环境中如何生存。

感存是"感情生存"的简称，但感存完全不同于感情，感存是一种普遍的概念，它与生存、物存一样都属于基本的概念。感情包含于感存之中，是感存的一种具体的表现形式。

感存可以让我们人类感受到一切事物的美丽，让我们的心里感觉到幸福、快乐、舒服等。因此，幸福、快乐、舒服等类似的一切感觉是感存必然的心理特征，它们与感存如影随形、不分不离。幸福、快乐、舒服、快感等这些都是相类似的心理特征，它们组成了一个心理特征集合，我们称之为感存伴随特征集合。我们可以这样认为，当我们具有这类心理特征集合之时，就说明了此刻有感存在注入。我们也注意到这样的事实现象：心里感到快乐、舒服或幸福，对我们身心的健康是十分有益的。从而我们可以得出一个这样极为重要的结论：感存有益于身心健康。

反感存是由感存派生出来的，它是阻碍生存的。反感存所伴随的心理特征是痛苦、不舒服、不幸福等。感存的心理特征与反感存的心理特征正好完全相反，前者的心理特征是促进生存的，后者的心理特征恰恰是阻碍生存的。两类心理特征相辅相成，互相成为对照。同样，痛苦、不舒服、不幸福等类似的心理特征，也组成了一个心理特征集合，我们称之为反感存伴随特征集合，当我们的心里感觉到不舒服、不幸福、不快乐，说明此刻有反感存在注入。同样，我们也注意到这样的事实：当我们不舒服、不快乐或者不幸福时，我们的身心总是会受到相应伤害。从而我们可以得出这样一个极为重要的结论：反感存不利于身心健康。

另外，爱也包含于感存之中，爱也是感存的一种具体的表现形式。

感存是很抽象，但却是客观存在的。它有它的物质基础，即遗传密码DNA。由于每个人所携带的遗传密码不一样，这就意味着每个人的感存类型不一样。人类一旦没了感存这股基本的力量，就无法生存。感存是生存的基本条件之一。

当然，我们生存还需要一股基本的力量，它就是物存。物存是"物质生存"的简称，同样，物存亦是一种普遍性的概念。植物没有感存，它们仅仅是简单的物存，从而植物的生存可以简单地看成是物存。人类的物存，包括吃、喝、住、行以及其他相类似的一切。

从集合的角度来思考，一切的生存现象都可以划分为两个基本的现象集合：感存现象集合和物存现象集合。

任何的生存现象，要么属于感存现象集合，要么属于物存现象集合，或者属于这两个基本现象集合进行组合所引导出来的现象集合。

作用与生存有着直接的内在关系，这是非常重要的，应引起读者极大的关注与思考。同样，从集合的角度来划分，一切事物对生存的作用可以划分为两个基本的集合：物存作用集合和感存作用集合。也就是说，任何的生存作用，要么属于物存作用集合，要么属于感存作用集合，或者属于这两个基本作用集合进行组合所引导出来的作用集合。

作用与感存的本质关系是：对生存作用越大的事物，注入的感存越多；反之越少。

作用与感存的这种本质的关系是一种线性的正比例关系，因此我们可以对一个人所具有的总的感存进行量化，也就是说可以用公式进行精准的表述。

任何一个人所具有的总的感存由三个基本的集合组成：天然感存、后天的物存作用性感存和后天的感存作用性感存。其中，天然感存指的是一个人与生俱来的感存，它指的是蕴藏在一个人遗传基因中的感存，与后天的作用变化无关，因此用天然感存来明确其性质。而后天性的感存不是天然的遗传基因所携带的，是由于事物对生存的不同作用所引起的，它分为后天的物存作用性感存和后天的感存作用性感存两类。

通过上面的相关论述，我们现在可以对一个人所具有的总的感存用公式表述如下：

$$G=\sum_{i=1}^{\infty}(G_0(A_i)+k_{1i}W_z(A_i)+k_{2i}G_z(A_i))$$

其中，G 代表某个人的总的感存量，A_i 代表某一事物，$G_0(A_i)$ 代表某一事物的天然感存量，W_z 代表物存作用，$k_{1i}W_z(A_i)$ 代表某一事物物存作用所引起的感存量，k_{1i} 是物存作用的比例系数，$k_{2i}G_z(A_i)$ 代表某一事物感存作用所引起的感存量，k_{2i} 是感存作用的比例系数。另外，我们用 g 作为感存的单位，读作感存。

注意：某种事物在相对的时间内，其作用变化不大或者变化是微小的，我们称这样的作用为静态作用。故上面的公式可以用正比例的关系来描述。如果某事物的作用是动态的，那么我们就要用微分的形式来加以描述了。事实上，事物在相对的一定时间内都具有静态作用。当然，并不是说事物永远都是静态的。当事物从一种静态作用向另一种作用态变化时，它在这种作用态中也会保持一定时间的稳定。因而，我们还是可以用上面的公式来刻画。感存基本公式是一种静态式的公式。

我们必须对这个感存的基本公式进行详细阐释。

（1）任何一种事物同时具有物存作用和感存作用，只不过这两种基本的作用有多与少之分，即在某种事物上或者感存作用居多，或者物存作用居多，也就是说两种基本的作用在量上是不一致的，总有多与少的区别，只是二者的作用差别不大（尽管这样的差别不大，但还是有所差别的）。

比如一双皮鞋，它就有物存作用，同时还具有感存作用，因为漂亮的皮鞋容易引起人们的关注，使人内心产生舒服感。比如水，它的主导作用是物存作用，但是否就可以说水没有感存作用呢？答案是否定的。那如何断定水具有相应的感存作用？我们知道感存具有其明确的伴随特征：舒服、幸福、快乐等。一旦我们的内心感觉到了这样类似的伴随特征，就直接地说明了此时此刻有感存正在注入。我们同时注意到了这样的事实现象：当我们口渴时，水可以迅速地解渴，这是水的物存作用，但我们的内心也同时感受到了舒服，这说明了感存正在注入，也就是说明了水具有感存作用。但必须明确的是：水对于我们的物存作用大于感存作用。其他一切事物的作用也可以划分为两种基本的作用。其中也说明了一个深刻的现象：物存作用和感存作用是成对出现的，不相离。

（2）当某种事物对生存的作用不断变化时，人们对其注入的感存也在不断地变化，这是感存注入的一种基本的规律。

（3）我们以垃圾为例对公式所具有的性质进行更深入的解释。在通常的情形下，垃圾对于人类是没有作用的，甚至垃圾是有害于人们身体健康的，所以垃圾反作用于人们的生存，或者说阻碍人们的生存。正是垃圾的这种重要的特性，使得人们对其无法注入后天性的感存，反而是注入反感存，因为人们看见垃圾内心会感到不舒服，这正是反感存注入的标示。但必须提醒读者的是：我们人类对任何东西都会注入天然的感存，垃圾也不例外，当然注入的量是有多与少的区别的。正是由于这个基本的因素，我们会发现这样的现象：只要我们认真地、定心地观察垃圾，我们也会从中发现其微弱的美。垃圾在我们的眼里主要显示出丑，是由于人们对其注入的反感存远大于人们对其注入的天然的感存。感存的注入量和反感存的注入量不能互相抵消，但是它们所产生出来的美或丑的基本效果会互相压制，以垃圾为例：天然感存的注入所产生出来的美并没有消失，反感存的注入所产生出来的丑也没有消失，只不过丑的效果将美的效果压制了，从而垃圾主要以丑的效果显示出来。

垃圾这个典型的例子同时涉及了反感存的运动规律，在此有必要大致地论述反感存的运动规律，这有助于读者以后更好地理解经济学理论。生存这个一般性的基本概念必然派生出一种反体系概念，即反生存、反感存、反物存、反作用。反作用的含义是某种事物的作用是阻碍生存的，包含两个基本的方面：反物存作用和反感存作用。

反感存随着反作用的变化而变化，并且它们呈线性的正比例关系。

我们还是以垃圾为例，从中认识反感存的变化规律。一方面，垃圾是有害健康的，这是它的反物存作用。另一方面，当人们看到垃圾或闻到垃圾的味道时，心里会有不舒服感或厌恶感，而这正是反感存注入的标示，也就说明了垃圾具有反感存作用。从这个事实我们发现：反物存作用和反感存作用总是成对出现的，如影随形。

我们可以用如下公式准确地表述我们所具有的反感存的总量：

$$G_f = \sum_{i=1}^{\infty} \left(G_{f0}(B_i) + l_{1i} W_{fz}(B_i) + l_{2i} G_{fz}(B_i) \right)$$

其中，G_f 代表反感存总量，$G_{f0}(B_i)$ 代表某一事物的天然反感存量，B_i 代表某一事物，$l_{1i} W_{fz}(B_i)$ 代表反物存作用引起的反感存量，l_{1i} 代表反物存作用的比例系数，$l_{2i} G_{fz}(B_i)$ 代表反感存作用引起的反感存量，l_{2i} 代表反感存作用的比例系数。另外，反感存的单位是 g_f，读作反感存。

注意：每一个人的感存总量要远远大于反感存的总量，因而在一般的情形下，我们总是表现出感存的各种性态，如感觉看到的事物总是美好的、世界总是美好的，等等。反感存所表现出来的性态总是被感存所表现出来的性态压制住。这一点要引起我们读者的高度注意。同时，如同感存基本公式一样，反感存基本公式也是一种静态式的公式。

感存的注入是一个连续的过程，但是它单次的注入量具有最高值，也就是说感存单次注入的量是个有限量，而不是无限的大。这两个特点是感存注入的极为重要的规律。另外，我们也注意到这样的事实：一个人不吃饭可以撑几天，不会死；但是一个人如果发生了感存的断裂，也就是说感存无法正常地注入，那么只有两种结果，或者精神崩溃，或者即刻死去。从这样的事实中，我们得出了相应的结论：感存是连续的，而物存却是在某种限度内的离散。感存总量的公式揭示了感存是个无限的量，但是这种无限的量是被分成一定的量无限次地连续地单次注入，直到一个生命消亡为止。感存在注入之时，必然伴随着我们体内各种各样物质的物理变化运动或者化学变化运动，并同时伴有舒服感产生。

感存不是人类特有的，其他低等形式的动物也具有感存。但是，我们必须要注意的事实是：低等动物的感存量与高等的灵长类动物——人类所具有的感存量是完全不在一个量级上的。也就是说，人类的感存量要远远高于其他形式动物的感存量。因此，世界在人类的眼中远远比在其他形式的动物眼中要美得多，这样的美在量上有本质性的区别。

以上我们只是简单地阐释了生存、感存、物存三个一般性的基本概念，在后面诸章节，读者会一步步更为深刻地认识它们。这三个基本概念贯穿全书，是三种具有普遍性的锋利武器，当然"生存"是最基本的概念。

我们用生存转化为物存与感存来解释生命界的各种各样的现象，生存、感存、物存三者之间的一般性的基本关系是十分紧密的。物存与感存是生存的充要条件，它们辩证地统一在一起。

第二章
当我们在讨论经济时，我们在研究什么

我们生活在种种的经济现象里，面对我们所熟知的各种现象，我们很有必要窥探经济现象后面所隐藏的道理。为此，我们要先知道经济学研究什么。

"经济"二字的含义是什么？从字面上理解，它有"经世济民"之意。

请读者看看下面的摘录。

【2】《经济论》约写于公元前387至公元前371年。这部著作最先使用"经济"这个词。在古希腊文中，"经济"一词的原意是"家庭管理"，因此《经济论》又译为《家政学》，是现今流传下来的古希腊最早的经济专著，是人类经济思维的重要起点，集中反映了色诺芬的经济思想和对经济活动的主张。

《经济论》是用记录苏格拉底和克利托布勒斯、伊斯霍玛霍斯对话的形式写出来的。有人据此把它作为《苏格拉底言行录》的续篇。其实这本书是色诺芬拥有完整知识产权的独著。这本书至今仍受高度重视的一个原因是它对"经济"这个词的解释。现代经济学家认为"经济"的原意是"家什管理"（《中国大百科全书·经济学》），是指对家庭事务的管理，特别是指家庭收入的供应和管理（《新帕尔格雷夫法经济学大辞典》），是"管理家庭的智慧"（熊彼特的《经济分析史》）。这些解释都源于《经济论》这本书。

色诺芬对经济学的产生和发展的贡献，不仅在于第一次提出了"经济"的概念，还在于界定了经济思想研究的基本出发点——人类的物质幸福及其实现。色诺芬的经济思想关注人类物质幸福的内涵、实现人类物质幸福的手段及增加物质财富的手段和途径；而且，作为一门学问或一种物质生活的技术，色诺芬将经济学的使命理解为通过家庭财产管理以增进人类物质福利。色诺芬的认识契合了2000多年后马歇尔对经济学研究对象的界定："政治经济学或经济学是一门研究人类一般生活事务的学问，它研究个人和社会活动中与获取和使用物质福利必需品最密切相关的那一部分。"在这个意义上，我们说色诺芬的经济学是生活经济学，是人类经济思维的重要起点。

摘录很明确地说明了色诺芬对经济的贡献有两大点。

第一，他第一次提出了"经济"的概念，但这样的概念是狭义的，因其仅仅是"家庭管理"的原意。现实的情况却是，"经济"所包含的对象已远非"家庭管理"，已涉及人或人类社会生存的各个领域，如国家之间的贸易、股票、证券、汇率等。因此，"经济"的概念的内蕴必然也要随之进行相应的拓展。

第二，色诺芬界定了经济思想研究的基本出发点是人类的物质幸福及其实现，显然这一点与马歇尔的经济思想是一样的。不仅如此，在某种程度上，这样的经济思想与迄今为止所有的经济学家的想法是一样的。但这存在一个巨大的误区，问题的症结就在于基本的"感存"没有被发现，这是一个根本的原因，它直接导致了我们在分析问题时会出现各种各样的偏差、错误或不足。另外一点，物存不同于物质，二者完全不一样。

感存与物存是生存的充要条件，缺一不可。

不管是色诺芬还是马歇尔，还是其他的经济学家，由于没有将感存这个基本因素加入分析，他们所构建的经济学理论都存在问题。这样或那样的一系列问题，在后面的章节中都会向读者阐明。

色诺芬、马歇尔、其他的经济学家或其他哲人，认为物质幸福及其实现是人们追求一切最根本的动因或推力。诚然，生活的果实是幸福。可如果纯粹地认为追求物质幸福及其实现是人们追求一切最根本的动因，那必然是片面的。因为人们的生存还有一股基本的力量——感存，它让我们的世界产生美或美感，这股基本的力量是客观存在的。

物存与感存的关系是通过转化原理来架构的。比如，一个人肚子饿了就要吃饭，在吃饭的过程中这个人会感到舒服，而舒服感是感存的伴随特征。换言之，这里的物存分为两部分作用于生存。第一，它使这个人肚子饱了，不会死去，这是对于生存的物存作用。第二，它使这个人感到舒服、身心愉悦，这是对于生存的感存作用。缘此，物存通过转化原理，将其对于生存的作用分成了两大基本类型。反过来，感存为人们从事物存活动提供强大的动力，使人们有生存下去的强烈欲望。更进一步讲，人们没有物存还可以坚持几天，比如人们不进食，还可以活几天。但人们一旦没了感存，会感到整个世界、整个宇宙瞬时变得很丑陋，会严重阻碍生存，甚至死去，这在前面的章节里我们已经论述过了。

因此，感存定律告诉我们在很大的意义上，感存比物存对于生存更加重要。感存是一股强大的基本力量，但从古至今都被人们忽略掉了。人们与物存打交道，对于感存这股神秘的力量，人们忽略了。

综上所述，人们追求一切的根本动因是追求感存和物存，说得更彻底，就是追求生存。当然，幸福是生存"这棵树"上的"甜蜜的果实"。没有人去追求痛苦，痛苦是阻碍生存的。从这种根本的意义上来讲，人类的行为具有明显的趋向性。譬如，趋乐避苦、趋安全避祸害、趋利避弊等。这些都是人性的天然的行为。

从而我们要修改色诺芬、马歇尔，以及其他经济学家关于人类社会研究经济的基本出发点，重新表述为：人类社会研究经济的基本出发点是人们追求物存和感存，合在一起也就是追求生存是人类的基本出发点。

另外，关于经济物存原理和经济感存原理，有必要对读者说明一下。其一，经济物存原理有严格的意义范畴，就是说经济物存原理是严格地用物存来加以表述的。因此，经济物存原理具有一定的狭义性。为此，我们又引入经济感存原理，使其与经济物存原理互补。其二，经济学作为"社会科学的皇后"，显然跟心理学有着密切的关系。对于这一点，很多学者都有精辟的论述。

【3】2002年诺贝尔经济学颁奖礼上，原先被认为是热门的候选人均与诺贝尔奖擦肩而过。而实验经济学和心理经济学的代表人物则获得了殊荣，令经济学界颇感意外。许多人以为实验经济学和心理经济学是经济学的冷门和偏门，不仅与主流经济学关系不大，而且与现实经济问题的距离更远。

然而，张五常教授认为，如果说实验经济学看似新奇，心理经济学却是地地道道的经济学主流或正统。经济学里几乎所有的规律或定理都可以还原为人的心理规律。心理学不仅是与经济学靠得最近的学科，甚至可以说是现代经济学发展的基本推动力量。

例如，亚当·斯密撰写《国富论》之前，先写了《道德情操论》，专门研究人的心理情感和心理过程对现实经济行为和经济秩序的影响，得出了与儒家"爱有差等"类似的学说，认为仅靠无私的爱无法维持超过家庭或亲属范围的经济关系和经济制度的有效运转。

科斯作为研究《国富论》最为深入的当代学者，他高度推崇《道德情操论》，认为要读懂《国富论》，首先要读懂《道德情操论》。奥国学派价值理论和利率理论（以庞巴维克为代表）的根本基础就是人的主观感受和心理过程。凯恩斯解释大萧条的《通论》，假设了大量的心理规律（比如边际消费趋向、边际储蓄趋向等）。当代宏观经济学里居于支配地位的预期理论，同样是有关人的心理过程的。

因此，在经济物存原理外，又引入了另外的一条原理——经济感存原理。经济感存原理的引入是为了解释经济现象里的心理现象或者其他的相关现象，从而更好、更全面地解释各种各样的经济现象。因此，两条原理是相辅相成的，共同构成了《存在之路：新经济学下的社会轮廓》的理论基础。以此两条原理作为思考的平台，建立起经济理论的"大厦"。

经济学不是单纯地研究经济现象，它有着深刻的生存心理作为基础。因此，在研究经济现象的运行规律时，往往要思考人们的心理规律。

例如，心理学上的从众心理或羊群效应。人们在购买商品时，很容易受此种心理的影响。说白了，这种心理反映出典型的跟风现象。大家都说这种商品好，就会跟着说好；大家都说这种商品差，就会跟着说差。

接下来要阐述的这种心理现象是众多心理现象中的重要的一种。它属于体现人们心理趋向性的一种心理现象，我们把它称为感存两态心理现象。下面请读者看看什么是感存两态心理现象。

在其他条件一样的情形下或不被其他情况干扰的情形下，热闹比冷淡更能引起感存，这就是所谓的感存两态心理现象。这是人类心理趋向的一个显著特点。我们把热闹所能引起的感存称为热态感存，简称热态；把冷淡所能引起的感存称为冷态感存，简称冷态。

读者要注意两态心理现象的前提条件——在其他条件一样的情形下或不被其他情况干扰的情形下，没有这个前提条件，结论就不一定准确。

作为两态心理现象的一个直接例子是过春节。在中国，春节是一年中最重要的一个节日,各地的游子大都会回家过春节,望着久违的父母或妻儿,或者与朋友相聚,心中有说不出的喜悦。大家欢欢喜喜地聊在一起,有说有笑,那是多么舒服、多么惬意呀!反过来,假如春节时,游子不能回家,家里就剩下双亲或夫妻两地相隔,冷冷清清的,看着别家热热闹闹地团聚,心里是何等滋味。相信这种活生生的例子,大家都是感悟很深的。

我们再举感存两态心理现象在经济领域应用的两个具体例子。

第一,人们喜欢在市区中心购买房子,其中的原因除了市区中心便于满足大家的各种需求,如物质上的需求等,还有一个极为重要的原因,那就是人们喜欢热闹。市区显然比偏僻的郊区更加热闹,因此很多人喜欢在市区特别是市区中心买房子。但市区的房产资源是很有限的,供不应求,导致了市区的房价远大于郊区的房价。这种房价的经济现象,就包含着深刻的心理因素。研究经济现象,离不开研究心理现象。二者之间具有极为深刻的内在联系。

第二,很多类似的商家总喜欢扎堆在一起做买卖,如食品一条街、服装一条街、电子一条街等。后面的经济利益动力是什么?肯定是赚更多的钱。表面上看,好像竞争更激烈,商家赚的钱更少。其实不然,如果赚的钱更少,这种商家扎堆的现象是根本不会出现的。那只能说明,扎堆在一起做买卖赚的利润更多。可原因是什么呢?有传统意义上的原因,如这样扎堆在一起,顾客可以有更多的选择权,商家之间可以优劣互补,更有利于商品的出售。这仅仅是传统的理由,还有更深层次的心理因素。也就是感存两态心理现象,在此发挥了它深刻的心理作用。类似的商品扎堆在一起,热热闹闹的买卖场面激发了顾客的购买兴趣,生意反而更好做。反过来,假如类似的商品分散各地,零零落落的,场面冷冷清清的,顾客的购买兴趣就不会那么容易被调动起来,商家所赚取的利润反而会更少。同样的道理,商家选店面都比较喜欢选择在热闹、人流多的地方,那些人流少的店面在很大程度上选择它们的人就少。所以，前者的租金贵，后者的租金相对便宜。

当然，顺便带一句，假如某地类似商品的生意容量已经饱和了，就不要再选择在此地做同样的生意了，除非你的商品有很大的特色。

让我们通过下面的相关摘录更深入地理解心理学在解释经济现象中所起到的作用。

【4】生活中有一个常见现象，任何物品只要贴上名牌标签就会受到追捧，这就是我们常说的"名牌效应"。

现在有很多人都热衷于购买名牌产品，不只是因为名牌产品本身的品质，更多的是因为"名牌"把自己的身价抬高了。人们在购买名牌产品的时候，并不真正了解这个名牌本身的价值，而是因为别人都说这个牌子是"名牌"，或者是别人都穿或者用这个"名牌"，于是就抱着"别人都买，我又不是买不起"的心理，也跟着去买了。所以看似所有人都爱"名牌"，但其实大多数人只是在攀比、在跟风。

"名牌"在发展过程中奠定了在人们心目中的高贵形象，给人一种穿"名牌"、用"名牌"就是让别人知道自己是有本事的人的感觉，从而潜移默化地让很多人坚信买"名牌"本身就是一件值得炫耀的事。法国哲学家鲍德里亚认为："在消费社会中，人们的消费已经绝不仅仅是为了简单地吃饱穿暖，它其实还是消费者的一种'自我实现'，包括'炫耀'因素在内。"

经济学家凡勃伦告诉我们："人们买'名牌'是炫耀性消费，即人们购买商品的目的不单单是获得物质这么简单，更多的是通过拥有别人没有的，或高品质的商品，来获得社会地位的满足感和个人荣耀感。"

许多人热衷于"名牌"，因为他们认为拥有"名牌"，是一种身份的象征，隐含着一定的社会地位。他们觉得只要穿着"名牌"，就相当于向别人宣布"我是有钱、有地位的，你们都得尊敬我"，进而认可自己，觉得自己真如想象中那样有价值。当人们从消费中获得心理认同时，"名牌"的意义就不仅是实物消费，还有附加的社会意义。穿"名牌"就不仅是物质享受，更是社会地位和身份的象征。

对于"名牌效应"，我们要做如下相应的分析。

第一，人们为什么会热衷于名牌的商品？其中有着很深的道理，名牌的商品也自然有着普通的商品所不能达到的效果。比如，同样是两件衣服，一件是名牌的衣服，而另外一件是很普通的衣服。人们往往会倾向于买名牌的衣服，当然名牌的衣服价格也会相应高一些，得有买得起的条件。现在我们要问的问题是：同样都是衣服，它们的本质差别在什么地方？为什么名牌衣服更受人们的追捧？

（1）衣服的普遍功能是御寒，这是衣服的物存作用。除此之外，衣服还可以起到遮羞的作用，这是衣服的感存作用。另外，我们也关注到这样的一些现象：名牌衣服更能吸引人的眼球，使穿者能够在心理上更加有舒服感。这才是人们倾向于名牌衣服的本质原因，也是名牌衣服与普通衣服的本质区别。而这种心理上的作用正是名牌衣服对于人们的感存作用，普通的衣服达不到这样的效果。

（2）用摘录中的鲍德里亚的话讲就是："在消费社会中，人们的消费已经绝不仅仅是为了简单地吃饱穿暖，它其实还是消费者的一种'自我实现'，包括'炫耀'因素在内。"鲍德里亚的话道出了一个事实，人们的消费必须满足两个基本内容：物存性的消费和感存性的消费。我们可以把这个事实所包含的基本内容进行一般性的推广，这样会得出更为精彩和深刻的结论。为了便于分析这个精彩的结论，我们通过具体的例子阐明。例如，米饭和山珍海味都是物存性的物品，可为什么人们吃着米饭又同时热衷于山珍海味呢？难道不吃山珍海味我们就会饿死吗？显然不是。我们吃米饭是可以保证生存的，而人们热衷于山珍海味，其本质原因就在于：人们不仅要物存，还必须要感存，此二者是生存的基本力量，它们是生存的充要条件。这样我们就很容易明白：人们不仅要吃饱，而且还要吃好。

第二，名牌商品固然是好，但我们也不能盲目地攀比或炫耀自己，攀比或炫耀都是不可取的。所有的"打肿脸充胖子"，最终都是自欺欺人。我们没有必要去跟风，只要我们的内心足够美，同样会获得充足的舒服感。

下面请读者再看看一种经典的心理现象——光环效应，光环效应是心理学上的一种重要的现象。以下是光环效应的具体例子。

【5】众所周知，拍广告是体育明星收入的来源之一。拍广告片的为什么多数是那些有名的歌星、影星、体育明星，而不是那些名不见经传的小人物呢？为什么明星推出的商品更容易得到大家的认同呢？

一个作家，一旦出名，以前压在箱子底的稿件全然不愁发表，所有著作都不愁销售，又是为什么呢？

为什么知名人士的评价或权威机关的数据会使人不自主地产生信任感？为什么那些相信权威的人，即使觉得没有什么值得借鉴之处或者有许多疑问，但只要是权威部门或权威人士的话就会全盘接受呢？

为什么外表漂亮的人更受人欢迎，更容易获得他人的青睐呢？

所有问题的答案都可以用心理学上所谓的"光环效应"解释：当一个人在别人心目中有较好的形象时，他会被一种积极的光环所笼罩，从而被赋予其他良好的品质。

光环效应可以增加人们对未知事物认识的可信度和说服力，使得人们在认识事物方面达到"好者越好，差者越差"的效果。

当你对一个人产生好感时，他的身上会出现积极的、美妙的甚至是理想的光环。在这种光环的笼罩下，不仅对方外貌、心灵上的不足被忽略，甚至连他所使用过的东西、跟他要好的朋友、他的家人你都可能感觉很不错。

俗话"情人眼里出西施"，也是这种光环效应的结果。一位青年男子十分迷恋一位少女，以至认为她脸上的雀斑也好像是"天空中闪烁的星斗，楚楚动人"。这是我们生活中很普遍的一种特定的社会心理现象，其产生的前提是这个人已经在心里把对方当成自己的热恋情人。沉醉于爱河之中的男男女女，都执着于自己的恋爱对象，并对某一些美的方面特别专注、迷恋和欣赏。这种积极的主观态度，会使这些美的方面在恋爱者心目中显得特别突出，并因此产生光环效应，即由此而推及对方的其他方面，会对对方的各方面都产生美的感觉，甚至会把对方的缺陷也当成优点去欣赏。

以上材料所显示出的具体例子都是跟光环效应有关的。但材料中对于光环效应的本质原因并无解释，而只是在陈述光环效应的具体事实。我们先逐一地分析材料中所提的例子，在这种分析里，我们将揭开光环效应的神秘面纱，而后对光环效应做出具体的定义。

第一，我们先来分析材料中光环效应的第一个例子，即为什么拍广告的多是影星、歌星、体育明星，并且他们推出的商品为什么更容易被人们所接受。其心理原因如下：人的本性具有明显的趋向性，比如趋于安全避免祸害、趋于快乐避免痛苦、趋于有利避免不利，这种种的趋向现象，其根本都是为了生存。高等生命的行为，也就是人类的行为，在本质上是向感存高的方向运动的。这句话是什么意思呢？说得更具体点就是，假如有两个人，不妨我们就把他们分别称为 A 人和 B 人，一旦 A 人比 B 人更能引起你的感存的注入，那么你就会对 A 人注入更多的感存，反过来你对 B 人注入的感存就会相对少。那么，这种感存的反差注入或者说是不平等的注入，会产生什么样的心理现象呢？它会产生一种奇妙的现象，即你会更相信 A 人说的话。如果你对 A 人注入的感存的量更大或者更强，那么你对 A 人的话会更加相信。这是一种非常普遍且典型的心理现象。推而广之，和普通人相比，明星的身上积累了更多的感存量，从而导致了人们更加相信明星代言的商品，也就是明星代言的商品更容易让人接受。当然，明星身上的感存并非生下来就有，是后天出了名以后逐步形成的。另外，我们同时也看到：名气大的明星比名气小的明星会让人形成更强的这种心理效应，即前者代言的商品比后者代言的商品会更加让人接受，并且前者的代言费用会更高。因此，所谓的明星效应会带来强大的经济效应，其道理就在于此。这是明星效应在经济上的重要运用。很多人想成为明星，其原因也就显而易见了。但是，我们也常常见到这样的现象，即一旦一个明星形象被毁了，他所承担的经济价值也会一落千丈，甚至毫无价值。厂商就不会再与其合作，而寻找其他形象更好的明星。正是从这个意义上讲，明星一定要自重。

第二，一个作家一旦出名，之前的压箱稿件全然不愁发表，这又是为什么呢？这是光环效应的第二个具体例子。其心理依据是：一个作家一旦出了名，人们自然而然就会往他的身上注入更多的感存，这也是人性趋向性的必然结果。人们一旦注入更多的感存，此作家身上的价值就会大大地增加，人们对他的好奇心就相应地迅速增加，都想一睹他所写的著作。而出版社也会从自身的利益出发，联络他出版著作，以从中获取相应的社会效益和经济效益。从这样的分析中，我们看到所谓的作家的光环效应，其本质亦是感存积累。最后，我们说一个作家一旦出名了，会相应地获取巨大的经济效益。

第三，为什么权威人士的评价或权威机构所发布的数据会让人们更加相信？这是材料中提出的关于光环效应的第三个事实例子。其心理依据是：人们往往对权威人士或权威机构会注入更多的感存，而正是更多的感存的注入，导致了人们对权威人士或权威机构更加相信，从而人们也就更加相信权威评价或权威数据。这个心理上的本质原因与上面的明星效应或作家效应的本质原因是完全一样的。

第四，关于光环效应的具体例子是：为什么外表漂亮的人更受人欢迎，更容易获得他人的青睐呢？其心理依据为：外表漂亮的人更容易让人对其注入感存，从而产生相应的心理现象，即外表漂亮的人更容易受到他人的青睐。正是由于这样的原因，很多人在找工作时都要好好打扮一番，以获取面试者更多的青睐。

另外，光环效应会产生相应的滚雪球效应，即"强者越强"，使自身的力量被更大地放大。一个人一旦在某个人身上积累了大量的感存，会非常有力地促进这个人的生存，不管在物质利益方面，还是在情感利益方面。滚雪球效应是光环效应的必然产物，光环效应越强，所引起的滚雪球效应就相应越强。同时，一旦形成了光环效应，人们会盲目地把对方身上的缺点认为是优点，这也就是所谓的遮盖效应。遮盖效应也是光环效应的必然产物，光环效应越强，其派生出来的遮盖效应就越强。"情人眼里出西施"就是最好的证明。

以上种种例子都属于光环效应可以解释的范围，通过上面的分析，我们发现光环效应与感存有极为密切的联系。在本质上，光环效应就是感存积累的产物。当一个人身上的感存积累到了一定的程度，相应的光环效应就会产生，进而由光环效应又相应地产生滚雪球效应和遮盖效应。

从而我们可以对光环效应做出明确的定义：光环效应是一个人身上的感存积累到一定的程度而使我们对其表现出相应的心理现象。

通过上面的几个典型例子，我们认识到心理学与经济学的本质关系。因此，研究经济必然要涉及心理学，为了更进一步理解经济学研究什么，请读者看看下面关于经济学研究的另一方面的内容摘录。

【6】经济学研究什么？经济学起源于西方。美国著名的经济学家、新古典综合派的代表人物——萨缪尔森下了这样的定义："经济学研究人和社会如何做出最终抉择，在使用或不使用货币的情况下，使用可以有其他用途的稀缺的生产性资源在现在或将来生产各种商品，并把商品分配给社会的各个成员或集团以供消费之用。它分析改善资源配置形式所需的代价和可能得到的利益。"简单地说，经济学是研究社会如何使用资源来生产

有使用价值的产品，并将这些产品在不同的人或团体之间分配的一门科学。

从上面的摘录中我们可以清楚地看到萨缪尔森对经济学所下的简单定义，他的定义涉及如下几个部分，并且这几个部分是连贯在一起的，环环相扣的。

第一，萨缪尔森的定义涉及资源，显然资源是有限的，也就是说用来生产有使用价值的产品的资源具有稀缺性的内蕴。资源的有限性是资源的必然特点，比如矿产资源、土地资源、森林资源、水资源等都是有限的。当然，有些资源具有循环性的特点，但这并不是说用于生产有使用价值的产品的资源具有无限性。资源的稀缺性，势必引起厂家对资源的争夺，这样资源本身就引起了供给和需求之间的运动变化，进而引起了资源的价格变化。

第二，上文摘录对萨缪尔森的定义进行简单分析时提到"有使用价值的产品"这个概念。很明显，萨缪尔森在强调这种产品必须具有使用价值，没有使用价值的产品是无法进行买卖的，用萨缪尔森的话来讲就是不能进行交换分配的。有使用价值的产品如何在不同的人或集团之间进行分配是萨缪尔森定义里的第二部分内容。

萨缪尔森经济定义实质上的逻辑链是生产、分配、消费三部曲。

这样看来，萨缪尔森对经济的定义与传统的经济学家或思想家对经济的理解是一脉相承的。经济的运转规律总离不开这个三部曲，这个观念根深蒂固。

第三章
矛盾又奇妙的经济人假设

在本章节中,我们将向读者深刻阐明经济学的基础到底是什么。为了阐释清楚经济学的基础是什么,有必要先来论述斯密的经济人假设。众所周知,经济人假设的开创者是英国伟大的经济学家亚当·斯密,在经济学界,斯密的经济人假设被公认为是经济学的基石,当然主要是自由竞争的经济学的基石。那么,经济学的基石真的是经济人假设吗?经济人假设的背后是否还有更为根本的原因在作用着?为了深刻分析斯密所谓的基本假设,请读者先看看下面的材料。

【7】18世纪50年代,斯密就已提出了经济自由主义的基本思想。他在1755年写的文章中曾做过一个特殊说明,指出这些思想源于他在爱丁堡时的讲演:"人通常被国务活动家和空头设计家(政治家)看作政治机器的某种材料。空头设计家破坏人类事业的自然进程,应该让人的天性本身自然发展,并在其追求自己的目的和实施其本月计划的过程中给予它充分的自由……要把国家最低级的野蛮阶段提高到最高级的富裕繁荣阶段,只需要和平、减轻赋税和管理中的宽容;其余一切则留待事物的自然进程来

完成。凡是采用暴力迫使事件走不同的道路或者企图阻止社会发展的政府，都是反自然的。为了维护权力，他们不得不实行压迫和暴政。"

材料明确地说明了斯密经济自由主义的基本思想的产生年代。在材料中斯密已经有了深刻的经济自由主义的思想，他说："要把国家最低级的野蛮阶段提高到最高级的富裕繁荣阶段，只需要和平、减轻赋税和管理中的宽容；其余一切则留待事物的自然进程来完成。"我想这样的见解在当时已经是非常超前的，纵使在现如今的社会，斯密的经济自由主义的思想依然闪烁着它应有的光辉。斯密的经济人假设与我们现实生活中的一种现象非常类似，它就是"红绿灯现象"。

"红绿灯"是我们生活中极为常见的一种行走规则，即红灯停、绿灯行。那么，"红绿灯现象"与经济人假设有怎样的联系呢？我们先讨论一下，在没有红绿灯控制的情形下，公路上发生车祸的情况。

我们知道在早期没有红绿灯控制交通，红绿灯是后来才出现的。红绿灯的出现是为了更好地保持交通的畅通，并减少交通事故的发生。在早期，没有红绿灯的时代，交通秩序也是正常的，好像有一只无形的手在作用着人们的正常通行。这种看不见的力量，在根本上就是生存。大家都为了自己的生存，而在行走或者开车的时候会高度认真，会自然而然地去避开与别车相撞。这种生存的力量是无形的，是看不见的，但是却真真实实地作用着一切的生命，使貌似杂乱无章的交通秩序被一种强大的力量所掌控。我们说经济人假设也是一种看不见的力量，作用着我们现实的经济生活。一旦人们不去遵循这样的规律，必然受到严厉的惩罚。后来，随着时代的发展，逐渐地出现了红绿灯，对交通秩序进行相应的辅助掌控，以进一步减少交通事故。在交通行为中引入红绿灯规则，就相当于在经济生活中引入政府的适时合理的干涉调控。原因在于，并非所有的经济现象都能靠"那只看不见的手"解决，而政府存在的意义正在于此。政府可以通过强大力量的干涉，以阻止那些严重影响经济正常运转的行为。而这正是政府在经济现象中的作用，政府只应当提供经济发展的和平环境、减轻赋税以及给予管理中的某些宽容，其他的一切由自然去完成。我想这正是经济人假设的精髓所在。经济的正常发展既需要市场手段的自然调节作用，也需要计划手段的调控作用，也就是政府对经济发展的合理参与。但政府不要越过自己的掌控范围，否则会适得其反。综合而言，不管是"那只看不见的手"，还是政府这只"看得见的手"，其最终的目的都是保证经济的正常运转，而不脱离生存的轨道。凡是用暴力手段强迫经济运转的行为，其最终都必定是恶果连连。

为了更为深入地探讨经济人假设，请读者再看看下面的相关材料。

【8】斯密虽然没有明确提出"经济人"概念，但学界公认经济人假设的始祖是他。他在《国富论》中有这样一段被广为征引的名言："我们每天所需要的食物和饮料，不是出自屠户、酿酒家和面包师的恩惠，而是出于他们自利的打算。我们不说唤起他们利他心的话，而说唤起他们利己心的话。我们不说自己需要，而说对他们有利。"在斯密看来，生产者为人们提供各种各样的商品，不是出于对他人的同情和恩惠，而是出于生产者"自利的打算"。人具有追求自身利益的普遍性，每个人行为的出发点都是"利己"。斯密在论述市场秩序形成的原理时，特别强调追求私利的意义。这种自利动机和行为，被后人概括为"经济人"。但是，按自利原则行事，并不能保证人们不悖于常理，精神失常或做出某些疯狂行为，也可能合乎自利动机。经济学毕竟不是精神病理学，所以，还必须同时假定"经济人"的自利是符合理性的。也就是说，人们的自利行为，不是出于任意的想象或盲目的冲动，而是以可以理解的方式即比较利害得失的方式进行的。西尼尔沿着斯密的思路，确立了个人经济利益最大化公理，并由此推论出边际效益递减学说。到了1836年，约翰·穆勒在《政治经济学定义及研究这门学问的哲学方法》中，给出了经济人假设的标准定义，即"把人看作经济人必然是在现有知识水

平上以最少劳动和最小生理节制获取最多必需品、享受和奢侈品"。至此，经济人假设基本定型。

第一，这一段是关于经济人假设的精彩论述，在材料中，我们明确地看到：人们总是首先从利己的角度来思考问题，然后才能做出利他的行为或者行动。正如材料中所述：我们每天所需要的食物和饮料，不是出自屠户、酿酒家和面包师的恩惠，而是出于他们自利的打算。人是利己的动物，正是在这个纯粹的意义上，人们才会做出真正的利于他人的行为来。因此，我们说真正的为自己，其必然都是真正的为他人。二者是紧密相关的，互相依存的。这是一种非常深刻的现象，也是一种非常普遍的现象。斯密的高明之处就在于把这种普遍的现象，抽象出道理来，并升华为经济人假设，成了经济学当中一条极为重要的原理。斯密在《国富论》当中，广泛运用这个经济人假设，并形成了一整套体系。但我们要分析的是"经济人假设"，并不是经济学当中的基本原理，因为在经济人假设后面还有更为深刻的道理。也就是说，还有更为深刻的道理操控着经济人假设这条极为重要的原理。在生命界，最深刻、最根本、最本质、最普遍的一般性原理是生存原理，同样经济人假设这条原理也包含于生存原理当中。因此，我们说经济学的基本原理是生存原理。归根结底，一切的经济现象在最本质上都是由生存这个基本的动因来解释的，其他的一切都是派生性的动因——都是由生存派生出来的。

第二，我要论述的是关于西尼尔的个人经济利益最大化公理，并由此推出的边际效益递减规律。但在这里我们不展开阐明，在后文中，我们将专门着重论述劳动价值论与边际效益递减规律之间的关系。

下面我们请读者再看看与经济人假设相关的具体应用例子——生存利益心理现象。这种心理现象也属于经济人假设在现实生活中的实际应用。

那么，什么是生存利益心理现象？我们将通过一个简单的例子来加以分析。一个人去商店买商品,他会与店主讨价还价,以降低商品的价格。而店主也会为了自己的利益,尽可能地抬高商品的价格。一个买方,一个卖方,都在为了自己的利益而努力。买方为了少花钱,卖方为了多赚钱。最后,双方经过一个合理的讨价还价环节后,以一个双方都能接受的价格成交。这是一种普遍性的例子。而这样的例子里面,就暗藏着一个深邃的道理,即人的生存利益心理:每一个人都会合理地追逐自己的生存利益,包括物存利益和感存利益。每一个人都有生存利益心理。我们每一个人不仅是理性的动物,也是追求利益的动物。我们都会自然地追逐自己的利益,也都会自然地保护自己的利益,我想这是一种极为天然的事实。这种生存利益心理现象,可以相对应地解释经济运行中的各种现象。不管是原始的人类,还是现代的人类,这种生存利益心理是一脉相承的,是一致的,从未变更的。这样的生存利益心理驱动着我们日常各种各样的行为,包括我们的经济行为。生存利益心理现象是人的一种趋利避害的必然现象,所有的高等生命都会趋向于对我们的生存有利的事物,而避开对我们生存不利的事物,这是一个非常正常的现象。不仅我们人类是这样,其他的低等动物也同样趋向于对它们的生存有利的事物,而避开对它们的生存不利的事物。这是自然界的一种很深刻的事实。

当然,以上所举的例子比较简单,但它所蕴藏的思想却是深刻的。生存利益心理现象在经济行为中是大量存在的。

什么是合理的生存利益心理?或者说,什么是正常的生存利益心理?显然,任何一种合理的生存利益心理,都必须充分地考虑到双方或者多方利益,都必须充分地照顾到双方或多方利益。也就是说,不能损害到任何一方的合理利益,否则这种形式的利益都不是合理的生存利益。因此,一种合理或者说是正常的生存利益是建立在共赢或者说共同受益的基础之上的,而不是建立在伤害他人利益之上的。唯有共赢的生存利益才是合理的或者说是正常的生存利益。而这样的心理正是经济人假设的核心思想所在，因此我们说生存利益心理正是经济人假设的一种派生性的应用。

我们请读者看以下的一则材料，它阐述的是经济理论中的一种重要的法则，称为帕累托改进法则。这个经典的法则是生存利益心理的进一步衍生，而在实质上是经济人假设的相关应用。

【9】一位 20 世纪的经济学家首先提出了以他命名的效率概念——帕累托效率。设想有两个资源配置方案 X 和 Y，在方案 Y 下，社会成员发现，他们之中有些人比在 X 方案下感觉更好，也就是满意程度更高，而没有人感觉比在 X 方案下差。"有人受益而无人受损"，我们就说资源配置 Y 比 X 更有效，并称 Y 为相对于 X 的一个帕累托改进。

当资源配置从 X 转变到 Y 时，社会上"有人受益而无人受损"，资源配置的效率提高了，这时人们会继续寻找不同的配置，比如说 Z，看看相对于 Y，Z 是不是一个帕累托改进。如果在配置 Y 下，社会再也找不到改进的可能，也就是任何对 Y 的偏离都会使至少一人受损，这时 Y 就是帕累托最优的了，我们就说社会实现了资源配置效率的最大化。

帕累托效率定义虽然由经济学家提出，却有着深远的法学、政治学和社会伦理学意义。"无人受损"决定了帕累托效率标准是"极端"个人主义的，如果从 X 变换到 Y，100 个社会成员中，99 个人都受益，只有一人受损，无论这 99 人的满意程度提高了多少，Y 也不是一个帕累托改进。社会不能以多数的名义强迫那一个不幸的孤独者接受资源配置 Y，不能以多数的名义要求那一个人牺牲自己的利益。那自私的个人可以理直气壮地拒绝 Y，拒绝"多数人的暴政"，理直气壮地坚持按照方案 X 配置资源。

如此个人主义，似乎显得不近情理。实际上，从社会伦理的角度看，帕累托准则是极为合理的，更为准确地讲，是符合理性的。倘若多数人可以侵犯少数人的权利，每一个今天的幸运多数都有可能变成明天的悲惨少数，每一剥夺他人者都有可能沦为被剥夺者。保护自己最有效的方法，就是在全社会确立这样的原则：每一个人的权利都是神圣不可侵犯的，这就意味着，每个人都必须承认和尊重他人的权利。在帕累托效率准则下，权利而不是情理和道义构成法律体系的基础。

帕累托准则还为社会正义和公平做了最好的说明。不分职位、地位、人种、信仰、富裕还是贫穷，你的权利和所有其他人的权利一样得到尊重和保护，在权利面前人人平等，每个人都有权决定自己的命运，这难道不是最为公平的吗？世界上最大的不公平，莫过于一些人凌驾于另一些人之上，莫过于一些人有权决定另一些人的命运。

我们现在对上面的材料进行认真的分析。

第一，生存利益心理与帕累托法则之间有什么密切的联系呢？我们说生存利益心理的一个基本的内蕴是：不要伤害彼此的利益或者任何一方的利益，要保证彼此合理的利益。这种思想与帕累托法则有着异曲同工之处。从上面的材料中，我们可以清晰地看到帕累托法则的核心内容是不要伤害其他人的任何利益。也就是说，帕累托改进法则的关键点为这样的一种改进是建立在互利的基础上的。如果法则的改进触犯了另外成员的利益，那么这样的改进就不是帕累托改进。每一个人的心里都有着自己的生存利益，每一个人都会很好地保护自己的生存利益，一旦一种改进损害了自己的利益，必然会导致相应的反抗。因此，从这样的角度来讲，帕累托法则是建立在生存利益心理的基础上的。生存利益心理是帕累托改进法则赖以产生的依据。在一个相应的集合内，集合中的所有成员都想获得利益，当然这样的利益必须是合理的利益。所谓合理的利益，就是指不以损害他人的利益而获取的自己的利益。从更广泛的意义上而言，帕累托改进法则是生存利益心理的必然产物。没有哪个人愿意让自己的合理利益受到侵犯，唯有双赢才是最好的结果。正是在这样的心理需求上，才有了帕累托改进法则。

从而帕累托改进法则有了它的切切实实的心理依据。这种心理依据是一种看不见的潜藏的心理力量，这种心理力量是巨大的，它就是每一个人的生存利益心理。

第二，在一个合理的经济学政策的设计中，每一个设计者都要遵循帕累托改进法则。正如材料中所言，帕累托法则不仅仅在经济学中具有积极的意义，在社会科学的其他领域，帕累托法则也有着深刻的应用，例如，社会伦理学。在整个社会的运转中，政府或相关的组织要以公平公正为原则，而这样的公平公正的原则，正是帕累托法则所要求的。帕累托法则就暗藏着公平公正的内涵。既然有合理的利益心理要求，那么必然有不合理的利益心理要求。所谓不合理的利益心理要求，指的是自己获得的利益是建立在他人利益损害的基础上的。这正好与帕累托改进法则是相矛盾的。

第三，人们合理的利益心理要求分为两大基本的部分，其一是物存性的利益心理要求，其二是感存性的利益心理要求。物存性的利益心理要求相对而言是具体的，而感存性的利益心理要求相对而言是抽象性的。前者主要是人们在物存上的利益满足，后者主要是心理舒服的利益满足。因此，帕累托改进法则也必须分为两大基本的类型，一种是物存性的帕累托改进法则，另一种是感存性的帕累托改进法则。但是，我们说在感存这股基本的力量没有被发现之时，人们所指的帕累托改进法则仅仅是物存性的帕累托改进，而完全没有感存性的帕累托改进的法则。从而我们说一个完整的帕累托改进法则应当自然而然地包含两种基本形式的帕累托改进。这样，原来物存性的帕累托法则就进行了相应的延展，增加了另外一个基本类型的帕累托改进法则——感存性帕累托改进法则。

第四，生存利益心理现象的应用范围是广大的、普遍的，它不仅仅是帕累托改进法则的心理基础，还可解释其他的经济学现象或其他的社会现象或人生现象。帕累托改进法则仅是生存利益心理现象的一个应用。

第五，帕累托法则是人们较难做到的，因为帕累托法则的内在要求是每一种改进都不伤害到其他人的利益。但我们知道人是一种自私的动物，在人的内心深处不仅仅有着一股善良的力量，同时也深藏着一种自私的力量。正是这股自私的力量，导致了实现一个好的帕累托改进较难。一句话，人们很难做到面面俱到的帕累托改进。

第六，我们说人是种很奇妙的动物，既会去妒忌他人，也会去怜悯他人，是一个活生生的矛盾体。追求生存的利益是一个永恒不变的心理，人们也会清晰地明白：在追求自己的生存利益时，不要去伤害他人合理的利益，否则会两败俱伤。真正的追求生存利益的结果必然是双赢的结果。道理很是简单，但在实际的操作过程中，人们却时常伤害他人的合理利益，甚至有的人以损害他人的利益为乐，我想这必定是一种畸形的心理状态。帕累托改进法则要求资源效率配置的最优化。而资源效率的最优化必然要兼顾到各方的合理利益，不管是物存性的利益，还是感存性的利益。帕累托法则深刻地揭示了人性的某种极为重要的性质。且帕累托改进法则正是建立在这种人性的基础上的生存利益心理。

生存利益心理所要求的内蕴正是经济人假设所必然具备的内蕴，正是从这样的角度上来说，我们可以从集合的角度得出这样的结论：生存利益心理是经济人假设的一种重要的元素。

第四章
交换带来了什么

在前文中我们浓缩性地向读者进行了介绍,提出了两条关于经济学的原理,这两条经济学的原理是从《生命之路》中的原理或定律演绎出来的。为了进一步研究经济现象,我们将首先考察货币,这样货币现象成了我们本章中要研究分析的首要内容。货币是个"怪物",由原先简单的形式发展到了现今相当复杂的形式。为了分解剖析货币运动的规律、货币的来龙去脉,必须首先考察原始社会的物品交换,也就是从交换的起源开始分析,为以后研究货币打下一个基础。

原始社会的人类是以部落形式组织在一起的。单个人在力量上是很难抵抗恶劣的自然环境的,这势必要求有一定关系的人们联合组织在一起生存。在这种意义上,部落应运而生。为了生存,部落里不同的个体要从事不同的生存活动,特别是处于壮年的男女,他们的责任就更大了。例如,壮男外出狩猎,女性要采集果实等。留守在部落里的,年老的要照顾年幼的。这里就有了明确的分工形式。这种原始的分工属于协作性质的分工,还不是后来的商业性质的分工。当然,这种初等的分工形式不同于以后出现的商品生产分工形式。但是，不管是初等的分工还是复杂的商品分工，抑或是其他形态的社会形式的分工，皆是基于生存的需要而产生的。

原始社会人们的生存能力极端低下，能够生产的或获得的生存物品是很少的，人们常常食不果腹、衣不蔽体。因此，在这种未开化的原始社会里，部落里的人们没有多余的物品，特别是食物。但是，原始社会的部落之间可以互通有无。

那么，我们自然而然会提出这样的问题：是交换在前呢，还是分工在前呢？我们知道，任何一个个体的才能都是有限的。换句话说，有的人善于狩猎，有的人善于制作弓箭，有的人善于制作皮革，有的人善于盖房子，有的人善于饲养禽兽，等等。而个体的生存需要来自各方面，人的需求和欲望是多方面的，也就是说，单个个体无法满足自己生存的方方面面。从而整个人类社会形成了一个生存的有联系的整体，个体只能是从事这个整体里的一个微小的分工罢了。正是从这个意义上，我们说分工先于交换。

但有的人看法却截然相反，认为交换先于分工，意即交换逼迫分工的出现，先有了交换才有了分工。人们分工是迫不得已的，是一种强加性的结果。但正如我们上面一段话所讲的，任何一个人的才能都是有限的，并且具有很强的方向性，或者擅长于这一方面，或者擅长于另外的一方面，能力有一定的方向性。简单地说即是，人只擅长某一领域。这样的能力与分工具有某种天然的联系。假如真的如某些人的观点——交换先于分工，势必得出如下与事实相扭曲的结论：为了交换而分工。那么，可以更进一步地说，没有了交换就没有了分工。显然，这是一个很荒唐的结论。因为，没有交换，分工依然存在。举个例子，在原始社会的部落里，就没有所谓的真正意义上的交换，但部落内部的分工却依然存在。在原始部落里，青年老年、不同性别之间的分工是很明确的。从而我们说"交换先于分工"的观点是很荒谬的，是错误的。

通过上面的分析，我们可以将分工划分为两种基本的形式：原始部落的分工和商业的分工。前者是原始群体生存的必然安排，是一种必然的生存协作，以抵抗各种各样的生存威胁。而商业的分工是商品生产的必然要求，因为一个人不可能适应所有的生产流程，单个人无法掌握所有的生产技术。

原始部落之间交换所需的生存性物品，是以每个原始部落里的分工作为基础的。

我们再进一步重述：个体能力有限，只能从事一定的分工，生产一定方向的生存物品，而生存的需求和欲望却是各个方面的，势必进一步要求把自己多余的生存物品跟他人的生存物品进行交换，来满足自己方方面面的生存需求。因此，分工一旦确立，交换也就产生。正如斯密在《国富论》中所言："分工一经完全确立，一个人自己劳动的生产物，便只能满足自己欲望的极小部分。他的大部分欲望，须用自己消费不了的剩余劳动生产物，交换自己所需要的别人劳动生产物的剩余部分来满足。于是，一切人都要依赖交换而生活，或者说，在一定程度上，一切人都成为商人，而社会本身，严格地说，也成为商业社会。"

斯密的这段论述是极为深刻的，完全表明了分工与交换之间的关系。同时，也从一个角度说明了商业社会是如何衍生出来的。交换的出现，必然伴随商业社会的出现，当然最初的商业社会是一种简单的形式，随着人类社会的发展，商业社会的形式变得愈加复杂了。这样的复杂性与货币的演变过程有着密切的关系，在后面的篇章中，我会慢慢地向读者分析。

当然，从另一个本质意义上讲，应人们各种生存欲望的需要，交换的出现也是人类进化史中的必然。

从世界范围着眼，在古代，最初的交换是以物物交换的形式出现的。也就是说，人与人之间的生存欲望的满足，最初是以自己的劳动物品直接跟他人的劳动物品进行交换。

第四章　交换带来了什么

原初的物物交换必然存在着不方便与困难。以中国古代为例，请读者看下面的一段摘录，就知道物物交换如何不方便与困难了。

【10】据说神农氏那会儿，规定中午时农贸市场开市，"天下之民"都来以货换货，换完了，就散场，"各得其所"（《周易·系辞下》）。具体是怎么交易呢？比如女娲家里养的猪多，吃不完，但是缺羊，就把猪赶到市场去换伏羲氏家多的羊。这叫"物物交换"，是最原始的贸易，还用不着钱。

可是问题来了！若当时的交易价格，约定是半头猪顶一只羊，女娲没法把半头活猪给伏羲氏，那就只好先欠着，下回赶集换东西的时候补上。如此就会很麻烦，拖欠得久不说，要是女娲故意赖账，伏羲氏也有口难言。

还有，要是女娲一时碰不上愿意拿羊跟她换猪的人，她就得把猪赶回家继续养着，想吃羊肉却吃不着。不方便的事儿多着呢！

这种原初的物物交换不仅仅存在于中国古代社会，在世界其他地方同样存在。而这样的物物交换势必给人们的生存带来诸多的麻烦，或者说很大的不便。在这样的原因推动下，一种新颖的取代物物交换的类型或者说手段、方法产生。人们不通过物物交换的原初形式，在智慧的思考与实践的作用下，人类找到了新的取代物物交换的方式——寻找物品的一般等价物，用一般等价物来充当物品或商品的转换中介。在古代世界的不同地方，充当物品或商品的一般等价物的转换中介，经历了一个曲折的发展演化过程。譬如，牲畜、稀有的贝壳、珍稀鸟类的羽毛等都曾被用来充当一般等价物。关于一般等价物的演化，将在货币的真相那一章中，详细地加以讨论。我们再用一些篇幅细谈交换的起源——分工。

偶然性的分工对于分工的出现也具有一定的意义。请读者看看如下摘录。

【11】偶然分工也会促进分工的出现。我们可以试想这样的场景：有

一天，有个专门负责打猎的男人生病了，于是他请求邻居渔夫："您今天能帮我狩猎吗？我今天病了，无法起来。"渔夫很热情地答应下来。结果，渔夫打起猎来得心应手，一天过去了，渔夫把收获的猎物带给生病男人看，生病男人惊叹道："没想到您狩猎的技术这么好，收获的猎物比我平时的都多。"就是这样一个偶然的机会，让渔夫发现自己在狩猎方面的能力可能比打鱼更好，劳动效率更高，能获得更多的生活资料。于是，渔夫放弃打鱼，开始转向狩猎。这种偶然发现的能力差异、优势差异，也成为分工产生的重要原因。

这段材料说明，不经意间的一种偶然，在某些时候却促进了分工的出现。但我们要说的是，任意一种偶然都是经过伪装后的必然。也就是说，分工行为是人类的一种天然的行为。男女老少身体上的差异，必然导致了原始人类要进行近乎明确的分工。更进一步讲，在任何一个时代，当然包括当今的现代以及未来，分工都是人类的一种必然的生存行为。

在斯密的《国富论》里，对分工有着极为详细的论述。分工理论是斯密的重大发现之一。工厂分工可以大大促进产品的生产，或者说可以大大提升产品的生产率。分工可以提高工人的熟练程度，减少相同产品的生产时间。在《国富论》里，以大头针的分工生产作为例子。分工的产生，必然导致交换的出现，物物交换在一定程度上使物品成了商品，人在实质上也就成了商人。人与人之间就具有了一种交换商品的关系。一个人的生存就不可能全部依赖自己了，事实上单个人在很多方面的生存欲望和需求都要寄托于他人通过劳动而产生的商品。在这个意义上讲，人与人之间互相需要，成为一种生存的联系体。交换的出现为物品成为商品铺平了道路。

第五章
理所当然的商品与意想不到的商品

我们分析商品的概念,是为阐述货币现象做好进一步的铺垫,商品与货币具有内在的直接的本质联系。

分工产生交换,交换的出现必然导致商品的产生。交换性成了商品的一个内在的蕴意,不能交换的生存性物品是不能成为商品的。也就是说,一种生存性物品必须可以交换,否则是不能成为商品的。因此,生存性物品必须可以交换是生存性物品成为商品的第一个前提条件。生存性商品的可交换性,本质上就是这样的生存性商品能够满足他人某种方面的生存需要。一旦一种生存性物品不能满足他人某种生存的需要,就意味着这样的物品是无法进行交换的,从而也就无法成为商品。比如,过期发霉的牛奶,会严重影响他人的身体健康,无法在市场上流通出售,也就无法成为商品了。

我们将论述商品与劳动的关系。

人具有劳动能力,商品与劳动具有密切的联系,一种生存性物品必须经过人的劳动改造,方可成为商品。比如,矿山如果没有经过人们的劳动改造,那么它还是一座矿山,它对人们的有用性是无法形成的,或更进一步说，矿山是无法形成商品的。不仅矿山如此，任何一种生存性物品都必须通过人的劳动改造，方能成为商品。为什么所有的生存性物品都必须经过人的劳动改造方能成为商品？这里暗藏着一个深刻的道理。本质的原因与生存性物品的私有性有着直接的联系。物品经过人的劳动改造后，就被打上了私有的烙印，就有了私有的属性。而我们也注意到这样的事实：商品的交换是一种私有消费品之间的交换。因此，我们说人类对生存性物品施加劳动而使其成为商品：（1）生存性物品必须经过劳动改造方能成为人们想要的商品；（2）经过劳动改造后的生存性物品被打上了私有的烙印，这就等于有了相应的产权，即财产所有权，商品此时就成了私有商品。因此，从这个角度我们可以说商品的交换是私有消费品之间的一种等价交换。劳动的注入是所有生存性物品成为商品的必然条件。

但必须明确，人的劳动改造仅仅是物品成为商品的一个基本条件而已，不能成为一种生存性物品成为商品的全部条件。因为改造后的生存性物品还必须可以用于交换，或者说还必须可以满足他人的生存需要，才能成为商品。如果经过人们改造后的生存性物品不能满足人们的生存需要，也是不能成为商品的。也就是说，一种生存性物品能够成为商品，必须同时满足两个基本条件，它们分别为：生存性物品经过人的劳动改造；改造后的生存性物品可以用于交换。

通过上面的综合分析，我们现在可以对商品下准确的定义了。

商品是经过人的劳动改造并可用于交换的生存性物品。此定义含有三个重要的概念，分别为人的劳动改造、交换性、生存性物品。其中前两个我们已经很明确地阐释了，我们将对"生存性物品"进行清晰的说明。

从集合的角度考察，生存性物品包含商品，也就是说商品是生存性物品的一个子集合，二者之间属于集合关系。

我们提请读者注意，生存性物品是个广义的概念，它有最大的包容性。

例如，空气、阳光、矿产、鱼类、鸟类、猪、羊、马、狗、蔬菜、水果、土地、房子、衣服、鞋袜、汽车、金银铜铁、书画、文物、情报、电影等都是生存性物品。我们把所有的生存性物品进行划分，分成两大基本的集合或者两大基本类。它们分别如下：物存性生存品和感存性生存品。物存性生存品有空气、阳光、鱼类、鸟类、猪、羊、马、狗等相类似的一切。感存性生存品有金、银、钻石、珠宝、文物等相类似的一切。

根据生存性物品是否是商品以及其在商品中作用的主导性（所谓作用的主导性是指这样的生存性商品中物存性作用和感存性作用所占的情况），我们又可以将两大基本类物品划分为五种基本类，它们分别如下：（1）物存性商品；（2）物存性非商品；（3）感存性商品；（4）感存性非商品；（5）混合性商品。在此，我们要特别请读者注意的是：这五大基本类都是促进生存的，而不是阻碍生存的。比如物存性非商品，不要以为其中有个"非"字，就是阻碍生存的。物存性非商品指的是阳光、空气等这样一些生存性物品，显然这些都是促进生存的物品。

对于这五大集合，我们将逐一做详细的介绍。

物存性商品指的是这样一类集合：鱼类、猪、羊、马、狗、蔬菜、水果、鞋袜，以及与此相类似的一切组成的物存性集合。

对于物存性非商品，当然这样的生存性物品不是商品，也就意味着这样的生存性物品或者没有经过人的劳动改造，或者不能用于交换。例如，人的器官就不是商品，因为它没有经过人的劳动改造。但还有一个更重要的原因，假如人的器官商品化，必然严重地违反了人类的伦理道德，或者说是严重地违反人类的感存，是必须摒弃的。再如，权力也是物存性非商品，权力在被非法滥用之下可以换取金钱等，显然权力没有经过人的劳动改造。在这里，我请读者注意：在我们人类社会里，很多东西都被金钱化了，但这并不意味着能够金钱化的东西都是商品。如果认为能够金钱化的东西就是商品，那就是严重的误区。是否是商品，必须以商品的定义为标准来判断。

阳光是人们生存极为重要的物存性条件，人人都离不开阳光。可阳光也不是商品，我们不曾见过哪个人为此付过费。显然，阳光没有经过人们的劳动改造。阳光的使用是免费的。在通常的情形下，空气不是商品。但在国外，有公司专门把清新的空气加工成产品进行买卖，在此情形下空气成了商品，因为它经过了人们的劳动改造。

我们再举一个例子——土地。原始的土地没有经过人们的劳动改造，它不是商品。但土地也被货币化了，意即土地可以进行拍卖。现实中政府把土地出售给房地产开发商，开发商用它来建筑商品房。假如土地被人的劳动改造过，且可交换，那它就是商品。一片荒地，经过人们的劳动改造，再转手卖出，就成了商品。

另外，我举一个极为特殊的物存性非商品——奴隶。在奴隶社会，奴隶是十分低贱的，奴隶主根本不把奴隶当人看待，任意践踏，奴隶如正常的商品一样，可以进行买卖。但在此我必须提醒读者注意的是：很明显，由于违反了人伦道德，奴隶本身不是一种商品。而劳动力却是一种商品，劳动力的载体是人本身，可劳动力与人是有着本质的区别的。在那种野蛮的时代，奴隶主不把奴隶当人看，把奴隶当作猪羊一般可以随意地买卖。这严重违背了人伦道德与感存。这种现象的存在，是一种残酷，是奴隶社会的落后。在历史的进化中，它势必被淘汰掉。落后的社会形态必然被先进的社会形态所替代。

从上面的分析讨论中，我们看到能够交换的或能够货币化的生存性物品并非都是商品。商品仅仅是生存性物品的一个子集合，包含于生存性物品之中。

感存性商品指的是这样一种集合：名人的书法画作、市场上用于拍卖的文物、钻石、影视产品等。感存性商品的价格一般都是很高的，有的甚至成了无价之宝，如达·芬奇的名作《蒙娜丽莎》。拍卖市场上，名人的书法画作拍价极高，有的达到上千万，甚至上亿，让人望而生畏。

感存性非商品指的是这样一种集合：万里长城、雷峰塔等名胜古迹。这样的名胜古迹都经过人们的劳动改造，但是却不能用于交换，不能成为商品。人们通过游览名胜古迹可以得到身心的愉悦。

混合性商品指的是这样一种集合：房子、汽车等。为什么房子和汽车等相类似的这种集合被称为混合性商品？本质原因在于：很明显，房子和汽车是带有物存性的，但是我们还必须注意到这样一种事实，即房子和汽车还带有很大的感存性。这是由于拥有房子或汽车可以带来心理上的很强的舒服感，特别是高档的别墅和名牌汽车，更能带来舒服感，它们的混合性就体现得更为明显。

注：对于混合性商品，我们将在后面的章节里做更为一般性的详细陈述。

生存性物品的五大划分是极为深刻与精辟的，在这里我们首次提出了"感存性商品"和"感存性非商品"、"物存性商品"和"物存性非商品"，以及"混合性商品"。我们对所有的生存性物品进行了前所未见的、崭新的划分，是一种质的突破。其中，生存性商品有三大类：物存性商品、感存性商品和混合性商品。这样，在一般的意义上我们就把商品分成了三种基本的类别，为以后我们分析商品的各种性质打下了相关的基础。

对于商品类型的基本划分，在以后的章节里，我们还会进一步接触，并更为深入地加以认识。

最后，我们将分析已有的人们对商品的定义与本书中商品定义的相同之处以及区别之处。

通常对商品的定义为：商品是用于交换的劳动产品。这是一种经典的商品定义。而在这里，我们把商品定义为：商品是经过人的劳动改造并且可用于交换的生存性物品。我们将分析这两种定义的异同点。

第一，二者的商品定义中都含有交换性和劳动性两种基本的元素。交换性和劳动性是商品的基本内蕴，缺少了任何一种元素，都不能称为商品。

第二，所不同的是，后一种定义明确地指出了商品是一种生存性物品，它包含于生存性物品之中，仅仅是生存性物品的一种子集合。这为以后分析商品的属性埋下了伏笔。而在通常的定义中，并没有如此明确。

第三，也是最重要的一点，两个定义里所暗藏的性质是不一样的。所谓"两种性质不一样"指的是两种定义对生存的意义是不一样的，什么意思呢？我们将通过下面的事实例子加以深入地分析。在前一种定义中，商品是用于交换的劳动产品。那么，我们以地沟油为例，指出这样定义的严重破绽。一方面，地沟油经过了非法者的劳动改造；另一方面，地沟油这种性质的物品非法者不敢明目张胆地交换。从这个角度讲，地沟油也具有前一种定义的两种基本的元素，即劳动性和交换性。但我们又深刻知道这样一种事实：地沟油是阻碍人们生存的。一句话，在通常的意义上地沟油显然不是商品。这样地沟油这个例子就与经典的商品定义发生了矛盾。我们说经典的商品定义有严重的漏洞或者说是破绽。因为，经典的定义没有明确指出哪些物品是促进生存的，而哪些物品又是阻碍生存的，从而在定义上面出现了自我的混淆。经典的商品定义对生存的属性不明确，在这种定义中，人们会把非商品的物品当成商品。而在后一种定义中，我们已经明确区分了哪些物品可以是商品，而哪些物品不能作为商品。因为第二种定义已经十分明确地提出了生存性物品，生存性物品就是促进生存的物品，这样就以显然的方式把阻碍生存的物品剔除掉了。第二种定义把隐藏的非商品的因素给处理掉了，就很好地解决了经典定义中存在的隐性矛盾。

虽然两种定义很相似，但二者定义的深刻程度不一样。后者的定义是从生存这个最基本的角度来思考商品的定义，前者则不是。从而我们说，从深刻性来讲，后者对商品的定义更为深刻，也更为精准，符合各种事实情形。

第六章
什么决定商品的价值

在前文中,我们知道商品是促进生存的物品,这是商品内在的定义所蕴含的。在本章里,我们将论述商品的属性,它是商品定义的必然产物。

任何一种商品都可以用于生存,否则就不能成为商品。商品的有用性使商品具有了使用价值,使用价值是商品的一种内在的属性。不同商品的使用价值是不一样的,有的商品侧重于使这方面对生存的作用大,而有的商品却侧重于使那一方面对生存的作用大。使用价值是商品的自然属性,它指的是商品对人的生存的有用性。任何一种商品都是有使用价值的,只有具备了使用价值的生存性物品才有可能用于交换,才会成为商品。但是,有使用价值的生存性物品并非都是商品,比如我们前面提过的阳光等。第一,虽然阳光对人们的生存作用极大,但它没有经过人的劳动改造。第二,阳光不能用于交换。从而阳光不是商品。因此,从更广泛的意义上来讲,有使用价值的生存性物品并非能够成为商品,但反过来讲,任何商品一定有使用价值。

我们对使用价值进行分类,在一般的意义上,商品的使用价值可以划分为两大类。一种是物存性使用价值，另一种是感存性使用价值。我们将举例对此两大类使用价值进行分析。

譬如，粮食具有物存性使用价值，没有粮食人们就会饿死。粮食是人们极为重要的生存性物品，一个人不吃粮食，时间一长，自然就会饿死。民以食为天，粮食对一个国家的重要意义是不言而喻的。手中有粮，心中不慌。一个国家应当把粮食这个命脉掌握在自己的手中。粮食不能大量地依靠进口，毕竟粮食对一个国家国民的生存极为重要。不同商品的物存性使用价值是不一样的。人类生存的要求和欲望是多方面的，为了满足人们多方面的欲望，人们就生产出多种多样的商品。因此，使用价值的多样性，是为了满足生存欲望的多样性。人们心理欲望的满足不可能是单一的，而是多种多样的。当一种欲望被满足后，人会朝着另外一种更高的欲望前进。这是生产不同商品要关注的一种极为重要的心理因素。

土地具有特殊的物存性使用价值，正因为土地对生存的特殊作用，我们把土地的使用价值称为物存性母性使用价值。这样的称谓基于以下重要原因。例如，房子是在土地的基础上建起的，没有土地根本就盖不了房子，房子的建造离不开土地。没有房子，人们就无法遮风避雨，无法拥有一个温暖的家。没有土地，农民们就无法种植庄稼和生产粮食，没有粮食，人们就无法生存。再如，建造各种各样的工厂，首先也必须拥有土地。以上这些事实，都说明了土地具有物存性母性使用价值，它可以生出其他方方面面的使用价值。

在资本主义国家，土地是私有的，它可以进行买卖，土地的拥有者通过卖出土地，可以获得可观的货币。但在另外的一些国家，土地是公有制的，也就是说土地是国家的，个人或单位只有土地的使用权，没有土地的拥有权。在古代，例如中国，大地主或王公贵族拥有大量的土地，贫农没有土地。他们只能依靠给地主或王公贵族们劳动，来获取极少的生存粮食。贫农们的生存大权掌握在王公贵族的手里，贫农们的生存状态是极为糟糕的，他们常常处于饥饿之中，甚至在死亡边缘徘徊。因此，起义、动乱、造反、革命在古代是经常发生的。少数人享受着大部分的财富，而大部分人却时时处于痛苦或饥饿中。光景不好的年头，可以说是饿殍满地。在历代的革命中，"平均地权"或"耕者有其田，居者有其屋"成了最多的革命口号。这种口号最终的追求结果都是土地。

以上着重讲述了物存性使用价值，接着我们就要阐述感存性使用价值。为了使读者更准确地明白感存性使用价值，我们还是以举例的形式进行阐释。金子、钻石、玉镯等各种类似的珠宝，虽然不能吃不能喝，它们的物存性使用价值居次位，但此类型集合中的物品却具有强烈的感存性使用价值。戴着它们，可以突显某人的富贵或身份。特别是金子，在历史的演进过程中，不但是商品，还是一种金属货币。在人类历史上或者在众多的经济学家的思维里，商品的自然属性是使用价值，而他们所认定的使用价值一般意义上就是指物存性使用价值。很少有人观察到商品的使用价值是可以进行分类的，即分为物存性使用价值和感存性使用价值。在人们通常的意识中，生活就是吃、喝、住、行等生存行为，人们没意识到人的生存还有另外一种基本的力量——感存，在如此思维的作用下，人们自然就会错误地直观认为，一切商品的使用价值仅仅是物存性的。可实际上，商品的使用价值还有感存性使用价值。物存性使用价值和感存性使用价值对生存的侧重点是不一样的。

水和钻石哪个对生存的作用更大？或者说，水和钻石哪个对生存的使用价值更大？很明显，水的主导作用是物存性的，它的使用价值主要是物存性使用价值。钻石的主导作用是感存性的，它的使用价值主要是感存性使用价值。当然，在通常的意义上，钻石要比水昂贵得多。但这并不意味着钻石对生存的作用比水对生存的作用大。离开钻石，人们照样可以活得好好的，但人们如果离开了水，却是活不了多久。价格昂贵的钻石没有价格低廉的水作用大。再如，一个人在沙漠中，极度缺水，现在有两种生存性物品摆在他的面前，一种是钻石，另外一种是水，毫无疑问此人会选择水，而抛弃价格昂贵的钻石。在这样的情形下，水的极端重要性就完全凸显了出来。水比钻石宝贵。但在另外一种情形，比如，人可以很容易地获得充分的水，想必任何人都会毫不犹豫地选择拥有钻石。不管是水还是钻石，它们都是作用于人的生存的，只不过侧重的方向不一样。关于水和钻石之间的关系，我们后面专门详细分析。

商品的另外一种属性是它的本质属性，称为价值。任何一种商品都是有价值的，商品的价值与商品的交换价值具有内在的实质联系。商品具有交换价值，也就是说商品具有价格性。商品价格化后，大大方便了商品之间的交换，特别是在货币登上了历史的舞台后。因为只有将商品价值的多与少进行量化后，所有的商品才便于交换。否则，不同商品之间的交换是非常不方便的。假如，一头牛的价值不能用价格的多少来衡量，也就意味着牛在市场上很不方便进行交换。同样的道理亦适用于其他一切生存性物品，从而必将导致所有商品流通的停滞，整个商品流转体系瞬间瘫痪，人们的生存活动也就无法进行了。当然这是指在货币出现后的时代，不是指在物物交换的时代。但必须指出的是：即使在物物交换的时代，任何一种商品也是具有价值的，只不过没有货币出现后那么明确的价格性的量化罢了。在本质上讲，商品的交换价值或商品的价格性质是应人们生存的内在需要而产生的，因此造就了交换价值是商品的必然属性。

我们将进一步阐释商品的使用价值、价值和交换价值三者之间的深刻关系。使用价值是商品对人们生存的有用性，它是商品价值的物质承担者。一种商品首先必须具有使用价值，也就是说，一种商品首先必须对生存具有作用，能够满足人们的生存需求，它才有可能在市场上进行交换流通。

交换价值是商品价值的价格表现，正如上一段所分析的一样，任何商品皆具有交换价值，也就是具有价格性，否则生存性物品之间是无法进行合理的交换、流通的。交换价值体现不同商品之间价格量化的交换关系。比如，一辆小汽车价格量化为 10 万元人民币，一只羊价格量化为 500 元人民币，等等，通过如此量化后，所有的商品都可以容易地在市场上交换，很大程度上促进了人们生存上的方便性。列宁曾说过："价格是价值规律的表现，价值是价格的规律，即价格现象的概括表现。"我们也可以这么说，价值是价格的抽象，而价格却是价值的具体表现。商品的交换价值通过价格来具体地表现。

正如商品的使用价值可以划分为两大集合，商品的价值同样亦可划分为两大类：物存性作用价值和感存性作用价值。商品的物存性使用价值对应着商品的物存性作用价值，商品的感存性使用价值对应着商品的感存性作用价值。因此，商品的使用价值与商品的价值之间具有分类意义上的对应关系。

第七章
货币是如何演变的

虽然离经济学的确立仅仅过去了二三百年的时间,但货币却拥有悠久的历史。与货币相比较,经济学的历史就显得短暂了。在这一章里,我们不对什么是货币下定义,货币的定义将会在另外的章节中精确地给出。这一章,我们只概述货币的产生历史及人们对它的研究历史,为以后我们深刻地看清货币的本质打下具体的铺垫。货币的进化是一个从简单到复杂的过程,在漫长的历史长河中,货币在不断演变,以至于经济学家或普通人都看不清其真实的面目了。在漫长的货币演化史中,我们将按历史进程和货币形态的关系,将货币划分为三大类型,或者说是三大阶段。第一阶段是自然货币,第二阶段是金属货币和锦帛之类的货币,第三阶段是纸币和分权性的信用货币。

什么是自然货币?我们先看看下面的一段材料。

【12】充当一般等价物的商品往往因时因地而不同,交替地、暂时地由这种商品或那种商品承担。在古希腊的历史记载中,牛、羊、谷物等都曾充当过一般等价物。希腊古代诗人荷马的诗篇中,曾提到这样的交换关系:

1个女奴隶换4头公牛，1个铜制的三脚架换12头公牛。可见，在古希腊，公牛和谷物都曾是交易的中介和财富的代表，曾起过一般等价物的作用。在中国古代，羊、布、海贝、铜器、玉璧等都曾充当过一般等价物。

在这则材料里，牛、羊等充当过一般等价物，我们把牛、羊等一般等价物称为自然货币。自然货币具有如下三个特点。首先，这类货币本身就是一种商品，它们也是可以进行买卖的。这就导致了这类货币的两面性，既是商品又是货币。其次，由于这类货币是活的牲畜，而活的牲畜都有一定的寿命时间，到一定的时间段就会死去。因此，以活牲畜作为货币，不能长久地贮存，必然导致了它的不稳定性。最后，自然货币还有它交换的不方便性，此种不方便性必然不能满足商品交换的快速需求，或商品交换的其他需求。这种不方便性及自然货币的不稳定性，决定了自然货币必会被新型的货币所替代。

关于第二阶段的货币形态，我们先看看下面的材料。

【13】中国最早的金属货币是商朝的青铜币。青铜那时属于高档奢侈品，非一般人家可以使用，主要功能就在于盛"三牲鱼腊""四时之和气"以供祖先晚上享用。当时最主要的货币还是天然海贝。

到春秋中期，出现了包金铜贝，也就是在普通铜币的外表包一层薄金，彰显其华贵，但流通并不多，更大的作用是成为装饰品或象征身份。战国时期，黄金与铜铸币并行，但黄金似乎更多地用于行贿。

秦始皇统一中国后，规定黄金为上币，一般用途是赏赐，铜币为下币，以秦国的铜钱为标准，外圆内方，这就是后来我们尊称为"孔方兄"的那个"兄长"。自此之后，铜钱的式样基本定型，历代相沿。铜钱作为我国历史上最重要的货币一直流通到清朝末年。外圆内方这种形状其实是为了浇铸方便，后来被人们赋予了很多象征性的神秘主义色彩，比如，圆形代表天，方孔代表地，追求天地之间的和谐，等等。

西汉承袭秦制，黄金仍为法定货币，但主要集中于皇家手中，用途依然是赏赐和馈赠。东汉至隋朝，黄金愈加贵重，主要用途已经不是货币，和平期间用来炫耀和礼佛，战乱时则被窖藏。这样，黄金就逐渐退出了市场流通。

唐朝以后，白银货币逐渐得到广泛流通，但很多金银进了国库就不再出来，民间的富户也将白银窖藏起来，市面上流通的货币主要还是铜钱和丝织物，所谓"钱帛兼行"。由于铜钱供应严重短缺，币值不断上升，出现了"钱荒"，没办法，唐武宗年间甚至出现"会昌灭佛"，利用毁佛所得铜材铸币。

两宋时期，白银的货币性质进一步增强，政府正式规定白银为租税和官俸的法定货币。虽然元、明两朝都曾明令民间交易禁止使用白银，推行纸币，但这种禁令收效甚微，未能阻止白银的流通。明朝中后期，白银已成为和铜钱一样普遍的金属货币。清朝时期，白银已经成为国家的主要货币，清末光绪帝在位期间，中国开始将元宝铸造成银币，并设立了户部银行。宣统二年（1910年），颁行《币制条例》，正式采用银本位制，但银本位制只执行了25年，国民党政府在1935年宣布废止，改发行法定纸币。

其实，纸币在中国出现得很早。北宋初年四川就有了"交子"，这是世界上最早的纸币之一，其后金、南宋、元、明、清均有纸币发行，但这时的纸币基本上不规范，所以理论界一直不认为这是现代意义上的纸币。中国古代纸币的鼎盛时期在元朝，当时政府下令纸币通行全国。

在人们的商品交换活动中，货币扮演着极为重要的角色。商品的交换与货币完全不可分割。可以想象，在庞大的商品结构里，一旦货币从人类的生存活动中抽离，商品的交换活动将立即停滞。

在货币演化的历史进程中，人们产生了这样的共识：有一定的货币代

第七章　货币是如何演变的

表拥有了一定数量的商品，正是从这个角度来讲，有一定的货币表明了拥有一定数量的财富。财富越多，人们享受的快乐或者可选择的快乐也就相应增多了。因此，人们为了更多地享乐，在直观的意识里，不断地追求更多的货币，甚至为了追求货币利益，不惜一切手段，损害他人或集团的利益。这样不择手段的追求，在历史的演化内是屡见不鲜的，它显示了人性恶的一面。

货币演变的第三阶段是纸币和分权性的信用货币。为什么要称为纸币和分权性的信用货币？由于信息技术的迅速发展，人们的支付方式也有了重大的变革。支付不仅仅可以采用纸币，还可以采用电子信用支付，但是电子信用支付是以纸币作为基础的。也就是说，电子信用支付仅仅是纸币的一种分权形式，是纸币的变相使用，电子信用支付离不开纸币。

在现代阶段，以通信技术作为基础，电商快速崛起，其内在的要求催生出电子信用货币。各种各样的支付平台的出现，极大地方便了电商的运作。但不管电子信用货币如何发达，至少在很长的时间来说，它始终都是纸币的一种分权形式，是纸币的一种延伸变形。那么，人们自然会问：随着科技的高度发展，在未来的某个时间，纸币会不会被电子信用货币所取代？这是一个令人深思的问题，因为我们很难想象未来的世界会是什么样子，其科技到底会发展到如何程度。

纵观历史发展，古今中外货币在世界舞台上的每一次登场，都是一次重大的变革，它是应商品交换的内在要求产生的。而商品的交换是应人们的各种形式的生存需求出现的，为了满足多方面的欲望，私人的生存性物品必须和他人的生存性物品进行交换。人们用货币可以买到一定数量的商品，因此货币成了商品的间接的代言。货币演变发展的三个阶段是环环相扣的，三个阶段不间断地连在了一起。一种货币形式被淘汰掉，必然有另外的一种更为先进的货币形式出现。例如，自然货币必然会被金属货币或纸币所替代。货币的出现仅仅是为了生存简便，但自从其出现后原本相对简单的世界变得更加复杂了，货币本身就变成了一门学问。我们需要对货币进行深入的分析，方能看清其真实的面目。

第八章
货币的真相

在前文中我们详细地阐述了货币的演化历史，知道了货币是商品交换的必然的历史产物，是为了便于商品交换而产生的。在很大的程度上，货币的出现是一个划时代的事件。我们经常与货币打交道，经常性地接触着货币，但我觉得绝大部分人是无法精确地明白货币是什么的，即使是经济学家。有人认为货币就是钱，显然这样的观点根本没有认识到货币的真实本质，是一种极端庸俗的观点。从古至今，人们对货币的定义是五花八门的，各有各的观点。虽然人们不能对货币下精准的定义，但相信人们都是为了货币在不断地奔忙着，不管是凡夫俗子，还是达官贵人，他们都为了他们所认为的货币在拼命努力着。只不过，凡夫俗子为的是面包之类的，达官贵人为的是上等燕窝之类的。

我们将在这一章内，对货币下精准的定义。在这之前人们对货币的定义是不一的。有的认为货币是一种金属，有的认为货币是一种特殊的商品，有的认为货币仅仅有名义上的意义，甚至有的认为货币是一种经济的变量或是一种政策的变量。纵观历史，人们对货币的概念无法抓住其最为深刻的本质，这不能不说是一种遗憾。

我们来看看下面的摘录，它是关于伟大的经济学家凯恩斯对货币本质的理解。

【14】自从凯恩斯1936年完成《就业、利息和货币通论》一书之后，货币在经济中的重大地位就此奠定。

在在此之前的古典经济学看来，货币的出现对于物物交换虽有必要，但对于经济究竟有多大意义尚说不清楚，需要货币自己给出证明，但货币自己给出的证明似乎并不好，很多时候对于是否能节约交易费用都不敢肯定。19世纪70年代兴起的新古典理论则认为货币对经济发展基本无用，货币是货币，实物是实物，两者河水井水不相犯，货币的增加只影响物价水平，不影响经济的运行，也就是货币理论与价值理论是"两张皮"，不能融合。

《就业、利息和货币通论》则革命性地将价值、分配理论与货币理论联系在一起，认为货币与实物不可截然"两分"，"在这个世界上，除了在最后比开始赚取更多的货币，企业没有别的目标，这是企业（货币）经济的本质特征"。

通过这种创新的货币经济观，凯恩斯把货币以一种实质性的方式融入真实经济过程。凯恩斯及其后来者均认为货币不再是中性的，对经济发展起着重大作用，好的货币政策要实施通货膨胀定标，因为通货膨胀是经济的润滑剂，轻微的物价上涨能维持经济的长期稳定与发展。

这则材料是凯恩斯对货币本质的认识，它明确地指出了货币与实物不可两分，货币与实物之间具有十分重要的联系。这样的认识已十分深刻，与那些庸俗的经济学家呆板地认为货币是货币，实物是实物，把货币与实物人为地分割开来，有了质的区别。但凯恩斯也并没有对货币下精准的定义，这不能不说是一种遗憾。

我们再看看下面的一则材料，它可使我们对货币的发展有一个更深的明确的认识。

【15】在对货币这个资本主义金融细胞的本质认识上，存在着太多错误观念，由此衍生出的一系列经济理论大多数已在 2008 年国际金融危机中破产。由于理论的错误与缺失，给世界经济带来巨大的灾难和深刻的历史教训，不能不使我们重新回到这一基础货币理论问题上：货币的本质与属性是什么？准确地定义货币，是我们揭示货币运行规律的开始，是我们打开金融"黑匣子"的钥匙。

最早对货币理论作系统的、奠基性研究的是马克思，其占据着金属货币阶段对货币理论研究的最高点。马克思认为：货币是充当一般等价物的特殊商品。货币起源于交换价值。充当一般等价物的货币因为其本身就是商品而具有价值，因此，马克思认为货币有五大职能：价值尺度——货币能成为计量其他一切商品价值大小的尺度，是因为它本身具有价值；流通手段——充当流通手段的货币数量，由商品价格总额（待销售的商品量 × 价格水平）和货币流通速度决定；贮藏手段——当作社会财富的一般代表贮藏起来的货币，既不能是观念上的货币，也不能是作为价值符号的纸币，而必须是足值的金属货币，货币作为贮藏手段能自发地调节货币流通量；支付手段——货币作为支付手段一方面减少了流通中所需货币量，另一方面又进一步扩大了商品经济的矛盾；世界货币——货币在国际经济关系中作为支付手段，发挥一般财富绝对社会化化身的职能。在我国，马克思的经典定义深入人心。这里我们将其称为商品货币论。

商品货币论包含两层含义：一是货币的价值概念，货币能起等价物的作用，是一般等价物，货币在充当交换媒介时与所有的商品发生等价关系；二是货币的商品属性，货币是一种商品，不过，是一种专门充当一般等价物的特殊商品。商品货币论没有特别强调货币的"交换媒介"功能，笔者认为，一般等价物隐含着交换媒介功能。一般等价物是从商品的交换价值中抽象出来的概念，也可理解为"专用于交换的物"。

马克思通过对商品交换历史发展过程的全面考察，获得对货币本质的深刻认识。马克思分析了商品的价值形式，从简单的价值形式到扩大的价值形式，再到一般的价值形式，最后才由一般的价值形式发展成为货币形式。因此，货币的价值属性才是货币的本质属性。因为货币本身有价值，所以它才能成为一般等价物。商品交换价值的发展，最终使自然属性最适宜充当一般等价物的贵金属（金或银）成为货币。

后来货币的发展证明了马克思在其所处的时代针对金银货币所作的货币定义，有其历史的局限性。货币是"特殊商品"的说法被现今的货币发展所打破。1933年至1936年间，世界主要资本主义国家先后都废除了金（银）本位制，实行法币制度，当今的信用货币也已开始向电子货币延伸。信用货币、电子货币的货币承载物本身并不是商品，用作货币的纸本身也没有与货币面值相应的价值，不是一般等价物。因此，货币的商品属性遭到了质疑。可以这样讲，当今的货币并没有商品属性。由此追溯，处于贵金属货币时代的贵金属，虽然也是商品，但"商品"这个属性并不是货币的本质属性，货币可以离开商品的属性而存在。我们必须清醒地认识到这个已经发展了的事实。

也许有人会说，马克思早已将纸币（银行券）定义为"货币符号"。今天将纸币仍看作是货币符号的不乏其人。需要注意的是，现在我们所用的纸币与马克思称为货币符号的纸币有三点本质上的不同：一是现在的纸币不能到发行或承诺机构那里兑换金银；二是现在的纸币是由国家法定发行，强制流通的，而马克思称为货币符号的纸币通常是由银行或某些私人机构发行的，人们自愿选择使用的；三是现在的金银并不能作为交换媒介使用。

西方经济学各门派关于货币的解释虽然稍有不同，但都与马克思的定义对立。其中最有代表性的解释为："货币是人们普遍接受的，充当交换媒介的东西。"这种货币定义包括两方面的含义：其一，肯定了货币是"交换媒介"，避开或者否定了马克思的货币是商品的说法。这对货币本质认识方面是有积极意义的。这可能与他们见证了金本位制货币体系的崩溃有关。毫无疑义，"交换媒介"是货币的一个本质属性，货币离开了"交换媒介"这个属性，就不能成为货币。其实，这在马克思的货币定义中已经包含了，即包含在"商品的交换价值""一般等价物"的表述中。但不管怎么说，直接用"交换媒介"更准确地反映了货币的本质。其二，认为货币是人们"普遍接受的东西"，这明显与马克思关于货币是"一般等价物"的概念相对立。在马克思的货币定义中，人们之所以能接受金银作为交换媒介，是因为它们是"一般等价物"，"等价"是其"普遍接受"的基础，不是无条件的自愿接受。现在各国国内的纸币之所以能作为交换媒介，是因为它是法律规定的、国家用威权强制推行的，并由发行机构提供了价值保障的，不存在无条件地"普遍接受"这种事。因此"普遍接受"不是货币的本质属性。

货币的"普遍接受"说，从根本上否定了货币的价值基础，因此使西方经济学关于货币的定义存在着最根本性的缺陷。它致命的缺陷在于，作为国际货币体系中的美元本位币可以向全世界发行，按照"普遍接受"的说法，美元可以逃脱各国对其发行价值的监管与追索，从而使以美元本位制的国际货币体系成为各美元使用国的国民福利向美国输送的通道。可见，西方经济学中关于货币的定义是为美元制国际货币体系服务的。

确实如以上材料所言，人们对货币的本质认识存在着各种各样的错误，因此导致了一系列理论上的错误及由其衍生的错误。在人类社会的经济运动中，要想精准地解决经济学中的各种问题，我们人类首先要理解货币的本质是什么，即必须对"货币是什么"下准确的定义，可很遗憾，不管是古代还是现代，不管是东方还是西方，我们对货币这个"怪物"皆无法精准地刻画出其本质是什么。由于我们的经济学家无法认清货币的本质，导致很多经济上的问题都不能很好地解决。

  以上材料主要对马克思的货币理论进行了严谨的阐述并给予了严格意义上的分析，但最终也没有对货币的本质进行准确的说明。马克思认为货币是充当一般等价物的特殊的商品。这是马克思对货币本质的认识，当然这样的定义具有明显的历史局限性，显然是有问题的。因为，很明显，现代的纸币并非特殊的商品，这是一个不可辩驳的事实，人们是必须承认的。历史总是在不断发展的，货币是商品交换的必然的产物，应商品交换的内在要求而出现。当然，商品交换的内在推因是人类的生存，即商品交换是人类生存的必然结果。在古代，金银作为货币，当然那时金银本身亦是商品，如果单从这个意义上来讲，或者说如果单从这个角度来讲，此时的货币就是特殊的商品。随着历史的前进，金银作为货币逐步地退出了历史的舞台，到了现代已经完全被信用纸币所替代。现代的纸币不是商品，它不能进行买卖。这就是马克思货币定义的历史局限性，马克思的货币定义并不能将所有的货币现象概括在里面，也就是说马克思的货币定义不能解释所有与货币有关的内容或现象。

  关于马克思的货币的五大职能，即价值尺度、支付手段、流通手段、贮藏手段以及世界货币，我们将在货币基本性质部分加以详细的讨论。

  另外，上面的材料涉及西方社会或经济学家们对货币的普遍接受的定义。他们将货币定义为：货币是人们普遍接受的，充当交换媒介的东西。诚如上面的材料所言，这样的定义是有很大问题的，其一，货币的流通是具有国家强制性的，并非像西方所定义的那样"货币是人们普遍接受的"。因此，"人们普遍接受的"不是货币的本质属性。因此，在严格意义上，这样的货币定义是有问题的，它把不是本质属性的某种东西放在了定义里面，这样的定义是不准确的。其二，该定义承认了货币是一种交换的媒介，这是一种深刻的进步，是一种积极的内蕴，应当得到积极的肯定。但不足之处在于，该定义没能明确说明货币是什么的交换媒介，而只是含糊地说货币是一种充当交换媒介的东西，这也是该定义的巨大失败之处，在严格的意义上是不能让人满意的。

综上所述，不管是商品货币论还是西方关于货币的定义，都有很大的局限性，都没有正确指出货币的本质是什么，而认识货币是什么对人们的经济活动具有极为深刻的重大意义，正确认识货币是什么对正确认识其他经济现象具有前导作用。

通过考察所有与货币有关的现象，我们将货币定义为：货币是商品交换的一般性中介。

下面，我将详细地阐述这个定义，说明这样的定义是如何深刻地揭示货币的本质，同时也会给出货币的三个基本的性质，这三个基本的性质具有解释与货币有关现象的巨大作用。

我们对货币的定义，有如下的几点解释。

第一，我们知道生存性物品具有最大的包容性，并且在前面的章节中，我已将生存性物品划分为五大类或五大集合。它们分别是物存性商品、物存性非商品、感存性商品、感存性非商品和混合性商品。我还相应地举了多个例子加以说明。一切商品都可以划分为三大类：物存性商品、感存性商品和混合性商品。因此，货币是商品交换的一般性中介，可以详细地表达为：货币是物存性商品、感存性商品和混合性商品交换的一般性中介。另外，在前面的章节中，我们也知道商品具有两种基本的属性：使用价值和价值。其中，价值具体表现为交换价值，而交换价值又以价格的形式来表现。也就是说，任何商品都是有价格的，这是商品价值的量化结果。商品必须具有价格，否则商品之间是无法进行交换的。因此，从一般的角度来讲，货币具有符号面值。比如，人民币有一百、五十、十元等各种符号面值。货币的符号面值在本质上表达商品的价值，更具体地说是商品的交换价值。

在这种一般的意义上讲，货币具有度量商品价格的功能。

第二，对货币定义里的"一般性中介"的解释如下：它指的是货币在一个国家或一个相对大的地区里，被普遍使用。例如，人民币在中国得到普遍使用，又如美元在美国得到普遍使用。当然，这样的普遍性使用是带有国家强制性的。普遍性的使用与西方对货币的定义中"普遍性的接受"区别是十分明显的。货币是以国家为信用的，并由国家强制使用。货币的接受使用，并非人们自愿。

第三，货币的定义具有严格性，即货币的定义只针对商品，不针对非商品。货币的定义是通过商品这样的普遍概念而加以表征的，这必须引起读者的注意。但是，我们也注意到这样的事实：我们的生活中存在着普遍的非商品的货币性，也就是说不是商品的物品也具有可以用价格加以表征的现象。它其实涉及的是货币应用的广义性。关于非商品的货币性及量化所遵循的规律，将会在后面专门的章节加以表述。

第四，符合"商品交换的一般性中介"定义的所有物品都可以称为货币。比如历史上出现过的，古代的贝壳、铜、金、银甚至活生生的羊等都可以称为货币。这就是货币定义的最大的包容性。我们常常说一个正确的定义必然具有最大的包容性，它可以将与自己有关的种种现象都包容在内。货币的定义就是一个很好的例子。

从货币的定义出发，我们可以容易得到关于货币的三个基本的属性，或者说货币的三个基本的性质。

接下来，我们对货币的三个基本的性质加以论述。

（1）货币对商品的代表性，简称货币的代表性。

（2）货币对商品的交换性，简称货币的交换性。

（3）货币对商品的分摊性，简称货币的分摊性。

第一，我们将分析货币对商品的代表性。货币的代表性所蕴含的道理其实很简单，请读者看看下面这个很简单的事实：一定量的货币总是和一定量的商品相对应，即一定量的货币往往代表着一定量的商品。货币的代表性基于的就是这个简单的事实。但下面对货币代表性的分析会超出读者的预料，也就是货币代表性所具有的一种内在的蕴意——货币代表性的差异性。货币代表性的差异性是个什么样的概念呢？其实，货币代表性的差异性这个概念是基于这样的简单事实：一定量的货币代表着一定量的商品，但是所代表的商品可以是形形色色的，而不是简单地针对某一种或几种商品，并且代表商品的数量是不一样的。那么，货币代表性的差异性在解释经济现象中有何作用呢？我们说作用很大，特别是在解释货币能否任意投放市场时，会显示出货币代表性的差异性的重要作用。货币代表性所基于的事实虽然简单，但在解释与货币相关的现象时却具有相应的威力。

第二，我们将分析货币的交换性。马克思认为货币具有五大职能，分别为价值尺度、流通手段、支付手段、贮藏手段、世界货币。这是通常意义上的货币的五大职能。通过下面的分析，读者将会看到货币的交换性包含着货币的五大职能。（1）货币是商品交换的一般性中介，商品具有价格，这样货币作为商品交换的中介，显然具有价值尺度，体现为货币具有符号面值的特点。（2）商品在市场上可以流通，从而意味着作为商品交换的一般性中介，货币也是可以流通的，也就是说货币具有流通手段这个职能。货币在市场上的流通实质上就是商品在市场上的流通，由于物物交换的巨大的不便性，商品的流通必须借助货币。（3）货币的支付手段，显然这种货币的职能被货币的交换性所包含。货币在行使它对商品的交换性时，已经在行使它的支付职能。（4）货币的贮藏手段，这一点在货币的交换性中是显然的。因为货币的交换性可以分为两大类：即时性交换和延时性交换。即时性交换就成了支付职能，延时性交换就成了贮藏职能。贮藏职能在明确的意义上，指的是储蓄一定数量的货币代表着贮藏一定数量的商品。贮藏职能说明人们有储存货币的心理倾向，这样的心理倾向来源于人们为将来的生活提前做打算，或者为了孩子，或者为了突发的医疗情况，或者是为了将来自己的养老。储存货币是人类一种普遍的心理，其中的心理动因是非常明显的。（5）货币的世界职能，也就是货币在世界范围内行使相应的职能，其包含于货币的交换性中。因为商品可以在国与国之间流通，货币的交换性也就具有了国际性，不同国家之间的货币可以互相转换，从而要求货币必须相应地具有世界职能。这里涉及汇率，在后面的章节中，我们将会专门进行论述。

综上所述，马克思提出的货币的五大职能，都完全包含于货币的交换性这一货币的基本属性中。货币的五大职能，能够解释与货币相关的大部分现象，但不能解释关于货币的全部现象，要想解释与货币有关的全部现象，必须接着阐述货币的另外一个基本性质，货币的这个基本性质与货币的交换性同等重要。关于货币的另外一个基本属性，请读者看接下来的分析。

第三，货币的分摊性，货币的这个基本性质与经济运动中的通货膨胀和通货紧缩有着极为密切的联系。那么，读者一定会问，为什么把这个基本性质称为"货币的分摊性"以及货币的这个基本性质的内容是什么？为了回答读者心中的疑问，我们先看看如下一些事实现象。

【16】在我国，国民党统治时期出现了恶性通胀。1935年，南京国民政府结束了银本位制，发行国家信用法定货币，规定1法币兑1银圆。法币初期与英镑挂钩，可在指定银行无限兑换，1936年，改为与英镑及美元挂钩。抗日战争爆发前，法币发行量为14.8亿元。

抗战期间，日本为了破坏中国后方经济，在日占区强行以日本发行之货币收兑法币，再加上以走私物资套得法币，兑取国民政府的外汇。国民政府虽然分别从英国和美国那里得到1000万英镑及5000万美元贷款，但根本不足以支撑法币汇价，1940年不得不取消外汇兑换。为应付巨大的抗战支出，南京国民政府不得不加大法币的投放，到抗战胜利前夕，法币发行量达到了5569亿元，8年时间增加了376倍。第三次国内革命战争爆发后，法币发行更是失控，到1948年8月达到了604兆元，3年间增加超过1000倍，造成了恶性通货膨胀。

对于这则材料，我想说明如下几点。

第一，材料中所阐述的是民国时期的严重的通货膨胀。所谓通货膨胀，实质指的是在经济运动的大层面上，社会的总需求远远超过社会的总供给。那么，为什么会出现社会的总供给极为严重的短缺？我们看到这则材料中发生严重通货膨胀的历史背景是：中国处于抗日战争和解放战争中。在这样的大环境中，必然民不聊生。国家的生存性商品必然严重不足，势必构成了社会的总需求与社会的总供给之间极为严重的矛盾，各种利益集合都在追逐着极为有限的生存性商品。各种利益集合可分为三大类：上层利益集合、中层利益集合和下层利益集合。这是一种宏观上的划分。上层利益集合指的是国家的权力掌握者这样的一类，中层利益集合指的是中产阶级这样的一类，下层利益集合指的是贫苦的劳动大众这样的一类。显然，在这种对极为短缺的生存性商品的追逐博弈中，中、下层利益集合是无法跟上层利益集合抗衡的。受苦最为厉害的还是下层利益集合。下层利益集合处于社会的最底层，这层利益集合亦是无法跟中层利益集合抗衡博弈的。那么，必然有这样的一个问题出现：上层利益集合如何追逐到这极为短缺的商品？权力的掌握者很容易地想到了一个最妙的办法，就是大力发行货币。我们知道，拥有更多的货币意味着拥有更多数量的商品。这是一个十分明显的道理。政府掌握着货币的印刷与发行的绝对权力，在这种非常时期，政府通过大力开动印钞机，发行大量的货币，以追逐到大量的商品，用以满足这类集合自身的生存需要或者支持战争的需要。因此，我们说在这样的非常时期，政府大力印钞就是为了追逐到大量的生存性商品。

第二，在这种大的历史环境中，一旦政府将大量的货币投放到市场，结果赢的是政府，如南京国民政府，他们照样可以锦衣玉食，受苦的却是最为广大的底层民众。货币被疯狂地大量投放市场，造成了最底层民众手中的货币严重贬值，他们辛辛苦苦赚的工资永远没有物价上涨得快。在那个特殊的社会，受苦的永远都是平民百姓。那时的政府只考虑自己的利益。

第三，通货膨胀自然有它的利益心理在驱动，这样的利益心理就是政府与广大平民群众争夺相当有限的商品。在这样的心理作用下，政府最为有效的手段就是大量发行纸币，大量发行货币是政府在特殊时期追逐有限商品的极为重要的手段。从这个角度来讲，这就是作为政府的巨大好处。关于通货膨胀，我会在后面的章节中进一步阐释。

以上我们所分析的三大点事实，充分地说明了一个简单的道理——货币的发行与商品之间存在着极为密切的联系。而不是像有的庸俗的经济学家所言的那样，货币是货币，商品是商品，二者之间没有联系，这样的描述显然是很荒谬的。

基于以上事实分析，现在我们可以解释货币的第三个基本属性了——货币的分摊性。所谓货币的分摊性指的是这样的一个事实：市面上货币流通量的多少必然引起商品价格的相应变化。这是一个关于货币与商品的明显的事实规律。这个规律揭示的是货币与商品之间具有同向运动的变化现象。那么，读者会问：如何从货币的定义推导出货币的第三个基本属性——货币的分摊性？

我们可以进行如下思考：所有的商品都具有价值这个本质属性，它以价格的形式表现出来。也就是说，任何商品都有价格，而价格的高低又通过货币量的多少来加以准确的定量表达。因此，从货币的定义我们可以明显地判断：当一定数量的货币在市面上流通时，货币量必然要分摊到一定数量的商品上。货币量的分摊性分为三种情形：（1）如果市面上的货币量太大，而商品的数量又相对很有限，分摊的结果必然是商品的价格迅速上涨，价格高得惊人。而这就是所谓的恶性的通货膨胀。这种情形也说明了，作为一个负责任的政府，不能随意地发行货币，滥发货币势必造成商品价格疯狂上涨，结果只能是民不聊生，社会不安定，甚至出现社会的动乱变革。一个为国为民着想的政府，在如何发行货币以及发行多少货币方面，必须反复调查，做出正确的论证后，方可发行货币。（2）货币的分摊是正常的情形，货币量与商品的数量大体地符合，经济运行正常。（3）货币的分摊是一种反常的现象，市面上的货币量少，而商品的数量又多，这种情形导致通货紧缩。通货紧缩反映的是经济的运行结构不正常。通货紧缩在本质上反映的是经济运行中供过于求的现象，在后面的章节中我们还会更为深入地分析。

综上所述，货币拥有三个基本的属性，即代表性、交换性和分摊性。通过货币的三个基本的属性可以解释与货币有关的所有现象。后面我们还会继续运用货币的三个基本的性质解决相关的问题，从而我们可以看到货币这三个基本属性的极大的重要性。正确认识货币是正确认识其他经济现象的开始。如果我们在这个具有前导意义的问题上的认识有了错误，那么必然引出一系列荒谬的理论。在此之前的经济学家对货币的定义有这样或者那样的局限性，可见正确认识货币难度之大。

在正确地定义货币后，我们将在后面的章节中，逐步地建立起与货币有关的理论。我们对前人货币的理论，进行重新创造，形成一个新的体系。这样的新的体系会更加深刻地解释与货币有关的现象。

第九章
货币的法则：货币基本属性的运用

在这章中，我们将用货币的基本属性阐释与其相关的经济现象，从中更为清晰地认识到货币基本属性的巨大作用。为此，首先介绍与货币基本属性相关的经济现象——购买力现象，这是货币基本属性的第一个应用。

我们知道对于商品而言，一定数量的货币代表着一定数量的商品，在通常的意义上讲，货币的数量越多，就意味着拥有商品的数量越多。当然，除了商品，货币还可以买到非商品。从这样的表述中，我们发现货币的威力是巨大的。

货币的购买力是个相对的概念，它包含着两种基本的情形：货币的单个购买力和货币的总购买力。我们先详细分析货币的单个购买力概念，而后再分析货币的总购买力概念。

例如，一定量的货币如果现在能够购买到5件A商品，但一年之后，可以购买到6件A商品，就说明货币对于这种商品的购买力上升了。反过来，如果一年之后，只能购买到4件A商品，就说明货币对于这种商品的购买力下降了。我们把这样的事实现象，称为货币的单个购买力。货币的单个购买力只针对某一种商品所需要货币的数量,当然货币的单个购买力是一种相对的概念,唯有通过相互比较,才能显示其中的内蕴。

为了更深入地探讨货币的单个购买力概念,请读者认真地看下面的进一步分析。

首先,在通货膨胀的大环境下,货币的购买力是迅速下降的。这种环境中,货币贬值的速度是十分可怕的,工资收益远远跟不上通货膨胀。例如,解放战争时期,在国民党统治区,早上拿着一叠货币,还可以买到一根油条,到了第二天,要拿着一大捆货币方能买到一根油条。生活在社会底层的老百姓苦不堪言。惊人的货币贬值速度,极大地伤害了工人们的生存力。工人们在工厂里艰辛地劳动着,但工资却没有上涨,即使上涨了,也完全跟不上通货膨胀。

其次,在通货紧缩的经济大环境中,经济生产结构的不合理,导致某种产品的大量生产,而市场上对于这种商品的需要是相对有限的,市场上需要的其他商品却生产不足,人们想买的商品却买不到。在如此畸形的经济生产结构中,货币的购买力也是相对贬值的。由此造成了人们物存的欲望不能被合理地满足,因此,通货紧缩也同通货膨胀一样,在一定的意义上,影响了人们的生存。

最后,物价上涨了,而工资却没有相应地跟着上涨,也会导致货币的购买力贬值。一旦这样的情形出现,政府出面干预的手段有两种——涨工资和降低物价,以最终降低社会中货币购买力贬值的影响,使人们的生存力得到合理的保护,稳定社会的运转秩序。

那么,货币的单个购买力可以反映一个人的生活富裕情况吗?答案是不一定。要想知道一个人的富裕情况,我们就要分析货币购买力的第二种基本的情形——货币的总购买力。

什么是货币的总购买力呢?货币的总购买力指的是一个人在一定的时

期内，比如说一年或者一个月，所拥有的总的货币量能够买到多少数量的商品。例如，一个人去年每个月的工资是3000元人民币，而今年每个月的工资是3500元人民币，物价没有多大的变化，这个人今年的月工资比去年的月工资能够买到更多的商品，就说明这个人今年比去年拥有更多的财富，从而说明此人今年的总购买力比去年的总购买力大。但是，如果今年的物价上涨得相对厉害，此人今年虽然工资增加了，但是能够购买的商品数量却比去年要少，那么说明此人今年的总购买力比去年的总购买力小，他所拥有的财富缩水了。

从上面的分析，我们知道货币的总购买力可以表征财富是涨了，还是缩水了。而货币的购买力是货币的第一个基本属性——货币的代表性的一种直接的应用。

接下来，我们将着重用货币的第三个基本属性——货币的分摊性，来阐释与之相关的社会中的经济现象，主要是通货膨胀和通货紧缩这两种极为重要的经济运行现象。

为了更好地应用货币的第三个基本属性，我们要先知道货币的两种形式：流动性货币和约束性货币。什么是流动性货币和约束性货币？所谓流动性货币，指的是市场上流通的货币，这类货币是在市场上购买各种商品的货币。所谓约束性货币，指的是储存在各种银行里的货币或其他证券形式的货币，这样的货币没有在市场上流通。这是货币运动在宏观上的划分。它们是货币运动的不同形式，而这两种货币形式之间可以互相转化。

在应用货币的第三个基本属性解决问题时，先请读者看看下面的一则关于通货膨胀的材料。

【17】其后的德国更是经历了一场天价通货膨胀。第一次世界大战期间，各参战国财政空前恶化，战后，胜利的协约国希望由战败国来赔偿损失。1921年，特别赔偿委员会宣布德国应赔偿1320亿金马克，此外还得上交所

有1600吨以上的船只、所有殖民地，承担占领军的费用。

战败后的德国只好充分开动印钞机，流通中的货币大量增加，物价飞涨，马克迅速贬值。1923年年初，2.1万马克兑换1美元，6月就变成10万马克兑换1美元，8月变成500万马克兑换1美元，9月28日，交易所的收盘价是1马克兑换0.00000068美元。在别人还没习惯10亿马克时，德国人就不得不适应万亿马克。

当时每份售价300万马克的《柏林股票交易报》上写道："请在所有价格后面都加上9个0！"一则刊登在报上的提示是："面包的最新售价是1200亿马克。"为了买到一磅黄油，工人不得不在车床边工作9个小时。1923年年底，工人的实际平均工资比第一次世界大战前低了77.5%。这大约也是一种剥夺，只是变成了一个国家对另一个国家的剥夺。在通货膨胀中，倒霉的永远是老百姓。

与此同时，世界另一边的俄国政府宣布股票、债券和其他有价证券毫无价值，加以没收，而印纸币也成为政府自救的妙法。1919年，俄国政府就印出1630亿卢布，1920年为8550亿卢布，1921年人们已经快绝望了，因为4个人4个月时间里只能依靠1英镑生活，而同期的英国，1英镑只够1个人生活1周。

这则材料还是关于通货膨胀，不过我在这里所要阐述的方向与前文是不一样的。我所要阐释的是如何消除通货膨胀。

在古代原始社会，由于生产力极为低下，人们只能勉强地自给自足，在这样极为低下的生存力作用下，虽然原始社会内部存在分工，但商品交换还未出现，货币当然就没有登上历史的舞台，也就不存在通货膨胀现象。通货膨胀现象是货币出现在交换中后才开始有的。不是一切时代都有通货膨胀的，商品的出现势必导致货币的出现，进而人类发展史上就慢慢地出现了所谓的通货膨胀。通货膨胀在本质上是商品的极端短缺，使得供给远远跟不上需求。那么，如何理解这句话呢？

第一，商品的极端短缺，造成了整个经济运行层面的生存力相对低下，各个阶层的生存受到了威胁。从自身的生存利益出发，不同的阶层都在争夺有限的商品。这是通货膨胀的心理基础。从这样的心理出发，可以产生如下经济行为。其一，统治阶级必然会通过疯狂地发行货币来追逐有限的商品，以促进自己的生存。当大量的货币不断地流入市场，商品价格极为迅速地上涨，货币人为地造成了贬值。在这场商品争夺战中，广大的贫苦阶层根本无法与所谓的政府竞争，最终成了受苦的对象。其二，有限的商品占有者本身也会哄抬物价，从中捞取大量的不义之财。从这个角度看，物价也会迅速上涨，最后受苦的还是手中没有商品的平民百姓。以上两大方向，不管是统治阶级还是商品的拥有者，他们的经济行为都导致了物价的可怕上涨及货币的极度贬值。因此，从更广与更深的角度来讲，通货膨胀其实是一场生存的战争。不同的阶层为了自己的物存，都在争夺极为有限的商品。

第二，前文所列举的材料发生在战争年代，在那个战火纷飞的年代，人类社会各个方面的生产都受到了极大的破坏，生产的物存产品是相当有限的。在经济建设的和平年代，很少发生通货膨胀。原因很简单，生存性的商品是充足的。因此，从生存性商品充足的这个角度来讲，发生通货膨胀的可能性是很低的。但是，并不是说和平的经济建设年代不会发生通货膨胀，换句话讲，也会有发生通货膨胀的可能性，只是通货膨胀是由其他的因素导致的，比如说，大量的游资疯狂地进入市场。大量的游资进入市场，会造成物价的普遍上涨和货币的贬值，从而造成严重的后果。当然，这样的通货膨胀和生存性商品的极端短缺所引起的通货膨胀本质是不一样的。如果在和平的经济建设年代，出现了长期的恶性的通货膨胀，而没有很好地加以控制，后果是不堪设想的，或者社会动乱，严重的政府被推翻。这不是危言耸听，在世界其他的国家就发生过多次。一个英明的政府，必然会严格控制物价的上涨，以保证人们的生活能够正常地进行，社会能够正常有序地运转。

如何有效地控制通货膨胀？这里将针对商品短缺引起的通货膨胀加以分析，对于国际游资引起的通货膨胀，我会在后面的章节中再做具体的分析。

对于商品短缺引起的通货膨胀，我们有两种消除通货膨胀的基本手段，这两种基本手段要双管齐下，不能单用一种手段。以中国的解放战争时期为例，那时通货膨胀是极为可怕的，物价像断了线的风筝急剧上涨。新中国成立后，首先进行了货币的改革，将市场上流通的大量金圆券收拢，并重新发行了人民币。新发行的人民币取代了国民党的金圆券，极大地降低了货币在市场上的流通量，物价得以迅速的下降。人们的生活逐步走上了正轨。但是如果仅仅采取了这样的一种手段，而没有把第二种基本的手段用上，物价还是会大量上涨的。第二种基本的手段是大力发展生产，迅速地增加商品的数量。因此，要想解决商品短缺引起的通货膨胀，收拢流通性货币与发展生产必须双管齐下。只有做到了这两点，通货膨胀才会慢慢地消除。在这两种基本的手段中，降低货币在市场上的流通量治标，而真正治本的基本手段是大力发展生产，这样能极大限度地拥有商品，充分满足人们对商品的需求。唯有如此，通货膨胀才会真正地得到根除。

在以上分析中，我们其实运用了货币的第三个基本属性——货币的分摊性。当市场上流通性的货币太多，就会伴随着通货膨胀，此时国家可启动货币这个杠杆，通过各种手段来收拢市场上多余的货币，将流通性货币转化成约束性货币。例如，银行可提高储蓄利率，将市面上流通性太多的货币收拢，减少市面上的流通性货币，降低通货膨胀率。当然，政府收拢货币的手段是多种多样的，不只银行提高储蓄利率这一种。货币的第三个基本属性，是国家调节货币量的基本依据。而这种杠杆调控的结果，其实是将多余的流通性货币转变成了约束性货币。

接下来我将进一步阐释通货膨胀类型的划分，以使读者从更加深刻的角度认识通货膨胀这一经济运行的怪现象。在讨论通货膨胀类型的划分时，先请读者看看下面的其他经济学家对通货膨胀类型的划分。

新凯恩斯主义将通货膨胀划分为三种大的模型。其一为需求拉动通胀——通货膨胀因 GDP 所产生的高需求与低失业而发生，又称菲利普斯曲线型通货膨胀。其二为成本推动通胀——现称"供给震荡型通货膨胀"，发生于油价突然提高时。其三为固有型通货膨胀——合理预期所引起，通常与物价 / 薪资螺旋有关。工人希望持续提高薪资，其费用传递至产品成本与价格，形成恶性循环。固有型通货膨胀反映的是已发生的状况，这些状况包括当前物价的一些实际情况，比如某些商品的价格过高等，当然，也包括当前经济运行的其他情况。固有型通货膨胀被视为残留型通货膨胀，又称"惯性通货膨胀"，甚至是"结构性通货膨胀"。

以上划分方式是新凯恩斯主义对通货膨胀类型的划分。现在对以上三种类型的通货膨胀逐条地进行分析，最后提出对通货膨胀类型的基本划分形式。

第一，新凯恩斯主义认为需求拉动通货膨胀，原因在于 GDP 高速发展的内在要求。经济学家又把这种通货膨胀称为菲利普斯曲线型通货膨胀。菲利普斯曲线型通货膨胀的本质在于：GDP 的高速发展必然引起商品的大量生产，而根据货币的第三个基本属性——货币对商品的分摊性，市场上的货币流通量势必跟着商品大量地上涨。而此时，如果各类阶层的人的薪资没有跟着上涨，会相应地导致各类阶层已拥有的货币严重贬值，他们手中已有货币的购买力会相应地受损，从而极大地降低了他们的生存力。政府在此时就显示出其作用了，可以适当地增加各类阶层的薪资，以增强人们的生存力。从上面的分析我们可以知道，菲利普斯曲线型通货膨胀的本质是商品的极大缺失，而人们的需求又极大。因此，我们可以把菲利普斯曲线型通货膨胀归纳为商品极大短缺型通货膨胀。

商品的极大短缺，必然从内在推动着国家大力发展生产，从而必然大大地增加了就业的岗位。我们说菲利普斯曲线型通货膨胀能够增加就业的内在原因就是在这。

第二，对于第二种类型的通货膨胀——成本推动通胀，比如油价突然升高引起的通货膨胀，我们分析如下：石油是种普遍的商品，它的价格上涨或降低会通过价格链条，而引起其他相应商品价格的上涨或下降。假如油价普遍上涨，通过价格链条会使各种相关商品的价格都普遍上涨，从而导致了通货膨胀。正是由于这样的原因，我们把成本推动通胀称为单商品短缺型通货膨胀。

由于商品极大短缺型通货膨胀和单商品短缺型通货膨胀，都属于商品短缺型通货膨胀，因此，我们把单商品短缺型通货膨胀也归为商品极大短缺型通货膨胀。这样，菲利普斯曲线型通货膨胀和成本推动通胀合称为商品极大短缺型通货膨胀。

第三，对于新凯恩斯主义的第三种通货膨胀——固有型通货膨胀，我们做如下分析：其最初动因是工人要求持续地增加工资。而工资的增加一方面必然提高了产品的生产价格和费用，另一方面也必然通过货币的分摊性，抬高了商品的价格，两方面综合在一起，导致了通货膨胀。因此，我们把固有型通货膨胀称为货币型通货膨胀。

注：工人要求持续地增加工资，也在本质上说明了其他商品的价格在上涨，从而货币型通货膨胀在本质上跟相应的商品短缺也有内在的关系。

新凯恩斯主义将通货膨胀划分为三种大的类型，我们通过严格的分析后，从更为深刻的本质出发将它们分为两种基本的类型，即商品极大短缺型通货膨胀和货币型通货膨胀。前者是商品的短缺引起的，后者是流通性货币量的上升引起的。另外，我们在前面的论述中也提过，国际游资大量地涌入市场，也会导致相应的通货膨胀，显然这样的通货膨胀亦属于货币型通货膨胀。对于国际游资的运动规律，我们将在后面的章节中专门论述。

商品极大短缺型通货膨胀和货币型通货膨胀，二者的本质原因不一样，但是这两种通货膨胀却有着极为密切的联系。商品和货币互相依存在一起，互相运动变化，而不能将它们分割开来，不能单独考察商品的运动规律，也不能单独考察货币的运动规律。不能将货币看成一个纯粹意义上的符号，货币与商品具有极为密切的联系。这种极为重要的本质联系，在货币的定义中我们已经深刻地揭示了。

当然，政府也可以根据货币的第三个基本属性，将约束性货币转变成流通性货币。那么，读者自然会问：这种反过来的用法，在什么时候会用到？这就是接下来我要向各位读者阐述的通货紧缩现象。解决通货紧缩问题，我们也必须根据货币的第三个基本属性——货币的分摊性。在讨论通货紧缩中，我们要分析的问题是：（1）通货紧缩的本质是什么？（2）通货紧缩的危害是什么？（3）如何解决通货紧缩？解决这三类通货紧缩的基本问题，会涉及通货紧缩的方方面面。

通货紧缩在表现形式上是经济运行中物价普遍性的持续下滑。这是通货紧缩的表现特点。那么，我们自然而然就会产生这样的疑问：是什么原因导致了物价的普遍下滑？为了解决这些关于通货紧缩的相关问题，请读者先看看如下关于通货紧缩的本质论述。

第一种观点认为，通货紧缩是经济衰退的货币表现，因而必须具备三个基本特征：一是物价的普遍、持续下降；二是货币供给量的连续下降；三是有效需求不足，经济全面衰退。这种观点被称为"三要素论"。

第二种观点认为，通货紧缩是一种货币现象，表现为价格的持续下跌和货币供给量的连续下降，即所谓的"双要素论"。

第三种观点认为，通货紧缩就是物价的全面持续下降，被称为"单要素论"。从上面的介绍我们可以看出,尽管对通货紧缩的定义仍有争论,但物价的全面持续下降这一点却是共同的。

这是国内外对于通货紧缩的三种观点,至今都没有得到统一,还处于争论之中。

我们将对上面的三种观点进行剖析,并建立起正确的通货紧缩理论。

在剖析通货紧缩现象前,请读者先回顾一下我们是如何剖析通货膨胀的。我们是从两方面入手的:一是商品,二是货币。我们从这两个本质角度,深刻地分析了通货膨胀。同理,我们也从商品和货币这两个本质角度来对通货紧缩进行深刻的分析,并得出相应的结论。我们发现上面的三种观点,不管是"三要素论"、"双要素论"还是"单要素论",都没有揭示通货紧缩的本质原因。其中,"三要素论"观点认为通货紧缩是经济衰退的货币表现,然后给出了这种定义的三个基本特征。第二种观点认为通货紧缩是一种货币现象,其表现为物价的持续下降和货币供给量的连续下降。第三种观点认为通货紧缩就是物价的全面持续下降。这三种观点是目前比较普遍的关于通货紧缩定义的描述。

它们都没从商品的本质角度进行问题的分析。为了使读者更加清楚地认识到引起通货紧缩的本质原因,我们将从商品生产的角度描述如下事实:整个国家生产商品的产业结构出现了严重的失衡,这是引起通货紧缩的本质原因。那么,如何来理解这种事实?

第一,什么是生产商品的产业结构严重失衡?它指的是一个国家的工厂或企业在生产商品时,生产商品的方向与市场上人们需要的产品发生严重冲突,即市场上人们需要的商品是A,而工厂或企业却大量生产B产品,导致了大量的商品滞留在工厂或企业内,无法销售。一旦大量的商品无法销售,势必影响工厂或企业的资金周转,甚至导致严重亏本。企业为了减少亏本,会降低商品的价格,从而造成物价的普遍下滑,但是由于工厂或企业的生产方向不对，即使商品降价出售也摆脱不了严重的亏本，甚至倒闭的结局。工厂或企业的倒闭，通过连锁反应，一方面影响了银行，也就是说会严重损害银行的利益，原因在于这些工厂或企业曾向银行贷款。另一方面，工厂或企业的倒闭会造成大量的工人下岗，失业人数会大量增加，这不仅会影响工人们的生活，也会影响到国家的正常运转。因此，这种矛盾其实质是生产商品的方向与人们需求商品的方向之间的矛盾。也就是说，工厂或企业盲目地生产了大量市场上需求量不是很大的商品。这就是生产商品的产业结构严重失衡的内蕴。

第二，通过上面的分析，我们再来理解为什么市场上流通性的货币量会剧烈减少以及为什么经济会萧条衰退。很明显，商品的有效需求一旦剧烈减少，市场上人们投入的货币量必然跟着剧烈减少，流通性货币都转成约束性货币。人们都很少去消费了，一个国家的经济自然而然就萧条衰退了。

在经济学研究的历史中，较早研究通货紧缩的是马克思，他在其名著《资本论》里，多次分析通货紧缩的问题。他认为通货紧缩有可能是经济的产业周期引起的，还有可能是流通中的商品数量、价格变动引起的，或者还有其他的一些因素。这是马克思对通货紧缩的见解。但是，正如前面的分析所示，通货紧缩的本质原因是国家产业结构失衡。这种产业的结构失衡即该生产的少生产，市场非有效需求的商品却大量地生产。生产的不合理性，必然导致大量的商品积压，并进一步通过多米诺骨牌效应，造成国家经济不景气，经济增长速度很慢，甚至出现经济负增长的现象。凯恩斯在其名著《通论》中，解释通货紧缩问题的主要术语是就业不足和有效需求不足。凯恩斯用这样的术语分析了20世纪30年代的经济大危机。那么，我们该如何评析凯恩斯解释通货紧缩的这两个术语呢？我们说，供给与需求是经济学当中两个极为重要的概念，供给的源头在工厂或企业，而需求的载体一般意义上就是市场当中买商品的人或者说是客户。而我们上面的分析已十分明确地说明了通货紧缩的本质就是供给与需求产生矛盾了，而且这样的矛盾或者说差距还是很大的，整个国家的产业结构失衡了。因此，从本源上分析，商品的供给和生产严重失灵了，没有正确分析市场上客户的有效需求，盲目地生产了大量的非有效需求的商品。从分析链的角度来看，无效的供给和生产太多了，从而导致了其他一系列后果，大量失业便是其中的一种后果。

总而言之，造成通货紧缩的本质原因在于商品生产的源头，也就是在供给这个源头。

综合上面的分析，我们知道：整个国家生产商品的产业结构出现严重失衡是导致通货紧缩的本质原因。这个本质原因通过连锁反应，影响了整个国家的经济运行。

当然，以上我们是从商品这个极为重要的角度，对通货紧缩现象进行本质上的分析的。接下来，我们将从货币的角度来对通货紧缩现象进行相应的本质分析。

货币的交换性是货币的第二个基本属性，货币的交换性这个基本属性包含着货币的五大职能，分别为支付手段、流通手段、价值尺度、贮藏手段和世界职能。

其中，货币的世界职能是我们要讨论的，它与通货紧缩现象有着紧密的联系。货币的世界职能，必然要求不同的货币之间有一定的汇率关系。以人民币与美元的汇率关系为例。当人民币对美元升值时，对于美国来讲必然会降低对某种商品的需求，也就是说中国商品的出口量必然也相应地减少，相关商品会大量积压而无法卖出去，厂家或企业只好被迫降低商品的价格，以使商品能够更好地卖出去，降低亏损的程度。另外，由于此时工厂或企业的不景气，工厂或企业亦会裁减员工，失业下岗就出现了，从而一步步地导致国家经济的不景气或者说是经济的萎靡衰退。商品的流通量剧减，市场中流通性货币量亦跟着严重减少。流通性货币大量转化成了约束性货币。

不管是通货膨胀还是通货紧缩，对社会或个人的危害都是巨大的，它们都会使企业或个人的财富极大缩水。通货膨胀的缩水链条是：各种物价迅速上涨→薪资没有跟着上涨或远远跟不上物价的普遍迅速上涨→货币严重贬值了→企业或个人的财富极大缩水了。通货紧缩的缩水链条是：工厂或企业的商品大量积压，无法卖出→物价普遍下降→工厂或企业负债累累或者财富极大缩水了，工人大量下岗，人们的财富亦极大缩水了（例如：由于房价的下降，已购房人群的按揭贷款实际上大于缩水后的房价）。在通货紧缩中，虽然商品的价格普遍下降，但是该降的商品的价格没有降下来，也就是说依旧很高，而人们的财富又严重缩水，从而人们的生活是痛苦的。

如何消除通货紧缩？应从以下两方面同时入手，其一是市场上的流通性货币的数量，其二是商品结构的改革。正如我们消除通货膨胀也是从两方面入手的，其一是市场上流通性货币的数量，其二是大力发展商品生产。通货紧缩与通货膨胀二者之间可以进行严格的对比。

首先，工厂或企业应准确调查市场上的需求，调整生产，使生产的产品与市场上的需求相一致或者说相符合。市场需要什么，工厂或企业就应生产什么，而不是盲目地生产，否则到最后会造成大量的不符合需求的产品积压。政府在其中应起积极的作用，帮助企业渡过难关。这是从商品生产这个角度来讲的。

其次，从市场上流通性货币数量这个角度来讲，根据货币的第三个基本属性，政府应主动应用货币这个杠杆，来增加市场上流通性货币的数量，拉动经济的复苏增长。例如，政府可慎重考虑降低银行的准备金率或银行的利率，使约束性货币大量转变为流通性货币。当市场上的流通性货币数量增加时，必然会拉动相应物价的上涨，使物价向着合理的价位上升。

当然，增加流通性货币的手段应与调整商品的生产结构双管齐下，不能单靠某一个方面。唯有这样,经济运行层面的通货紧缩才能得到有效的制止。

汇率因素会引起通货紧缩,但它仅仅是引起通货紧缩的其中一个因素罢了。只要一个国家正确地调整了商品的生产结构,并且调整好约束性货币与流通性货币的关系,通货紧缩是可以在本质上合理治理的。

最后,我们将从货币的运动与商品的运动二者之间的关系来对通货膨胀和通货紧缩作总结性的陈述,并对通货膨胀和通货紧缩进行定义。

根据货币的定义,即货币是商品交换的一般性中介,货币的运动与商品的运动有着如下三种关系:(1)通胀关系;(2)通紧关系;(3)价合关系。所谓通胀关系,指的是货币的运动与商品的运动之间的通货膨胀关系。所谓通紧关系,指的是货币的运动与商品的运动之间的通货紧缩关系。所谓价合关系,指的是货币的运动与商品的运动之间的价格合理关系。

不管是通胀关系还是通紧关系,它们都是货币的运动与商品的运动之间的不正常关系,对人们的生存产生危害。通胀率越高或者是通紧率越高,这样的危害越大,严重的可导致国家动乱或颠覆政府。

第三种价合关系是货币的运动与商品的运动价格正常的关系。当然,从价格的角度审查的话,通胀关系是市场上流动性货币太多,货币的数量远远大于商品的数量,导致了商品的价格高得非常离谱。通紧关系是市场上流动性货币太少,货币的数量远远少于商品的数量,导致了商品的价格低得离谱。而这些都可以归因为货币的第三个基本属性——货币的分摊性。

通过以上综合分析,我们现在可以对货币的运动和商品的运动中出现的三种基本情形下定义了。

通货膨胀的定义:在经济运行中,货币大量投入或商品大量短缺且商品价格离谱地上涨,称为通货膨胀。

通货紧缩的定义:在经济运行中,货币量投入不足或商品生产结构严重失衡且商品价格普遍下降,称为通货紧缩。

通货价合的定义：在经济运行中，货币量投入适合，商品供需正常且商品价格正常，称为通货价合。

我们在前面已经相当全面地分析了什么是通货膨胀，相信读者对于通货膨胀的本质有了深刻的理解。在通常情况下，通货膨胀反映的是商品和货币之间的不正常的关系。市场上流通的货币量远远大于商品实际所需要的货币的数量。市场上的商品极度短缺，从而有两种情形促使市场中流通的货币数量急剧上升。一种情形是人为地哄抬物价，使物价迅速上涨。这样哄抬物价的心理依据是，有人想从中大捞一笔横财。另外的一种情形是，政府与广大人民群众争夺这极为有限的商品，导致了大量的货币涌入市场。这种现象在前面章节中我们已详细地分析了，其心理依据是，人们为了生存而争夺更多的商品。譬如，中国的解放战争时期，国民党政府的所作所为。

接下来，我们要为读者呈现的是另外一种情形的通货膨胀，它是金属货币大量投入市场所引起的通货膨胀。我们将为读者分析此种情形的通货膨胀背后的运行机制，即生成此种通货膨胀的本质原因。首先，请读者看下面的一则材料。

【18】古罗马的通货膨胀：铸币成色下降的恶果。

公元138—301年，古罗马军服的价格上涨了166倍，自2世纪中叶至3世纪末，小麦价格——物价水平的主要标志——涨了200倍。这一次通货膨胀，无论如何也不能归罪于纸币，因为纸币要到其后大约1000年才出现。

古罗马实行的是金属货币制度，金属包括金、银、铜和青铜。政府财政基本上采用现金形式。帝国的皇帝们为了强化他们对资源的控制，相继削减铸币尺寸或在铸币中添加廉价金属，同时却希望凭着自己的权威保持其价值不变，这当然是不可能的。这种违背经济规律的行为在罗马帝国时代代代相传，最终导致的结果是铸币贬值，物价上涨。公元235—284年，古罗马政治陷入无政府状态，通货膨胀臻于极致，铸币急剧贬值。公元253—

268 年，银币的含银量还不到 5%。

这则材料就是关于金属货币大量投入市场所引起的通货膨胀的例子。此材料所给的信息是相当有限的，我们如何从这有限的信息中，分析出金属货币被大量投入市场，并最终导致物价的普遍上涨，即通货膨胀呢？

我们知道贵金属本身是一种有价值的财富，正如上面材料所描述的那样，帝国的皇帝们为了自己的利益，强化对贵金属资源的控制，以夺取更多的财富。于是，他们相继削减了铸币的尺寸，并在铸币中添加了廉价金属。做这一切的心理因素，皆是罗马帝国皇帝们谋求私利。我们说，这么做表面上促进了私利的形成，但却是以牺牲古罗马平民百姓的具体利益为代价的。因此，在心理层面上这样的做法是行不通的，也必然违背了经济的运行规律。在古罗马，这样夺取贵金属的做法是代代相传的，其结果必然只能是铸币贬值，甚至后来银币的含银量还不到 5%。为了夺取更多的贵金属，古罗马的皇帝们势必会加大这贬值的铸币投入市场的力度。最终的结果只能是物价飞涨，受苦的是广大的平民。当然，极为严重的物价膨胀，势必导致社会不稳定，极端的情况为人民推翻政府。另外，我想在古罗马时代，人们的生产力水平还是很低的，可以推断那时的商品量也是不够丰富的，或者说是缺乏的。

在这里，我们重点讨论了金属货币所引起的通货膨胀，其实质在于争夺贵金属这种财富。从上面的材料中，我们看到了在古罗马时代没有深刻的以民为本的思想，那时的平民百姓过着水深火热的生活。政府只顾自己的享受，不会认真地考虑民众的生活，他们为了自己的私利与广大民众争夺商品。

在此，我们顺便提一下另外一种夺取贵金属的经典例子，其与上述例子有着异曲同工之妙。

经济学上有这样的一种现象，称为"劣币驱逐良币"。它说的是在铸币的时代，当劣币进入市场流通，人们就会倾向于将那些良币收藏起来。最终的结果是市场上的良币越来越少，而劣币越来越多。那么，"劣币驱逐良币"的心理依据是什么呢？很简单，就是人们的生存利益思想。因为良币包含着更多的贵金属，而贵金属本身是有很大价值的，是一种财富。人们自然而然就会收藏良币，而使用劣币了。

综合来看金属货币所引起的通货膨胀和"劣币驱逐良币"这两种经济现象，它们所暗藏的心理事实依据是一样的，都是生存利益。这是此两种经济现象的相联系之处，或者说是共同点。

最后，我们再举一个关于货币的意义深刻的例子，作为最后的阐述。

为此，先请读者看看下面的相关材料，而后我们再展开分析。

【19】间接交换的中间产品逐渐固定在金银上面，货币也就诞生了。所以金银天然不是货币，而货币天然是金银。交易是货币存在的条件，如果交易不存在了，货币生存的土壤就没有了，金银作为货币的属性也就丧失了。此时，金银将不再代表财富，只是作为一种一般的使用价值而存在。所以说，货币只是一个历史的产物，会随着商品经济的产生而产生，随着商品经济的消失而消失。

由于"供给创造自己的需求"，货币只是实现商品交换的媒介，货币量的增减只会导致一般物价水平同方向、同比例地变化，而不会带动实际收入水平的变化，不会对实际经济活动如产出等产生任何影响，货币是中性的。

最直观的例子就是通货膨胀。假设过去你的收入是每月3000元，而50斤一袋的白面要30元；后来，你的收入增加到4500元每月，但是你发现同样一袋白面的价格已经从原来的30元涨到了45元。此时你发现整个社会的价格都上涨了，但是实际的购买力并没有变化。货币的增多并没有给实际生活带来任何变化，货币依然只是一个交易的媒介，只不过面值越来越大而已。

所以在经济危机到来时，人们总是把货币用来购买黄金、地产等实物价值，以图保值增值，就是这个道理。因为黄金、地产是真正有价值的，是可以作为财富来积累的。

第一，首先对金银做进一步的分析，马克思曾说过，"金银天然不是货币，但货币天然是金银"。前半句的意思是金银成为货币经过了一个复杂的演化过程，金银不是一下子就成了货币的，需要时间的演化；后半句的意思是金银本身的诸多优点，如不易变形、便于携带等，使得金银具备了成为货币的天然的条件。这些内容是众所周知的，但是我们都明白金银本身还是重要的商品，当然是感存性的商品。金银同钻石等能够成为感存性的商品是由于本身有众多的优点。比如它们都具有稀缺性，并且都具有相应的光泽性等特点。金银和钻石等在人类的早期就是贵重的物品，拥有它们往往会带来不小的荣耀，吸引人们的眼球，会给人们带来心理上的舒服感。

第二，进一步论述货币与商品的内在关系。我们知道物物交换发展到一定的程度，必然会引起货币的出现，这是物物交换的内在需求，以避免交换的复杂性，让物物交换能够更方便、有效、顺畅地进行。货币是商品交换一般性的中介。从货币的定义我们知道：货币的交换必然代表着商品的交换。因此，商品是货币交换的物质基础，没有商品这个物质基础的存在，货币的交换也就没有了任何实质性的意义。这句话其实说的就是货币的第一个基本属性——货币的代表性。关于货币的代表性，我们着重重温一下货币代表性的差异性，其内涵是：既然货币的交换代表着商品的交换，拥有一定的货币必然代表着拥有一定的商品，并且商品的种类可以是不一样的。比如，100单位的货币代表等量单位的商品，可以是100单位的A商品，也可以是100单位的B商品，甚至是任何100单位的等量商品。这段话是说，货币可以代表等量的不同形式的商品，这是货币的代表性这个货币基本属性的其中一种内蕴含义。另外，货币是一种财富的象征，因为拥有一定量的货币代表着拥有一定量的商品，或者一定量的非商品，从而意味着拥有货币往往代表着拥有相应的财富。但是，如果在通货膨胀的时期，货币会极为严重地贬值，货币所代表的财富也会极为严重地缩水。从而便有了下面一个重要的经济学问题：是货币重要呢，还是实体的商品重要呢？

为此，我们要做如下情形的详细分析。第一种情形在通货价合下，即商品并没有通胀，也没有通缩，货币对商品的代表量是足值的。此种情形下，货币的运动和商品的运动是等价性的运动关系。它们的重要性是等价的，即一样重要，很难区分孰重孰轻。第二种情形是在通货膨胀时，各种各样的商品价格都严重上涨，甚至在疯狂地飙升，如中国的解放战争时期。很明显，此时的实体商品比货币更为重要。原因如下：在生存的逼迫下，拥有实体商品会比拥有价值严重缩水的货币，更能让人心安，拥有货币不一定能买到所需的生存物品，如大米等食物。通货膨胀的实质就是：供给远远地小于需求，导致了人们都在强烈追逐着那极少的生存物品，进而使得物价像疯了一般飞涨。第三种情形是在通货紧缩时，通货紧缩的本质是：供给和需求的结构发生了矛盾，即生产的商品与人们的需求无法很好地对应，导致了大量的商品被积压，无法顺利地卖出去，进而导致了商品的价格被严重地压低。通货紧缩的本源是厂商没有很好地调查市场的真实需求以及市场的需求量，盲目地生产和供给商品。因此，我们说通货紧缩的本源性错误出现在厂商，然后通过链条反应，一步步地将恶果波及其他方方面面。如大量工人被裁员下岗，工人的下岗必然影响到工人的生存状态，进一步影响到市场的消费；又如银行不能很好地回收其所贷出的资金，银行不敢再将货币贷出，银行业所受到的影响会进一步波及其他相关方面。

那么，在通货紧缩现象出现时，是拥有货币重要，还是拥有实体性的商品重要呢？换句话说，在通货紧缩时期二者谁更有价值？表面上看，在通货紧缩时期，大量商品的价格普遍下降，人们拥有一定单位的货币似乎可以买到更多的商品，拥有更多的财富。其实，真实的情形不是这样的。

第九章　货币的法则：货币基本属性的运用

我们将做出如下详细的分析，以使读者认清通货紧缩反而使财富更加缩水。原因如下：通货紧缩时期并非所有商品的价格都紧缩，价格紧缩针对的是供求错位矛盾的商品，这些商品的价格严重下跌，而那些供求没有矛盾的商品，价格依然是正常的，即并没有下跌，甚至在需求上升的情形下，价格反而有上升的空间。因此，人们所拥有的一定量货币，它所代表的实体性商品反而减少了，即财富价值缩水了。比如，一个人通过按揭买了一套房子，由于货币所代表的财富缩水了——他在其他方面要付出更多的货币，而银行每个月按揭的款额没有变，从而在通货紧缩时期，他的还贷负担反而增加了。因此，在通货紧缩时期拥有实体性的商品，比拥有货币更有价值，比如拥有房产或金银，这些财富不仅会保值，还会增值。当然，这里所言的实体性商品并非指任何形式的商品，我们要充分地考虑商品的供需性。

第三，通过上面的诸段论述，我们将对"货币中性论"做出批判式的分析。材料中是这么陈述货币中性论的：货币"只不过是蒙在实务经济上的一层面纱"……货币只是实现商品交换的媒介，货币量的增减只会导致一般物价水平同方向、同比例地变化，而不会带动实际收入水平的变化，不会对实际经济活动如产出等产生任何影响，货币是中性的。对于此段陈述，我们有如下批判表述：

（1）所谓货币经济与实务经济之间仅仅是面纱性的关系，是对货币作用的一种扭曲和庸俗化。"面纱性的关系"意思是说：货币对商品的运动不产生任何影响，不管货币怎么样变化，实体性商品经济的变化都不受其影响。但是，实际情况是这样吗？难道货币的任何变化真的不会对商品的运动产生任何影响吗？从货币的一般性定义，我们可以看到货币对商品有三种基本的作用：货币对商品的代表性、货币对商品的交换性和货币对商品的分摊性。这三个基本属性全面地概括了货币与商品内在的关系。商品的变化必然引起货币的相关变化，货币的变化是商品变化的晴雨表。为了更好地说明货币的随意变化会对实际商品的变化产生相关影响，我们想通过下面的例子加以事实性的阐述。例如，一个人买了一套房产，他每个月需要按揭一定的货币，比如说3000某单位货币的按揭，这种按揭费是固定不变的。假如，现在的货币量被人为地推涨，也就是说，市场上的货币量增加了或显著增加了，在此种情形下，相对于3000某单位货币的按揭，他所拥有的货币的实际购买力上升了，可这样的上升是人为造成的，对其他没有按揭买房子的人就变成了不公平。这是其中一个显著的具有普遍性的例子，它影响了社会的公平性，会造成人心的不满。

（2）另外，更为本质的事实是：假如货币量人为地随意增加投放，即国家将大量的货币投入市场，根据货币对商品的分摊性，商品的价格必然也跟着上涨，但这样的商品价格上涨绝不是同比例地、同方向地上涨，不是对商品的产出没有影响，而对商品的生产有着重要的结构性影响。原因在于：当其他影响价格的因素不变时，供求性条件成了唯一的影响商品价格的因素。可市场上，人们对商品的供求是不一样的，也就是说商品的供求结构是完全不一样的，有的商品的供求率高，而有的商品的供求率低。供求率越高的商品，其价格抬升得就越厉害，货币就会大量地在这些商品中堆积。相反，那些供求率低的商品，甚至于市场上不怎么有需求的商品，其价格还是无法跟着上涨，直接导致了货币无法在这些商品上堆积。那么，这种性质的货币的堆积势必造成两极分化，供求率高的商品卖者越来越富有，而那些供求率低的商品卖者，甚至于没有什么供求率的商品卖者会越来越贫穷。两极分化一旦形成，会通过相应的链条反应进一步产生更为恶劣的结果。通过上面的深刻分析，读者已经看到货币量不能人为地随便增加，否则其后果是非常严重的。货币量只能遵循市场的自然作用的规律增加，不能人为地强行增加。同样的道理，货币量也不能人为地任意减少，否则其后果一样是严重的，也会导致贫富的两极分化。市场上货币量的增加还是减少必须遵循商品价值的变化规律，人为地随意改变货币量必然遭到商品价值规律的严惩。因此，我们说货币经济与实体经济不是某种面纱性的关系，货币更不是中性的、可以随便改变的。一旦货币确立了它与商品的关系，货币势必受到商品供求性的影响，不同商品的供求性导致了货币在不同商品上的堆积。这是极为重要的事实规律。

第四，我们要说明的是，其实材料中的根本不是通货膨胀，而只是货币量的人为的推涨。二者之间是有区别的，通货膨胀属性是恶的，其本质我们在前面章节中已做详细的分析。所谓货币量的人为的推涨，是指国家人为地将大量的货币投入市场。虽然货币量的人为的推涨属性也是恶的，但它与商品的通货膨胀有本质的不同。

作为本章的结束部分，我们要再次强调：货币并非中性的，国家不能任意增大某种货币的面值，也不能任意减小某种货币的面值，市场上货币量增加还是减少都必须根据商品的价值规律。增加市场上的货币供应量，还是减少市场上的货币供应量，都必须十分慎重。另外，货币的三个基本属性都是极为重要的，在解释与货币有关的现象时它们的作用是巨大的。

第十章
会游动的货币：论货币的国际运动

在这一章节，我们将向读者阐述货币在国际范围内的运动规律，如不同货币之间的汇率关系、国际游资的运动规律等。为此，先请读者看看下面的相关材料，以便我们进一步分析讨论。

【20】说到底货币其实是购买力的象征，购买力高的货币肯定比购买力低的货币价值高，更可能升值。这里说的升值贬值都是相对于其他货币而言的，而各国货币之间的相对价格也确实随着时间有较大的变化。比如20世纪80年代的时候，1卢布规定可以兑换2美元，而到了90年代，1美元反而可以兑换100卢布了，我们说卢布相对于美元贬值了，这是货币与货币之间相对价格的例子。同样，1元钱今年能买两根冰棍，明年只能买一根相同的冰棍了，这也说明人民币不值钱了，贬值了，而这是一个针对货币与商品之间相对价格的例子。有什么东西能把这些联系起来吗？有的。国际上有一个大概估测各种货币之间汇率有无高估或低估的理论依据，那就是购买力平价理论。

听着似乎很唬人，其实非常简单。它指的是同样一种商品在一个国家

第十章　会游动的货币：论货币的国际运动

以本国货币表示的售价与另一国以本国货币表示的售价之比就是两种货币之间大致"合理"的汇率。比方说，如果一个保温杯在中国的售价是70元人民币，在美国的售价是10美元，那么人民币兑换美元"合理"的水平应该是7∶1，即7元人民币兑换1美元。当然这只是一个非常不精确的理论，实际情况要比它复杂得多，如果汇率问题真这么简单，肯定就有很大一批人失业了。

要探究汇率问题，我们最好还是先了解一下它的历史。在古代，汇率还是比较简单的，因为那个时候基本上各国都用金银等贵金属作为货币，直接交换就是了。我们先从布雷顿森林体系的故事开始聊起。

大家都知道，第二次世界大战快结束的时候，原先几个老牌的资本主义强国都蔫了，美国却强盛起来了，在地球这个"大班级"中美国毫无疑问地被大家选为了"班长"。一天（确切地说是1944年7月的一天），"班长"联合"班委"召集一班"小喽啰"在"班长"家的新罕布什尔州布雷顿森林里"开班会"。班长说："你们现在不是穷吗？打架打穷了，货币币值也不稳定，这个和建设和谐班级的宗旨是矛盾的。但是我家有钱，家里藏着很多黄金呢，你们按我说的做，来维护咱们班的金融体系的稳定。"然后不管自愿不自愿吧，大家都在合约上签字了，签的那个叫作《布雷顿森林协定》，里面规定：以黄金为基础，美元作为最主要的储备货币，各国的货币盯住美元（也就是说，规定多少马克换1美元、多少人民币换1美元等），可以从美国以35美元一盎司的价格兑换黄金。所以从那以后，国际间的汇率基本上是固定的。到了1971年，这个体系再也顶不住了，所以大家都作鸟兽散了，汇率也就开始浮动了。

就人民币来说，从1994年我国汇率制度并轨以来，美元兑换人民币的比率为1∶8.27，这个固定的汇率一直维持到了2005年。不管这个规定合不合理，我们国内的物价怎么变动，人民币在国际上的价格就是这个价，可谓"谢绝还价，童叟无欺"。

汇率与利率之间具有深刻的连锁反应关系。首先一个指标就是利率，其实利率也分很多种，为了容易理解，我们这里就当只有一个利率好了。你按揭买房，如果银行利率高是不是就说明那个钱值钱？利率就是资金的价格，你可以把利率想象成房租，租的房子是要还的，同样借钱还债也是天经地义的。说到这里，你应该就能理解为什么2007年经济过热的时候，调高利率的呼声那么高。这说明，政府告诉你，钱值钱了，你别到处胡乱借钱买房、投资。调整好利率在一定程度上确实可以起到抑制经济过热的作用，所以我们明白利率也是一种宏观调控的手段。

外汇其实就是一个国家所具有的以外币计值的国外资产。如果这样说你还是觉得比较抽象的话，我们就可以把一个国家当作一个家庭，其实在分析一个国家的国际收支账户的时候也确实跟分析一个家庭的账户非常类似。为了简便，我们就把外汇看作美元好了。

我国的出口商将商品出口到美国去，比如说运出去了一船的衣服，价值1000万美元，买衣服的美国人手中可没有人民币，所以他们只能支付给我们的出口商美元。我们的出口商为什么愿意拿美元？美元既不能吃又不能穿。其实，出口商可以通过两个途径解决这个问题。一是直接在美国拿着美元买美国的商品（不管出口商是自己用还是运到中国来卖）；二是找中国人民银行将美元换成人民币，中国人民银行必须按照规定的汇率换给出口商，比如说1∶7，然后出口商就可以拿着7000万元人民币给工人发工资，买原材料。中国人民银行换来的那1000万美元就构成了我国的外汇储备，它可以把这些美元兑给中国那些需要向美国进口的进口商（换回人民币）。这样是不是就构成了一个比较完美的循环？但问题是，中国运到美国的商品多，美国运到中国的商品少，中国的商品价廉物美，较受美国人喜欢，所以这就使得中国的账户里面有了美元的净流入。这一部分叫作经常账户盈余。

第十章　会游动的货币：论货币的国际运动

以上两部分的美元盈余日积月累就形成了我国高额的外汇储备。那中国人民银行面对这么多美元储备该怎么办呢？反正闲着也是闲着，考虑去美国投资吧，于是就买了大量的美国政府债券，美国的基金、股票之类的金融资产。说到这里，你可能会说：兜了个大圈子，这个和你前面说的货币发行有什么关系呢？有关系！那是相当有关系！

仔细的朋友可能已经发现了，中国人民银行换了美元的同时要交出去人民币，而拿到人民币的人则会到国内去投资和消费。也就是说，这个过程其实正是一个伴随着人民币发行的过程！这下你应该能明白为什么我国的钱一下子多了那么多吧。很大程度上是因为我国的外汇储备多了那么多！

2005年以后，我国的人民币在各种政治、经济的压力下逐渐升值了，但同时外汇储备还在增加，导致人民币也在快速增加，最终造成物价上涨，人民币对内贬值。

当然，我国外汇储备的高速增长并不完全体现在上面说的贸易和投资模式下的增长，这其中大量的国际游资有不可磨灭的"功劳"。

国际游资是怎么回事？

国际游资，其实你可以按字面意思理解："国际"二字道出了其来源，说明它们来自国外；"游资"嘛，你可以想象，到处游动、一刻不闲的资金会干什么？当然是哪儿能赚更多的钱就到哪儿去喽！

第一，关于货币的购买力此处就不再进一步论述，在前面的章节里我们已经十分详细地论述了什么是货币的购买力。

第二，我们要分析汇率这一重要的关于不同货币之间的换算概念。比如，人民币与美元之间具有一定的汇率关系，而美元与日元之间有另外的汇率关系等。总之，世界上形形色色的货币之间都有着不同的汇率关系，并且不同货币之间的汇率关系处在不断的变化之中，并非一成不变。现在，我们会不禁产生这样一种疑问：既然不同国家的货币之间的汇率关系是如此的复杂，为什么不在世界上统一规定使用同一种货币呢？这样会使商品之间的交换更加容易吗？问题有这么简单吗？

我们将通过下面的分析来回答上面的问题。要想回答世界发行同样的一种货币是否可行，其实就是回答如果真的发行统一的世界货币，是否会伤害到相当部分的人的生存利益？它所带来的利大于弊，还是弊大于利？为此，我们要做如下几个方面的详细阐述。

（1）要想发行全球统一的货币，必须组成一个由各国代表都参加的国际性机构。这个机构统一发行全球性的货币，但这样的机构真的能够有办法成立吗？且不说这个问题，我们假定这样的机构可以成立，但它给各个国家带来的结果是促进生存的，还是阻碍生存的呢？我们必须知道这样普遍的事实：世界各国的政治制度、经济制度，民间习俗、人民的生活习惯、宗教信仰，个人特点等是不一样的。这样极为重要的普遍的事实直接导致了形形色色的不同国家的形成，也就是说世界不同国家具有多样性，世界各国不是单级性的国家，国家的多样性是一种客观事实。一旦强制性地在全世界的范围内推行同一种货币，它会带来哪些恶果呢？我们暂且把这样的全球性货币称为国际货币，为了便于分析，我们简单地考察两个国家，得出的结论是同样适用于整个世界范围的。例如，一个国家 A 和另外一个国家 B，国家 A 处于战乱中，而国家 B 处于和平建设中，且经济发展是稳定的。从商品的供给侧来分析，我们就会明显地看到处于战乱中的国家 A，其商品发展受到了严重阻滞，有一部分商品，甚至相当一部分商品在国家 A 是严重匮乏的，商品一旦严重匮乏势必导致通货膨胀，也就是国际货币在国家 A 会发生不可抗拒的贬值。换句话讲，国际货币在国家 A 的购买力急剧下降了，一定数量单位的国际货币在国家 A 能够买到的商品变得很少了。但是，我们反观国际货币在国家 B 的购买力情形，由于国家 B 的经济稳定地发展，一定数量单位的国际货币在国家 B 能够购买到的商品，显然比在国家 A 买到的商品更多。

通过这样的考察分析，我们发现了一个引导性的事实：纵使是同样的国际货币，在不同国家所具有的购买力是完全不一样的。尽管国际货币机构人为地定义国际货币的统一购买力，而在事实操作中强制性地定义统一的购买力是完全做不到的，这必然与货币的基本属性强烈地相对抗或者产生强烈的矛盾。我们知道货币有三种基本的属性：货币的代表性、货币的交换性和货币的分摊性。从中我们能够深刻地理解货币与商品本质性地联系在了一起，即我们可以知道这样的一个客观事实：商品怎么变化运动，货币必然也怎样变化运动；反过来，货币的变化运动也必然影响到商品的变化运动。

（2）我们再继续考察国家 A 和国家 B 的国际货币的变化情况，通过上面的分析我们看到：同样的国际货币在不同国家中所蕴含的价值是不一样的，在国家 A 中国际货币的价值是弱的，在国家 B 中国际货币的价值是强的，二者对生存的作用是不一样的。

（3）另外，从其他方面我们也必须注意到这样的一种事实：一旦强行规定国际货币统一的购买力，那么国家 A 会拿着国际货币到国家 B 买他们需要的商品，这样的做法显然对经济稳定发展的国家 B 是不利的，也是不公平的。这是价值的不平等交换，国家 B 肯定是不愿意的，而国家 A 却会乐此不疲。长此以往，整个世界的发展就会乱套。

（4）上面的分析，我们仅仅是从商品供给侧这一方面而言的，我们针对的仅仅是处于战乱中的国家和经济稳定发展的国家，单从这样的分析中，我们就已看到在全世界的范围内使用统一的国际货币是完全不行的。当然，我们也可以从其他方面进行相应的分析，但我们都会得到相同的结论。

（5）通过对国际货币的深入分析，我们看到货币必须是多元化的。毕竟有太多的因素在深刻地作用着，货币的世界性是不可能的。但我们也注意到这样的一种事实：有些货币比如美元可以在世界上大范围地使用。可这并不意味着美元可以取代其他所有国家相关的一切货币，而只能说美元可以与世界上其他形式的货币共存。

第三，通过上面的深入分析，我们看到货币不能单一化，也就是说单一的国际货币是不能存在的，货币必须是多元化的，各个国家以及各个地区都有其相关的货币。货币的多元化，必然意味着不同国家之间的货币购买力是不一样的，进而根据购买力平价理论，这势必导致了不同货币之间具有相应的汇率关系。因此，通过上面的严格分析，货币之间具有汇率关系，本质上是由于不同国家之间或者不同地区之间商品的供求性是不一样的。也就是说，货币之间的汇率关系与不同国家的商品的供求性有着本质的联系。同样的商品在不同国家的供求性是不一样的，这势必造成了商品价格的不同，进而造成了不同货币之间具有汇率的关系。另外，我们注意到商品价格由于供求性的原因在不断地变化，从而不同货币之间的汇率也在不停地变化。货币汇率的产生有其必然的原因，统一的固定不变的汇率是不可能的。

第四，我们将着重分析国际游资这种货币现象，它是货币国际运动的一个重要内容。

（1）国际游资产生的动力是什么？或者说是什么样的原因导致了国际游资这种现象的出现？我们应当知道，国际游资后面的控制者是个人或者一个集团。这样的个人或者集团，他们的目的是赚取更多的货币，从而更有利地促进他们的生存。因此，我们说国际游资是这样的个人或者集团为了他们更好地生存而产生的，这是国际游资产生的基本动因或者说是基本的动力。

（2）国际游资的运动规律是什么？或者说国际游资的运动有着怎样的特点？既然国际游资的最终目的是获取更多的货币，那么我们将通过两种情形来分析国际游资的运动特点。第一种情形是国际游资通过投机买卖，从中获取更多的货币。例如，国家 A 的经济稳定发展，商品与货币之间属于通货价合的关系。国际游资可以先在国家 A 购买大量的商品，而后再转手将其卖给急需这种商品的国家，当然在卖给这样急需商品的国家时，国际游资可以抬高商品的价格，从中获取更多的暴利。第二种情形是在一个国家处于通货紧缩的时候，必然有相关商品的价格相对较低，国际游资看准这样的漏洞，大量地涌入这个国家，并大量购买这样的商品，待这样的商品价格上涨之时，再大量地往外抛售，从中牟取暴利。当然，这样的做法是有一定风险的，如果这样的商品长期处于低位的价格，并无在短期内上涨的迹象，国际游资就会面临资金链断裂的巨大危险。凡事有利的一面，必有弊的一面，因此国际游资并不都是赚钱的，也有亏钱的。

第五，国际游资大量涌入一个国家，势必会引起这个国家的货币数量迅速增加，物价也会相应地跟着上涨。这是国际游资的一种负面作用，国家可通过提高利率这个杠杆来收拢货币，以保持物价的正常。

货币的国际流通规律指的是货币的基本属性在国际范围内的使用，并进一步演绎出一套相应的体系，它是货币的代表性、货币的交换性和货币的分摊性在世界范围内的表示或运用。不同货币之间的汇率主要是商品的供求性不一样所引起的，从商品价值的角度来理解的话，货币之间的汇率是同样的商品在不同国家或者地区价值差异性的结果。因此，我们可以说，在本质上货币的汇率是价值的必然产物，汇率主要随着商品价值的变化而变化。反过来，货币汇率的变化在本质上主要反映的是商品价值的变化。由于商品价值的变化是复杂的，从而货币汇率的变化也是复杂的。为了更深刻地了解或研究汇率的变化现象，我们必须从汇率的演变历史中去寻找答案，这样我们对于汇率的来龙去脉会有一个更全面、更深刻的认识。国际游资其本质是追求更高的货币利益，它带有投机性质，哪里可以追逐到更多的货币利益，它就往哪里游动。

第十一章
货币运转的秘密：什么是货币的富集现象

在这一章中，我们将阐明货币的运转领域里一种较为明显的现象——货币的富集现象，对于此种现象的内在含义，我们会在这一章里明确解释。

我们知道，货币是商品交换的必然产物。也就是说，货币登上历史的舞台最早是源于物物交换的一种内在的需要，是物物交换的不方便而引起的。随后，货币自身不断地变形发展，比如从自然货币到金属货币再到信用货币，因人们生存的需要而不断地演变。货币的不断演变，也伴随着货币的一种现象的产生，即货币的富集现象。所谓货币的富集现象，指的是如下一种事实：随着时间不断地向前推进或流逝，一个国家货币需求的总量，总是在不断地上涨，并且这种上涨的形式是微调上涨，是一种合理的上涨，在本质上完全不是所谓的通货膨胀。我们将这种现象也称为货币的攀升现象，那么接下来，我们就来详细讨论这种现象，看看这种现象所蕴藏的相关信息。

首先，我们要对货币的富集现象与传统意义上的通货膨胀现象进行对比分析。我们在前面曾详细地介绍了什么是通货膨胀，在一般的情形下，物价剧烈上涨，市场上流通性货币急剧增加，这是通货膨胀的一般性特征，

第十一章　货币运转的秘密：什么是货币的富集现象

市场上流通的货币总量攀升到了令人可怕的程度。通货膨胀有其相应的心理因素，即众多的人追逐着市场上严重匮乏的商品。因此，通货膨胀是一种畸形的货币总量上升的现象。对此，要说明的是，货币的富集现象是一种市场上货币需求不断上升的现象，但却不是一种畸形的攀升。货币的富集现象与通货膨胀现象在本质上是不一样的，它们分属两个不同的货币运动现象。通货膨胀中，物价剧烈上涨，严重阻碍了人们正常的生存。而货币的富集现象恰恰不一样，货币总量的攀升是一种适度的、正常的上涨，完全不同于通货膨胀的可怕的飙升。

　　读到这里，读者自然而然地就会发问：是什么导致了货币的不断富集或者说攀升？为了正确理解这一现象，我们先举一个与货币富集或者说货币攀升现象相关的一个例子，而后我们再深入地探讨这一货币运动中的现象。例如：解放战争时期，在国民党统治区，市场中流通的纸币惊人地飞涨，新中国成立后，政府就对当时的信用货币进行了相应的改革，以降低物价，抑制当时的通货膨胀。然后随着历史不断地向前发展，我国国内生产总值也不断地上涨，也就是说GDP不断地上升，市场中的货币量也相应不断地上升。这个例子就是货币富集现象的一个典型例子。货币的富集现象不单单在中国发生，在世界的其他国家都普遍存在着。为了正确解释货币的富集现象，我们有必要让读者先清晰地认识商品的价格分类。因此，我们接下来要做的是对商品的价格进行理论上的分类。这样的分类有助于读者很好地理解货币的富集现象。

　　任何商品都是有价格的，商品的价格是商品的价值属性的表现，也就是说商品的价值属性以价格的形式表现出来。不同商品的价格是不一样的，有些商品的价格差距不大，而有些商品的价格差距是相当明显的。商品价格的差异性是客观存在的，这是我们对商品价格进行分类的必然前提。根据商品价格的相异性，在价格意义上我们把商品划分为四大类：极贵性商

97

品、贵重性商品、普通性商品和便宜性商品。下面我们依次对这四类商品进行阐释。极贵性商品，如钻石、可用于买卖的名人书法作品或画作等相类似的一切。贵重性商品，如小汽车、商品房等相类似的一切。普通性商品，如普通的衣服、皮鞋等相类似的一切。便宜性商品，如水等相类似的一切。如此，我们就把商品按价格的高低划分为了四大类。读者也许会问：这与货币的富集现象有何具体的联系或相关性？请读者看下面的分析。

在这四种商品中，我们将特别阐述贵重性商品对于货币富集现象的贡献，其他类别的商品我们不予分析，因为这些类别的商品没有贵重性商品对货币富集现象的贡献大。其他类别的商品没有贵重性商品对货币富集现象的贡献大的原因如下：以极贵性商品为例，这类商品的市场需求量很少，对这类商品的需求不是一种普遍性的需求，它无法对货币的富集形成大的贡献。而贵重性商品却恰恰相反，不仅价格贵，而且社会需求量是很大的，甚至于是普遍性的需求。

这样，我们以手机为例进行货币富集现象的分析，请注意：这样的分析具有普遍的意义。我们知道手机最早出现之时，在市场上买卖，其价格是很贵的。手机这种商品的流通具有全局性，以中国为例，手机可在全中国内流通。同时，手机这种商品具有国际性。而这种具有全局性的商品一旦出现，会出现以下两种现象：（1）通过价格链的传导，该商品会带动其他商品的价格上涨，从而使市场中的流通性货币的总量上涨；（2）由于刚上市的手机价格是昂贵的，根据商品与货币的基本关系，它必然导致更多的货币流入市场，来满足商品交换的内在要求，从而在另外的一个侧面加大了货币的流通量。这两种现象都可以使货币形成富集现象，也就是使市场上的货币总量上升。这样的上涨表现在国家的GDP上，就是GDP总量或者容量不断地变大。当然，这样的变大是一种正常的现象。从上面的分析中，我们看到了这样的一种事实规律：在商品的流通领域，只要市场上有新的

第十一章　货币运转的秘密：什么是货币的富集现象

商品的流入，特别是人们需求量大的贵重性商品的流入，就会自然而然地抬高市场中流动性货币的数量，换句话讲，就是流动性货币的总量变大了。同样的道理，小汽车等相类似的一切贵重性商品的流入，亦会导致流动性货币总量的抬升。当然，所谓的贵重性商品也是相对而言的，在某一个历史时期它是贵重性商品，在另外的一个历史时期也许就变成普通性商品了。例如，手机刚上市的时候是很昂贵的，随着时间的推移，由于它的普遍化，慢慢地它的价格也就下降了，变成了一种普通性商品。

　　因此，货币总量的不断攀升，在本质的意义上是为了满足商品交换的基本的内在要求。当市场上流通的商品需要更多的货币量时，就必定要有更多的货币投入市场当中。这是一个明显的事实。它反映的是货币与商品的本质关系，有多少的商品数量必然要求有多少的货币量。反过来，有多少的货币数量必然暗示着相应的商品运行规律。这是二者内在的基本的意义。

　　其次，我们要分析的问题是：货币随着历史时间的推进，会不会无限性地攀升或增长？我们会发现，不管是中国还是世界上的其他国家，随着时间的推移，市场上货币的需求总是在不断地上涨。究其原因，是商品变化运动的内在的要求。但我们自然会如此发问：如果新的商品不断地引入市场，货币总量会不会不断地上涨？甚至随着历史时间的无限推移，市场上流通的货币总量会不会无限化呢？例如，中国从改革开放到现在，国家的GDP总量上升得非常明显。我们知道，货币与商品之间具有直接的、本质的关系。因此，我们将分析货币总量能否随着历史时间的推移而无限地上涨，转变成了分析商品的运动规律，就是说我们从商品的运动规律中来寻找答案。根据上面的分析，我们看到贵重性商品对货币富集现象的贡献最大。当然，所谓的贵重性商品也是一种相对的概念，这在前面已经分析过了。讨论货币能否无限性地富集就变成了讨论如下商品问题：贵重性商品能否不断地在市场上出现呢？要想回答这个问题，请读者先看看下面的事实：不同的

99

时期有不同的贵重性商品，例如，在 20 世纪 80 年代的中国，自行车和电视机就是贵重性商品，而后随着时间的推进，电脑和小汽车成了贵重性商品。可以判断，在未来，还会有新的贵重性商品的出现，也许这样的贵重性商品是一种医药商品，也许这样的贵重性商品是 AI 机器人商品。总之，贵重性商品在任何时期都可能会出现，只是我们不知道未来的贵重性商品是什么罢了。

综合上面的讨论分析，我们似乎得到了一个答案：货币富集可以无限地进行下去。但请读者必须注意到如下事实：假如货币可以无限地上涨，那么从生存的意义上来说，这样的货币富集是阻碍生存的，是没有任何意义的。并且从国家的货币发行量来讲，无限地发行货币是荒唐的事，是完全不可能的。因此，我们只能得出这样的结论：货币可以不断地富集，但必然有它的上限。一旦货币富集到一定的上限，那么国家将要进行一定的货币改革。假如不改革的话，高度富集的货币不方便人们对于商品的交换。正如当初货币登上历史的舞台是由于物物交换不方便人们的生存。当然，货币改革是一种复杂的过程，不仅涉及本国的货币运动规律，还要同时考虑到货币的国际运动规律。这样的改革工作是相当复杂的。

最后，我们反过来分析货币的富集现象。货币的富集现象所反映的是市场上有更多数量的商品在运转。一旦市场上商品数量不断地增加和商品价格相应地提升，就必然要求有更多的货币投入市场进行流通。因此，商品在市场上的大量流通反映出了一个极为重要的信号，人们的生活更好了，因为人们可以消费更多的商品。

货币的攀升现象或者货币的富集现象是一种正常的货币上涨现象，它既不同于通货膨胀，也不同于通货紧缩。货币的攀升现象是一种市场上货币总量合理和适度增加的现象，是人们生活幸福的一种重要的信号，这是货币的攀升现象的本质意义。

第十二章
难逃的波动：当经济危机来临时

在这一章节里，我们将着重阐述一种特殊的经济现象，即我们经常会听到的经济概念——经济危机。什么是经济危机？经济危机的本质是什么？是什么导致了经济危机？这些是本章节中要解决的问题，为此我们先请读者看看下面的相关材料。

【21】布雷顿森林体系存在着自身无法克服的缺陷，因为其只有依靠美国的长期贸易逆差，才能使美元流散到世界各地，使其他国家获得美元供应。但这样一来，必然影响人们对美元的信心，从而导致美元危机。而美国如果保持国际收支平衡，就会断绝国际储备的供应，引起国际清偿能力的不足。这个问题最早由美国经济学家罗伯特·特里芬（Robert Triffin）于1960年在其《黄金与美元危机——自由兑换的未来》一书中提出，这就是著名的特里芬难题，或叫特里芬悖论。

20世纪50年代后期，美国国际收支开始趋向恶化，出现了全球性的"美元过剩"，各国纷纷抛出美元兑换黄金。到了1971年，美国的黄金储备再也支撑不住了，尼克松政府于该年8月宣布放弃按35美元一盎司的官价兑换黄金的美元"金本位制",实行黄金与美元比价的自由浮动。1973年2月,美元进一步贬值,世界各主要货币被迫实行浮动汇率制。金本位制崩溃后,世界各国转向信用本位制或称管理纸币本位制。在这种制度下,货币发行流通完全依赖于发行机构的信用,货币创造过程轻而易举,成本费用微不足道。于是货币的本质变成了一个纯粹意义上的符号。但也正是这个名分,货币依然无所不能,能通胀,也能通缩;能投机,也能变成泡沫;能使人癫狂,也能使人幸福。

在我们一般人眼里,亚洲金融危机是金融市场开放后国际游资扰动的结果,是另一场货币战争,不幸的是,美国支持的索罗斯胜利了。

长期以来,东亚各经济体的汇率政策紧盯美元,实行固定汇率,财经政策因此丧失了独立性,中央银行对汇率失去了实质性影响力。在东亚经济一片向好之时,国际资金大量涌入,大大提高了货币流动性,并进一步加大了资产价格泡沫。

1994年年初,人民币兑美元汇率贬值超过50%,外资开始从东南亚转流入中国;1994年美国为抑制通胀,快速加息,亚洲出口出现疲软,泰国、马来西亚和韩国等不得不依赖中短期外资贷款维持国际收支平衡。

相对美元的走强,东亚货币出现了整体的高估,由索罗斯主导的量子基金乘势大量卖空泰铢,迫使泰国不得不于1997年7月2日宣布放弃固定汇率制。当天,泰铢兑美元汇率下降了17%,从而引发一系列连锁反应,菲律宾比索、印度尼西亚盾、马来西亚林吉特、新加坡元、韩元等相继受到冲击。

行为金融学的研究表明,人类存在各种认知偏差,在投资决策时,一般会通过观察他人的信息或者说公共信息,有意无意间忽略自己的私人信息,在一个乐观情绪弥漫的市场里,常常表现出从众心理和"羊群效应",从而导致资产泡沫的出现。凯恩斯曾说,"股票市场是一场选美比赛,在那里,

第十二章 难逃的波动：当经济危机来临时

人们根据其他人的评判来评判参赛的姑娘"，说的就是这个道理。

我们将对以上材料所提出的观点进行全面的分析，为此我们首先回顾一下汇率产生的必然性。在分析货币的国际运动中，我们已经理解货币的国际统一性是不可能的，汇率的本质是由价值的差异性所决定的。因此，各种各样的货币之间必然具有相应的汇率关系，并且这样的汇率关系是在时刻变化的。

第一，我们先分析材料中所提出的所谓的特里芬悖论。材料指出：布雷顿森林体系存在着自身无法克服的缺陷，因为其只有依靠美国的长期贸易逆差，才能使美元流散到世界各地，使其他国家获得美元供应。但这样一来，必然影响人们对美元的信心，从而导致美元危机。而美国如果保持国际收支平衡，就会断绝国际储备的供应，引起国际清偿能力的不足。对于这个特里芬难题，我们有如下事实性阐述。（1）黄金在布雷顿森林体系中有何作用？黄金既是一种感存性的商品，也是一种货币。这就是黄金这种金属的神奇之处。人们选择黄金作为本位制而不选其他金属作为本位制，自然有着相应的道理。道理很简单：黄金是一种稀有的感存性的商品，且又便于储藏，不容易变形或损坏等。正是诸多这样的优点，使人们选择了黄金作为本位制。布雷顿森林体系是一种各种货币之间的汇率固定不变的汇率体系，各种形式的货币与美元挂钩，而美元又与黄金挂钩，彼此之间的汇率换算是不变的，这是强制性的规定。比如，35美元可以兑换一盎司的黄金。（2）我们说布雷顿森林体系最终必会走向解体，除上面自身无法克服的原因外，还有一种本质性的原因：布雷顿森林体系从制定一开始就是错的，不同货币之间的汇率是不可能固定不变的，如果人为地规定汇率不变，必然与汇率的本质产生强烈的矛盾。因为我们知道汇率的变化主要由商品的价值所决定。价值或者变化很小，或者变化稍明显，或者变化明显，汇率也就跟着相应地发生变化。总而言之，汇率不能强制性地固定，汇率的变化只能由市场中的商品价值所决定，这是我们分析汇率的本质后得出的一个重要的事实结论。上面的材料就是关于汇率如何从固定不变走向浮动的历史。它深刻地讲述了各国货币汇率的变化史。我们不能人为地约束汇率的变化，汇率的兑换必然走向自由化，其变化规律主要遵循商品价值的变化。（3）金本位制必然要走向崩溃，并被信用本位制所取代。这是汇率固定式向汇率浮动式的必然转化，是商品价值的内在要求，是不以人的意志为转移的。

第二，我们将阐述经济危机，为此我们先回顾一下货币与商品的三种基本情形与对应的三种关系。第一种情形是货币的流动量能够很好地反映商品对货币的总的需求量，也就是货币对商品的价合关系，简称价合关系；第二种情形是货币的流动量严重超出了商品对货币的总的需求量，也就是货币对商品的通胀关系，简称通胀关系；第三种情形是货币的流动量严重不能满足商品对货币的总的需求量，也就是货币对商品的通缩关系，简称通缩关系。第一种情形反映的是一个国家或者一个地区的经济稳定健康地发展，是经济良好的正常的运动表现。后面两种情形反映的是一个国家或者一个地区的经济不正常发展，当然可以认为这样的经济运转是一种危机的表现，它们昭示着一国或一地区的经济存在着很大的问题。所以，分析什么是经济危机，在本质上就是分析货币与商品之间的深刻的关系。

第三，通过上面的相关分析，我们得出经济危机有两种基本的形式：通货膨胀式的经济危机和通货紧缩式的经济危机。不管是通货膨胀式的经济危机，还是通货紧缩式的经济危机，它们都会带来恶劣的社会结果，比如，社会的动荡不安、人们财富的严重缩水，甚至国家政权的更替等。从中我们可以知道经济危机的严重危害。通货膨胀式的经济危机在本质上就是商品生产严重不能满足人们对商品的需求或货币量的过多投入。根据价值规律，商品的价格过高必会产生严重的恶性膨胀，使物价飞涨到令人可怕的程度。从货币这一角度的表现来看，市场中流通的货币远远高于实际商品对货币的需求量。通货紧缩式的经济危机在本质上就是商品的生产与人们对商品的需求严重不符，或者说是存在严重矛盾，或货币量的投入严重不足。一句话概括就是，该生产的商品不生产，而不该生产的商品却大量地生产。这是一种供给与需求存在严重矛盾的现象。通紧式经济危机中，商品的生产者对市场的相关信息没有调查清楚，或者没有明确了解市场上的需求，或者没有明确市场对商品的需求量，而盲目地生产，导致了大量商品积压在仓库，无法合理地卖出去，进而通过连锁反应产生了一系列恶果。另外，从众心理也会导致生产者盲目地生产商品，生产者看见别人生产这种商品赚了大量的货币，也跟着大量地生产这种商品，而市场的需求是有限的，从而导致了剧烈的供求矛盾。这与凯恩斯所讲的"选美效应"如出一辙。

第四，为了使读者更深入地认识到经济危机的本质面目，请读者再看看下面的相关材料。

【22】经济危机是指生产过剩、产业结构比例严重失调引发的经济急剧衰退。它造成许多企业倒闭，许多劳动者失业，家庭收入急剧减少，社会矛盾激化，以及政治的动荡。只有当过剩产品被"消化"掉，失衡的国民经济比例结构通过破产倒闭和企业兼并重组而得到纠正，才会重新慢慢恢复发展，并将经济推到一个更高的水平，继而又重复发生同样的生产过剩和比例失调问题。所以，它是一种社会范围内的经济大幅震荡。但是，经济危机的"基因"，却早在以货币为媒介的商品交换中就已经"种下"，随着资本积累而不断扩展，最终发展为现实的经济危机。

《资本论》还揭示了金融业扩张将加剧经济危机。股份公司的出现，使发行股票筹措资金逐渐成为普遍形式。以股票债券形式出现的资本是所谓的"虚拟资本"，因为它们只是可按原始价值分享生产经营利润的凭证，利用发行股票债券筹集的资金建立起来的企业资本才是实体资本。由于股票债券等具有可以分享利润的性质,其价格具有波动性,再加上人为炒作,人人纷纷投资购买,"虚拟资本"的价值可能远远超过实际资本的价值,形成"泡沫"。当经济出现问题,人们争相套现,价格迅速下降,影响到实体经济,从而加剧经济危机。

《资本论》告诉我们,在市场经济条件下,经济危机其实是不可避免的,人们能够做的是如何减少甚至消除人为影响和其他加剧经济危机的因素。比如,通过稳定货币发行,维持物价水平的总体、长期稳定,不向人们发出错误、虚假信号,以免引起大面积的决策失误而加剧经济问题。对巨大规模的金融投机,特别是对海外无法预测和控制的巨额资金的流入流出、投机炒作进行严加监管,并加固中国的金融"堤坝"。

这则材料的第一段其实是关于通货紧缩式的经济危机,这种形式的经济危机的一个重要表象是生产严重过剩,请我们的读者注意,这种所谓的过剩在本质上其实是一种与市场的需求强烈不符的过剩。生产者没有搞清楚市场需要什么样的商品,就大量地生产市场上所不需要的商品,或者生产的量远远超过了市场的需求,导致了商品价格的急剧下降,大量的商品积压在仓库,无法合理地卖出。因此,这样的生产过剩,可以说是该生产的商品不生产,不该生产的商品却大量地生产。如此矛盾,积累到一定的程度势必引发通货紧缩式的经济危机,并带来一系列相关的恶果。

"《资本论》还揭示了金融业扩张将加剧经济危机。"我们应如何理解这句话呢?在上面的材料中,分析了股份公司的出现如何加剧经济危机。在股份公司不断扩张的过程中,货币不断地做强变多,为了追逐到更为惊人的利润,人们会纷纷投资购买,甚至会出现炒作,从而会泡沫式地抬高股票的价格。这样的做法势必会产生高度虚幻的价格,远远高于商品的实际价格。因为商品的实际价格一部分由商品的价值所决定,市场上生产了多少这样的商品和市场上对该商品的需求是多少,已主要地决定了该商品

第十二章 难逃的波动：当经济危机来临时

的价格，从而就进一步决定了市场需要多少货币量。当虚幻的价格远远地超过了商品的实际价格之时，一旦经济出现问题，价格的泡沫就会迅速破裂掉，此时人们会争先恐后地进行套现，以保证不损失自己的利益。但是现在一个极为严重的问题是市场中真实的需求量远远小于市场上的供给量。抛售商品的人就会被迫降低商品的价格，但纵使以降价的形式出售商品，有相当部分的人也无法逃脱损失惨痛的命运。最终的结果，只能是继续加重经济危机。

我们继续深入地阐释关于经济危机的一个不可避免的重要问题：在世界范围内或在一个国家或一个地区中，经济危机能否彻底地根除或消失呢？我们的直接回答是"不能"，也就是经济危机不能彻底地根除或消失。其中的原因是什么呢？那就要先回答"经济危机的本质是什么"，回答了这个问题也就解释了经济危机不能彻底地根除的本质原因。我们知道经济危机有两种基本的形式：通货膨胀式的经济危机和通货紧缩式的经济危机。前一形式的经济危机的本质是商品的供给严重小于市场上对此种商品的需求。后一形式的经济危机的本质是商品的供给与商品的需求产生严重矛盾。我们再回头认真观察世界范围的真实的生存状态：有的地方战争不断，有的地方相对和平，有的地方又相当贫困，有的地方生产相当落后，有的地方又相对富裕。各种各样的状态并存，这是一种客观的事实。战争不断的国家或地区，人们正常的生产被严重地干扰，自然而然地，商品会严重缺乏，从而通货膨胀式的经济危机就不可避免地存在了。而相对和平的国家或地区，人们的生产正常地进行，但这并不意味着就不会产生经济危机。因为经济的稳定发展也会引起国际游资大量地输入，进一步引起商品的通货膨胀和各种泡沫的产生。综合而言，经济危机是不可避免的，其根源是在世界范围内或国家范围内真实的生存状态是不一致的，只是我们不知道经济危机什么时候会再度出现罢了，在市场上流动的货币与商品实际需要的货币出现一些矛盾，就要引起我们的高度注意，争取把问题消灭在萌芽处。

对于中国而言，要想长久保持经济的繁荣发展，必须保证经济发展的环境是稳定的，这是经济发展的前提。另外，采取各种措施或手段，保证市场上流动的货币的总量与商品所需要的货币的总量相一致。我们把前一种货币称为流动性货币，简称流动货币；把后一种货币称为商品性货币，简称商品货币。流动货币的需求是由商品货币所决定的，而商品货币的总的需求量是由各种商品的价格总和决定的，商品的价格又是由商品的价值或价格公式决定的。为此，政府应当动用相关的手段来对付国际游资的干扰，以及其他各种货币资本的干扰，以达到货币与商品的价合关系，以利于经济长久稳定的发展，从而保证人们的生活幸福。

为了更全面地认识经济危机，我们请读者再看看下面有关经济危机的材料，它是关于美国的经济危机。

【23】从战后到20世纪60年代末，美国及西欧国家经济一片繁荣，把这一繁荣归于凯恩斯主义的刺激消费政策并不为过，因为这一时期，西方世界确实采用的是凯恩斯主义刺激消费的政策。但1969—1972年的3年，西方世界"经济滞涨"，这是否也应该归罪于凯恩斯主义刺激消费的政策呢？著名的凯恩斯主义者萨缪尔森作了一个看起来还算公平的解释。他说凯恩斯主义刺激消费以促进经济增长的政策，只有在还有资源没有得到利用的情况下才有效果。美国战后20多年的刺激消费的政策，把投资和消费带动起来了，经济迅速增长了，渐渐地，所有的资源都得到利用了，但仍然实行刺激消费的政策，便没有效果了，结果，不仅经济没有刺激起来，反而把通货膨胀刺激起来了，从而导致了经济停滞和通货膨胀并存的矛盾现象。

进入2008年，美国再次出现了经济危机，多数人认为，它是美国长期实行刺激消费政策的后果，是该政策造成了美国百年一遇的金融危机。面对这一指责，没有凯恩斯主义者出面澄清和辩解。可以说，这是学术界和民众共同的看法。

消费促进经济，是从消费不足引发经济过剩危机的理论发展而来的。社会一年生产的商品，如果没有全部被卖掉，就会有企业因发不出工资而不得不裁员或减薪，因无法补偿磨损掉的机器设备等而不得不缩减生产规模，来年的生产规模要缩小。在这种情况下实行刺激消费的政策，让人们把赚到的收入全部花掉，或投资，或消费，所有企业的投资就能全部收回来，工资会照样发放下去，生产规模甚至会进一步扩大，这样，经济由于刺激消费的政策而增长起来了。换句话说，"收入是用收入来购买的"，如果人们花费掉所得到的，经济就会一片繁荣。从这一点看，刺激消费的政策是促进经济的政策。

但是，美国长期实行的刺激消费的政策，自然而然地发展成了超前消费的政策，就是说，很多美国人不仅花费掉现在所得到的，而且花费掉未来可能得到的。这就是美国盛行的赊销。美国人可以不花一分钱把美国生产的汽车开回家，也可以零首付购买一栋别墅（因为可以把没有花钱购买的别墅抵押给银行而获得延期付款的允许）。以未来收入支付现在的购买是有风险的，这样的行为越多，累积起来的风险越大，因为未来的收入是不确定的。当赊账者在赊账后并没有像他预期的那样获得收入，当这样的人越来越多，到期不能支付的货币量也就越来越多，积少成多，终于累积成债务"洪水"，严重冲击美国的金融体系，进而牵连世界许多国家的金融体系，酿成世界性的经济危机。

这则材料所涉及的是美国的经济危机，它与消费政策的关系极为密切，为此在分析美国的经济危机之时，我们要先对"消费"这一经济学重要概念作详细的分析，而后我们再阐述美国的经济危机。

第一，在经济学中，消费总是和商品联系在一起，人们生产商品就是为了将其消费，而后作用于生存。一种商品如果不能供人们消费，这样的商品就不具有相关的意义。大量的商品积压在仓库，不能卖出去和消费掉，势必会影响到厂家的发展，严重的会导致资金链的断裂，以至于厂商倒闭，并进而引发一系列相应恶果。商品都是可以用于明交换的，而反商品是属于暗交换的。从某种意义上来讲，反商品是阻碍生存的物品，这是我们对商品的讨论中就已经接触过的。对于反商品，我们还会在专门的章节里加以详细的讨论。因此，我们亦可以将一切消费划分为两种：明消费和暗消费。前者指的是对商品的消费，而后者指的是对反商品的消费。商品的消费与人们的富裕有着怎样的联系呢？一个重要的事实是：人们能够消费到越多的商品，就说明了人们越富裕。当然，人们消费这些商品后心里舒服，才能真正地表明人们富裕，否则人们消费再多的商品，也不能体现幸福，也就不能说是富裕。因此，我们说在一个国家中，假如其百姓能够消费到越多的商品，就说明其百姓越富裕。

消费与经济增长有什么关系呢？经济增长的本质是：经济既不是通胀运动，也不是通缩运动，而是一种价合运动，并且在这种价合形式的运动中，商品不断地丰富，使人们能够获得越来越多的商品，能够消费和享受到越来越多的商品。因此，经济增长的结果必然是人们越来越富有。反过来，人们越来越富裕就说明了经济在不断地增长，国富民安。

第二，在美国，消费政策是如何导致经济危机的？

（1）为了回答这个问题，我们先阐释下面的问题：凯恩斯所谓的"消费促进经济增长的理论"是如何得来的？这样的理论可靠吗？它有怎样的缺陷？在上面的材料里，有这么一句话：消费促进经济，是从消费不足引发经济过剩危机的理论发展而来的。如何理解这句话呢？所谓消费不足，指的是还有大量的商品积压在仓库，没有被完全地消费。难道商家故意将商品积压在仓库？显然不是。大量的商品积压，无法卖出去，其实质是商品的供给与市场上对该种商品的需求严重矛盾。

第十二章　难逃的波动：当经济危机来临时

（2）为了回答以上这些问题，我们做如下分析，我们知道经济危机有两种基本的类型：通货膨胀式的经济危机和通货紧缩式的经济危机。从供求关系的本质来思考，通货膨胀式的经济危机是商品的供给远远小于商品的需求，表现为市场上流动的货币远远大于商品需要的货币。同样，从供求关系的本质来思考，通货紧缩式的经济危机是商品的生产与商品的需求严重矛盾，表现为市场上流动的货币远远小于商品需要的货币。现在，我们再来分析：政府采用促进消费的政策能否促进经济的增长？A.如果经济属于价合式的合理增长，就无所谓使用促进消费的政策，经济自然而然地会健康发展。B.如果是通货膨胀式的经济危机，本来商品就已经严重不能满足市场需求，何需政府使用促进消费的政策？此时政府应当大力发展商品经济，唯有这样，才能渡过通货膨胀式的经济危机。C.如果是通货紧缩式的经济危机，这种形式的经济危机中供与求严重不符合，虽然商品的价格普遍降低，但是读者们应当注意到的是：市场上需求旺盛的商品，其价格不但没有下降，反而在不断地抬升。此时政府如果使用促进消费的政策，将货币大量地投入市场，在短期内可以推动经济的发展，可以让倒闭的工厂重新有货币资金将自己盘活。但经济的运动也是一种商品的供求不断变化的运动，货币的运动具有一定的盲目性，信息的不对称性使这样的盲目性更为严重，货币往往会向市场中商品需求最为旺盛的地方运动，从而造成了蜂拥而上地生产某种商品的情况。从长期的角度来观察，促进消费的政策会使大量的货币不断地在市场上流通，直接导致了流动货币远远大于商品实际需要的货币，从而引起了通货膨胀式的经济危机。1969年至1972年西方世界的经济危机就是最好的说明。在美国甚至出现了长期性的超前消费，从而使美国不可避免地招来了通货膨胀式的经济危机。

促进消费的政策要慎用，不要盲目地使用，凡事都是有利亦有弊。

经济危机固然是可怕的，但只要人们牢牢地抓住货币与商品之间的深刻关系，既不让流动性货币远大于商品实际需要的货币，也不让流动性货币远小于商品实际需要的货币，经济危机就可以在萌芽处消灭。当然，政府要动用各种各样的政策手段，来不断地制约货币与商品之间的关系。当然，最重要的是，要正确地发展商品生产。

第十三章
价值与价格的博弈：商品价格的演变与属性

商品的价格有其演变的历史，衡量商品价格大小的符号工具是货币。而货币的演变有其相应的历史，从而对于商品价格的研究自然而然也有其相关的历史。为了正确地研究商品价格的运动规律，请读者先看下面的一则材料，它将作为我们研究商品价格的开始。

【24】货币的价值尺度职能，是指货币是衡量和计算一切商品的价值大小的尺度。

货币执行价值尺度的职能时，只是想象的或观念上的货币。用货币来表现商品的价值就是价格，或者说，价格是价值的货币表现。为了用货币来衡量和计算多种商品大小不同的价值量，在技术上就需要有一定量的贵金属作为货币单位，并把它分为若干等份。比如把1元分为10角，1角分为10分。这种包含一定重量贵金属的货币单位及其等份，或者说货币的计量单位（如上述的元、角、分），被称作价格标准。应当明确的是，价格标准并不是货币的一个独立职能，它是为使货币执行价值尺度的职能而做出的技术性规定。

价值和价格的关系是：价值是内容、是基础，而价格则是价值的表现形式。一般说来，价值决定价格，商品的价值大，价格自然高，反之价格就低。但由于货币把自身当作表现其他商品的价值的材料，只是相对地表现其他商品的价值，这便决定了货币本身的价值也直接影响商品的价格。因而，决定或影响商品价格高低的基本因素，除商品的价值以外，还有一个，就是货币本身的价值。用公式表示为

$$商品价格 = \frac{该种商品价值（劳动时间）}{货币价值（劳动时间）}$$

例如，原来 1 匹绸（100 个劳动小时）=1 两金（100 个劳动小时），1 匹绸的价格是 1 两金，后来生产黄金的劳动生产率提高了 1 倍，生产 1 两黄金只需 50 小时，而绸的价值未变，但由于金的价值下降，现在 1 匹绸（100 个劳动小时）=2 两金（50 个劳动小时 ×2），1 匹绸的价格上涨到 2 两金。绸价上涨原来是货币价值下降的结果。

可见，商品价格与商品价值成正比，与货币价值成反比。当然，这里的前提是商品供求一致。在商品供求不一致的情况下，商品价格的高低，还要受供求关系的影响。当商品供大于求时，价格会低于商品的价值；当商品供不应求时，价格则高于商品的价值。

关于此则材料，我们要作如下两点批判式分析。

第一，我们曾经论述过货币具有三种基本的属性，第一种是货币对商品的代表性，第二种是货币对商品的交换性，第三种是货币对商品的分摊性。其中，货币的第二种基本属性包含着货币的五种重要的功能，分别为价值尺度、流通手段、支付手段、贮藏手段和世界职能。这则材料着重讲的是货币的价值尺度，并且是金属性货币。在这则材料中，有一个价格公式，在这个公式中，价格与该种商品的劳动时间成正比，与金属货币的劳动时间成反比。我们现在就来深刻地剖析这个商品价格公式，从中我们将发现

这个商品价格公式有很大的问题。其一，在这个商品价格公式中，它是以劳动时间作为基础的。也就是说，这个公式是劳动价值论所引导出来的公式，该公式反映出来的是劳动时间是衡量一切价值的本质思想。我们知道在众多先哲中，例如配第、亚当·斯密、大卫·李嘉图等都是劳动价值论的坚定的支持者，同时他们也是劳动价值论的创立者。但是，事实上该公式具有很大的局限性。其中一个重要的原因是，历史发展到今天，贵金属不能成为货币了，现在的货币是信用纸币。这样，所谓的"商品的价格与生产贵金属所需的劳动时间成反比"自然而然就没有了。这是该商品价格公式的问题之一。另外一个极为重要的问题是：很多商品的价格现象是无法单用劳动时间来解释的。例如，钻石的价格和名人书法作品的价格等，这样的商品的价格是明显违反此公式的，它们的价格并没有与劳动时间成正比。综合上面的分析，我们很容易发现这个商品价格公式有很大的问题，它不能正确地反映出商品价格的变化规律。

第二，上面的这则材料还有明显的错误。材料中是这么说的：一般说来，价值决定价格，商品的价值大，价格自然高，反之价格就低。此话的意思是，价值越大的，价格就越高，反之价格就低。对于这样的谬误，我们只要举出一个简单的例子，就可以把它推倒。例如，水对生存的作用是极为重大的，它的价值是巨大的，但是相对于很多其他的商品，水的价格却是相当低廉的。这个例子就很明显地说明了材料中那句话的错误。当然，我们也看到这样的一种现象：它们都不是商品，但它们的作用却是极其重大的。例如，空气不是商品，但空气对生存的作用是极为重大的，然而空气是免费的，人们都可以使用。再如，阳光对生存的作用亦是极为重大的，人们亦可以免费使用。

任何一种商品都有其相应的形成过程，在此过程中必然伴随着价值的产生。那么，一种商品的形成过程与哪些因素有关呢？或者说生产商品的要素有哪些呢？我们综合考量大量的事实现象后，把生产商品的所有因素划分为三个基本的因素，这三个基本的因素分别组成三个基本的集合。第一个基本集合是自然因素集合，在自然因素集合中有这些元素：土地、阳光、水等相类似的一切。其中，阳光是免费的因素，当然有些商品的生产不需要阳光这种免费的因素，但农作物商品的生产却离不开阳光。第二个基本集合是非自然集合或称为自然人劳动集合，这个集合包含的元素有：工人的劳动和企业管理者的劳动（这是两种劳动力的因素）。第三个基本集合就是资本，资本包含着货币，货币是商品生产的一种重要元素，没有货币的投入，生产者就无法购买到所需的相关的生产资料。这三个基本因素是任何商品的生产所必需的。下面，我们主要讨论土地和劳动在商品生产过程中的作用，并详细陈述其相应的价值论——劳动价值论。

我们以白菜这种农作物商品的生产为例。在白菜的种植生产过程中，自然因素集合有这些：土地、阳光、水、肥料等。这些因素形成一个自然因素集合，其中土地是一个极为关键的因素。我们对土地展开深入的分析，是因其在生产商品过程中的独特的作用。同时，在白菜的生产过程中，自然人的劳动是另外一个基本的作用因素，也就是说劳动是另外一个起着决定性作用的因素。为了分析土地和劳动在生产商品过程中的极为重要的作用，请读者先看看下面的相关材料。

【25】劳动价值学说在《赋税论》出版后不到60年，得到美国富兰克林的进一步发展，他在1721年出版的著作中写道："用劳动来测量银子的价值，同测量其他物品的价值一样圆满。"他又写道："因为贸易本来不过是劳动和劳动的交换，所以一切东西的价值用劳动来测量是最正确的。"他认为决定价值的不是采掘金银的特种劳动，而是任何一种生产劳动，这无疑是一大进步。1767年，苏格兰人斯图亚特在他的《政治经济学原理研究》一书中，把这一学说阐述得更为明确，按照书中的解释，价值的计算要包

含生产中的劳动量、维持这种劳动的费用，以及原料的成本。

虽然富兰克林和斯图亚特极大地发展了配第在《赋税论》中提出的劳动价值学说，但我们还是再谈谈近代最先提出劳动决定价值原理的人——配第。当然，配第还不是彻底的劳动价值论者。在他看来，创造价值的劳动不是所有的生产劳动，而只是生产金银的劳动。而且他还以为，由于土地是财富的创造者之一，因而土地也是价值的创造者。所以，他又提出，土地和劳动都可以作为度量商品价值的尺度。他论证说："假设把 1 头小牛放在一块 2 英亩大的未开垦的土地上放牧，1 年之内，这头牛长了 50 千克肉，够 1 个人吃 50 天，这就是说，不借助人力，土地生产出了 50 天的口粮，这 50 天口粮就是土地生产的价值。又假设这块土地不养小牛，让 1 个人在这块土地上劳动 1 年，结果产出 60 天的口粮，比原来多出了 10 天的口粮，这多出来的 10 天的口粮，就是这个人生产出来的价值，等于这个人的工资。"

他由此断定："所有物品都是由两种自然单位即土地和劳动来评定价值，换句话说，我们应该说一艘船或一件上衣值若干面积的土地和若干数量的劳动。理由是，船和上衣都是土地和投在土地上的人类劳动所创造的。"

这等于是说所有生产出来的物品都是有价值的，而价值则由土地和劳动共同创造，所以土地创造价值。在配第的脑子里，商品的使用价值就是商品的价值，有物品就有价值。这样，他又是个"二元价值论"者。配第为劳动价值论开了个头，也为以后的效用价值论提供了先例。

对于此则材料，我们有以下几点要加以说明。

第一，富兰克林认为用劳动来测量一切商品的价值是最为合理的，并认为商品之间的贸易交换不过是劳动与劳动之间的交换而已。这种思想观点乍一看好像是正确无疑的，但我们通过观察大量有关商品价值的事实现象，再经过细心的对比，发现劳动价值论的思想并非完全正确，是有很大漏洞的。我们可举一个简单的例子：在同等的劳动下，一名歌手唱一首歌所获取的收入比一个农民所得的收入多出很多，甚至多到离谱。那么为什么会出现这样的事实现象呢？其问题的根源在于不同的劳动之间是有本质区别的。因为劳动可以划分为两种基本的类型：感存劳动和物存劳动。从客观的意义上来讲，不同的劳动是不平等的，劳动者所赚取的货币也是不一样的。同样是100元人民币，有的人快乐且受人尊敬地获得，有的人赚到的却是辛苦的血汗钱。这种事实现象足以说明两种劳动同样赚取货币，其性质往往有着巨大的差别。这使我们联想到家长总是希望自己的孩子能够好好读书，将来有一个美好的前程，正所谓"书中自有黄金屋，书中自有颜如玉"。我想这是所有家庭的共同愿望，毕竟快乐且受人尊重地赚取货币比辛苦地赚血汗钱是更好的选择，是人们共有的想法。仅用劳动来测量一种商品的价值是欠妥的，上面的例子已经很好地说明了这一点。

另外，我想补充的一点是：人趋向于快乐。这是一种普遍的现象，是一种非常重要的规律。正是这种趋向快乐的内在动力的驱动，很多人对于演员、歌手等投以更多的目光，对这类职业注入了更多的感存，从而使演员、歌手等成了一种高报酬的职业。但我们同时也注意到了这样的事实：在古代，歌手或演员是一种地位比较低下的行业。后来，由于科学技术的飞速发达，以及电视的出现，歌手或演员慢慢地变成了很吃香的行业，相当多的人希望自己能够成为歌手或演员，以赚取更多的货币和名声。这说明了科技在人类生存进化中的极为重要的作用，科技是第一生产力。

第二，"劳动是财富之父，土地是财富之母"，是配第的名言。配第是劳动价值论的支持者，这句名言很好地表现了他的经济思想。配第认为土地和劳动共同创造了价值，价值的度量应当由二者共同决定，此观点在上面的材料中表述得很明确。也就是说，配第认为商品的价值量化——价格，应当由土地和劳动两种因素来衡量。但是，我们知道在商品的生产过程中，价格是由多种因素决定的，并非只有劳动和土地两种因素在起作用，比如说还有资本的投入等，因此片面地认为只有土地和劳动决定商品的价值，显然是站不住脚的。我们只能认为土地和劳动对于商品价格的形成起着主要作用。对于劳动创造价值，在此章节中，我们不再加以表述，我们着重说明土地在商品生产过程中的极其重要的作用。人们的生存离不开土地，不管是农业商品的生产，还是工业商品的生产，都与土地有着直接的联系，土地是当之无愧的"财富之母"。平民百姓手中有土地，就可以"向土地要粮食"，至少是不会饿死的。另外，配第为效用价值论开了个头，但我们要说的是，效用价值论是由其他经济学家创立的。

在商品的形成过程中伴随着价值的产生，在前面的章节中，我们已论述过商品的价值是商品的基本属性。当然，从不同的角度，我们可以对商品价值进行不同形式的分类。

我们将着重讨论影响商品价格的有关元素及这些元素之间的关系，从而让读者对于商品价格有更为深入的本质理解。我们知道价格是价值的货币表现，在本质上是商品价值的量化结果，价格在形式的意义上量化了价值的多少或大小。那么，在本质上可以这么讲，决定商品价值的因素有哪些，决定商品价格的因素也就有哪些，二者的决定因素是一样的。

在接下来的论述中，我们先逐一论述影响价值的相关因素，再揭示它们之间的内在关系。商品有两种基本的价值元素：商品的物存性作用价值和商品的感存性作用价值。当然，这里所阐释的理论中，必然会涉及稀有性，读者可以对稀有性有更深入的认识。

我们将向读者陈述物存作用对于商品价值的影响，以及物存作用对商品价格的影响。为了向读者更好地解释物存作用与商品价值或者价格之间的关系，我们将通过例子来详细地说明。商品有三种基本的类型，分别为物存性商品、感存性商品和混合性商品。在此，我们只对物存性商品和感存性商品进行举例，而对于混合性商品我们将在后文中详细举例阐述。对于物存性商品，我们以水这种特殊的商品进行详细的探讨。水对于人类的生存是极端重要的，任何一个人的生存都离不开水，水的物存作用极其重要，也就是说，水作为一种特殊的商品，它的物存性作用价值是非常大的。这里暗藏着一个道理：物存作用越大的商品，它的物存性作用价值也就越大。是否可以这样简单地认为：物存性作用价值越大的商品，它的价格就越高？纵观所有的事实，我们得出的结论是否定的。大量的普遍事实告诉我们：物存性作用价值越大的商品，其价格反而越低。物存性作用价值与商品的价格不是同向运动的，也就是说，二者之间是反向运动的关系。这是为什么呢？原因很简单：出于对生存成本的考量。正是水的极为重要的作用，人在用水上的生存成本必须大大地降低，否则必会严重影响人们的生存。

虽然经济学家们提出了边际价值规律，但依然无法对"什么是价值"做出完整的定义。我们知道，如果能够很好地定义什么是价值，那么经济学中的很大一部分问题就会得到合理的解释。通过对大量事实的考察与思考，我们知道一切事物的价值可以划分为两大基本的类型：感存性作用价值和物存性作用价值。因此，对于经典的价值规律，我们必须从这两种基本的类型出发加以深入思考或分析。以水为例，我们知道水对于生存的价值基本上就是物存性作用价值，物存性作用价值越大的商品，其价格反而越低。虽然这种规律是从水这种特殊的商品中得出来的，但它普遍适用于物存性作用价值大的商品。另外，对于感存性的商品如钻石，其价值规律完全与物存性的商品的价值规律不一样。我们发现：感存性作用价值越高的商品，其价格也越高，也就是说，感存性作用价值与其对应商品的价格是同向运动的。

总之，我们必须对经典的价值规律进行重新思考。在以后的章节中，我们会详细地论述。

现在，我们要对广义价值作出严格的定义，即价值是一切事物对生存的作用性。

在此定义中，用到了"作用"这个极为重要的概念。价值是通过"作用"这个关键概念和生存联系在一起的，价值与生存之间具有内在的联系。在这个广义的定义中，价值被认为是一种对生存有作用的事物的基本属性。这个广义的价值定义，包含着如下几个基本的含义。

第一，一切事物对生存必须具有作用，否则就不具有价值。一切事物对于生存都有两种基本形式的内蕴，即一切事物同时具有促进生存和阻碍生存的力量。促进生存的力量，我们称为正作用；阻碍生存的力量，我们称为反作用。当然，正作用和反作用是不等的，也就是说，要么正作用大于反作用，要么反作用大于正作用。二者对于生存的力量是不等的，总有一方大于另一方或者小于另一方。

第二，在广义的定义中，价值是一切事物对生存的作用性。一切事物对生存都是有作用的，从而我们说一切事物对于生存都是有价值的，只不过对于某种具体的事物而言，这样的作用有时大，有时又小。比如，粪便在特定的情形下对生存是有作用的，它加工后可以用来灌溉农作物，是农作物生长的某种养料。任何事物对于生存都有着相应的作用，因此，在广义的价值定义中，一切事物都是具有价值的。

价值的广义定义是对于一切事物而言的，但对于商品，我们有关于商品的价值的定义，我们称它为价值的狭义定义，这样的定义只针对商品而言，不涉及非商品的价值。

在定义商品的价值之前，我们先回顾一下商品的定义，以利于跟商品的价值定义进行对比。

商品的定义：经过人的劳动改造并可用于交换的生存性物品。

商品的价值定义：商品的价值是商品对生存的作用性。

关于商品的价值定义，有如下几点要加以说明。

第一，显然这样的定义是借鉴价值的广义定义而做出的一种类似的定义。价值的广义定义与商品的价值定义是一种包含与被包含的关系。价值的广义定义必然包含着商品价值的狭义定义，这是从普遍意义上来讲的。我们看看下面的一种事实：比如，生活垃圾在通常意义上是没有商品价值的，因为在一般情形下，生活垃圾是不能用于交换的。但是，从广义价值角度而言，生活垃圾也是有相应价值的，比如生活垃圾中的发酵物就可以用于相应的化学研究。从这个例子，我们可以看到生活垃圾具有一定的广义价值。这就充分说明了广义价值与狭义价值之间的区别。

第二，我们对比一下商品的定义和商品价值的定义，它们具有如下异同点。相同之处在于：二者都涉及了有用性。一种事物只有具备了有用性，方能成为商品或者才具有价值。不同点在于：商品的定义还需要其他的元素，而商品价值的定义则只需要对生存的"作用性"。

第三，我们必须对商品的价值属性进行基本的分类。所有的商品都可以从宏观上划分为三种基本的类型：物存性商品、感存性商品和混合性商品。这样的划分是基于商品的主导作用，比如水的主要作用是物存性作用，我们就称它为物存性商品，但这并不意味着水没有感存性作用。水的物存性作用远远大于水的感存性作用，从而我们把水归类为物存性商品。其他形式的划分道理一样。另外，我们再次提一下商品的使用价值的本质：它是指事物对人们的生存有某种作用。对人们的生存没有作用的事物是没有使用价值的，也就无法形成商品。

不管是广义的价值定义，还是商品价值的狭义的定义，都离不开"作用"这个生存体系结构中的重要概念，任何形式的价值都被深深地打上了"作用"的烙印。事物的价值通过"作用"与生存建立起了深刻的内在联系。同时，这也说明了"作用"这种一般性概念的极为重要的作用。

最后，我们着重向读者阐明需求量、供给量、社会必要劳动时间的内在联系。

（1）需求量和供给量在本质上也是一种价值，会影响商品的价格。当需求量越大时，商品的价格越高；当供给量越大时，商品的价格越低。

（2）当需求量大于供给量时，商品的价格就跟着上涨；反之，则下降。

（3）社会必要劳动时间与供给量的关系：社会必要劳动时间是生产竞争的内在推力，厂家总是千方百计地缩短生产某种商品的时间，以加强相应的竞争力，从中获得更大的利润。缩短了商品的生产时间，势必推动了商品的供给量不断增加，进而降低了商品的价格。

第十四章
水与钻石的矛盾背后：价格的矛盾性

在这一章节里，我们将更加全面深入地论述水与钻石二者之间存在的诸多矛盾，特别是它们之间的价格巨大差别的矛盾。我们都知道水的价格是低廉的，而钻石的价格则是极为昂贵的。从人类的生存来讲，人们几天不喝水就会渴死，而人们不需要钻石却能活得好好的。也就是说，水对生存的作用远远地超过了钻石对人们的生存的作用。为什么会出现如此巨大差别的情形呢？那么，本章我们就来解决这一矛盾。我们的前辈也曾经试图解决这价值理论中的著名的矛盾，但他们都没有很好地解决这一著名的矛盾，或者说没有彻底地解决这一著名的矛盾。首先，请读者看一下以下的材料，作为我们分析问题的开始。

【26】亚当·斯密在《国富论》（1776年）第一卷第四章中提出了著名的价值悖论："没有什么东西比水更有用，但它几乎不能购买任何东西……相反，一块钻石有很小的使用价值，但是通过交换可以得到大量的其他商品。"

令人遗憾的是，斯密没有准备回答这个悖论，他仅仅创造了一个奇特

第十四章　水与钻石的矛盾背后：价格的矛盾性

的二分法，水有使用价值，而钻石有交换价值。然而，海彻森和其他学院的老师早在斯密提出该价值悖论之前就解决了这个悖论。商品的价值或价格首先由消费者的主观需求决定，然后再由商品的相对稀缺性或丰富程度决定，简而言之，由需求和供给决定。较丰富的商品，价格较低；较稀缺的商品，价格较高。

更让人吃惊的是，亚当·斯密在他写作经典的《国富论》前十年发表的一篇讲演中就解决了水和钻石的悖论。钻石和水的价格的不同在于它们的稀缺性不同。斯密说："仅仅想一下，水是如此充足便宜以至于提一下就能得到；再想一想钻石的稀有……它是那么珍贵。"斯考特思教授补充说，当供给条件变化时，产品的价值也变化，斯密注意到一个迷失在阿拉伯沙漠里的富裕商人会以很高的价格来评价水。如果工业能成倍地生产出大量的钻石，钻石的价格将大幅度下跌。

19世纪70年代，三位经济学家门格尔、杰文斯和瓦尔拉斯分别说明价格（交换价值）由它们的边际效用来决定，而不是由它们的全部效用（使用价值）决定。因为水是丰富的，增加一单位水所得到的边际效用很小，因而水的价格很便宜；而钻石是极端稀缺的，获得一单位钻石的边际效用很大，因而钻石的价格是昂贵的。

对于以上的材料，先对斯密等大家的理论进行分析。然后，我们再对三位经济学家门格尔、杰文斯和瓦尔拉斯的边际效用论进行相应的分析。水与钻石的著名的矛盾是斯密在其伟大的著作《国富论》第一卷第四章中提出的。（1）上面的材料中提到，为了解决这一著名的矛盾，斯密引入了一个奇特的二分法，即水有使用价值，而钻石则有交换价值。显然，斯密想从如此的概念划分，来解决水与钻石之间价值差异巨大的矛盾。但是，通过这样的划分手段来解决水与钻石二者之间的矛盾，我们容易看出这是牵强附会的，并没有实质性地解决二者价格差异巨大的矛盾。我们知道只要是商品，就有使用价值和交换价值。因此，水不仅仅有使用价值，也具有交换价值；同样钻石不仅仅有交换价值，也具有使用价值。斯密对商品的二分法不能解决水与钻石二者价格差异巨大的矛盾，也就是说斯密的划分手段并没有起到实质的作用。（2）上面的材料中提到，海彻森教授和其他学院的老师早在斯密提出这一悖论之前就已经解决了这一矛盾问题。他们认为是由于稀缺性的存在引起了水与钻石之间价格巨大的差别。他们解决这一矛盾的思路是：在供求关系中，水比钻石普遍，也就是说，水比钻石更容易获取，而钻石是一种稀缺性的商品，因此水的价格就明显比钻石的价格低得多。斯密也是如此思考二者价格之间的巨大差别的。斯密也认为，必须从两种商品的稀缺性来解决矛盾。斯密甚至认为，一个迷失在阿拉伯沙漠里的商人会以很高的价格来评价水。但是，斯密等众大家没有很好地或者说是彻底地解决水与钻石这一著名的矛盾。表面上看好像他们引入了商品的供给稀缺性，就完好地解决了这一矛盾，逻辑上是自洽的。其实，问题远远没有这么简单。请读者思考如下的事实：这个迷失在阿拉伯沙漠里的商人，此时水这种商品对他而言是稀缺的，但是钻石在这样的时刻也是稀缺的，二者的稀缺性是可以类比的。另外，读者还要注意到这样的事实：假如这位商人不在阿拉伯沙漠里迷失，在任意的地方，比如在一个水源丰富的地方，只要他感到极度口渴，水的作用同样对他是极其重要，这位商人同样会高度评价水的价格。

因此，我们请读者注意：

第一，用商品供给的稀缺性来解决此类著名的矛盾，在逻辑上好像是自洽的，其实是行不通的，这好像仅仅是表述上的问题，但它牵涉到的却是实质上的问题。也就是说，斯密等大家并没有牵涉到问题的实质，他们并没有从真正的意义上解决此类问题。那么，读者自然就会问：应该如何从本质上解决此类著名的矛盾呢？我们应当从水或钻石对生存的作用的角

第十四章 水与钻石的矛盾背后：价格的矛盾性

度来加以分析。例如，在上甘岭战役中，水远远比钻石宝贵，因为在此时水对生存的作用远远地超过钻石对生存的作用，有了水可以保命，但此时的钻石并不能保命，或给人带来生的希望。这时候如果有水和钻石两样商品放在战士们面前让他们选择，我想他们会毫无例外地选择水，而不会去选择钻石。简而言之，水与钻石的价格的巨大差别在于对生存作用的巨大的不同。以上我们仅仅是在特殊的境况下解释了水的价格会远远超过钻石的价格。因此，在这一段中，其实我们是用"作用"这个极为重要的概念对水和钻石的价格的巨大差别进行了相应的分析。

第二，我们要解决的是材料中所提出的问题：为什么在通常的情形下水对生存的作用这么大，但是它的价格却远远比钻石的价格低。这样的问题涉及的是生存成本的问题，下面对此展开详细的分析。为了区别于上面一段的内容，我们把上一大段的对于水与钻石的价格讨论称为反态价格，即在反常情形下的价格。我们把这一段所要讨论的价格称为正态价格，即商品在正常情形下所形成的价格。为了分析生存成本所形成的价格问题，请读者们先注意如下的事实：空气、阳光、亲情、爱等都对人类的生存极端重要，但它们都是免费的。其中，空气和阳光等在生存上是属于物存作用的，亲情和爱等在生存上是属于感存作用的。这是它们在宏观上的划分，当然它们之间存在着一种转化的关系。比如，水的作用主要是物存作用，而钻石的作用主要是感存作用。但是，钻石可以转化为货币，从而钻石的作用可以转化为物存作用。人口渴了，需要喝水以保证生存，但人在喝水的时候，心里会有舒服的感觉，而这部分正是感存。从空气、阳光、水等对于生存的极端重要性以及它们免费或价格极低的事实现象，我们感知到这样的规律：对于物存性商品而言，物存作用越大的商品，往往越普遍，并且价格往往越低，比如水。反之，物存作用越小的商品，往往越不普遍，并且价格往往越高。以此类推，可以得到其他物存作用的商品的价格也遵循如此的规律。

那么，对于钻石而言，它是属于感存作用的商品，它的价格很高。在没有转化的情形下，钻石几乎是没有物存作用的。显然，钻石的物存作用没有水的物存作用高，并且水具有不可替代性，也就是说，水在生存上的作用是其他生存性的物品不能替代的。但是，钻石的感存作用却远远地超过水的感存作用。总而言之，由于水等对于人们的生存作用极大，反而导致了它的价格要极低，否则人在用水上的生存成本被抬高了，反而不利于人们的生存。因此，从生存这个最本质的角度来加以分析，水的价格低是必然的。同样，钻石的价格高也是必然的，只是二者的侧重点不同罢了。这一大段，我们提出了生存成本的概念，它的内蕴含义已经融入了这一段的分析中，读者会理解什么是生存成本了。对于"生存成本"的概念，我们在前面的分析中已经涉及了，并加以相应的分析，在这里我们进一步体会和理解了"生存成本"这个重要的概念。

第三，在这段里我们阐述稀缺性对于商品的价格的影响。我们要阐释的商品的稀缺性是另外一种情形的稀缺性，不是斯密等大家为了解释水与钻石的价格的巨大差别而引用的一种稀缺性。事实上，正如我们在前面的段落中所分析的一样，要正确解释水与钻石的价格的矛盾，用斯密等经济学家所引入的稀缺性是行不通的。水与钻石的价格的巨大差别在于它们对于生存的作用是不一样的。水对生存的作用是物存性的，钻石对于生存的作用是感存性的。并且在前面我们还讨论了水与钻石的反态价格，即它们在反常情况下的价格的对比。回顾完这些，我们看看下面的关于稀缺性对于商品价格的影响的事实。我们总会见到这样的一种事实现象：例如，当一种鱼数量非常多的时候，其价格会很低；但是当这样的鱼数量锐减之时，也就是数量很少的时候，其价格会猛然地上涨，甚至于一斤几千元的都有。那么这是为什么呢？同样的鱼为什么数量多的时候价格很低，而数量很少的时候其价格又很高呢？难道是由于鱼的营养变了吗？很显然，鱼还是原来的鱼，营养并没有任何的变化。对于这样的事实现象是很容易解释的，正所谓物以稀为贵，这样的现象可以用商品的稀缺性来解释。当然，这里面有着很深的心理事实依据，也就是感存心理在起着作用。它的心理链条是这样的：某种鱼一稀少，就会成为重点的保护对象，接着它的感存价值就会急剧上升，然后富有的人就会争着去买，以显示自己富有的身份。说白了，就是一种所谓的虚荣心理在起着作用，富人通过吃这样稀少的鱼以彰显自己的身份。这就是"物以稀为贵"的深刻的心理依据。很明显，这是人性的一个重要的特点。当然，富人争着买稀缺性商品也会在某种程度上抬高稀缺性商品的价格。其他的任何飞禽走兽只要是稀少的，照样可以变成价格很高。从上面列举的事实中，我们发现了一个这样的事实规律：越是稀少的物品往往具有越大的感存作用；反之，感存作用越少。比如，钻石的感存作用很大，导致了它的价格亦是很高。因为，钻石很稀少。假如，钻石很多、很普遍的话，那么其价格就会很便宜了。

第四，商品的稀缺性与供求的关系。商品的稀缺性往往与商品的价格有着很大的关系。商品的供给与对商品的需求这两个概念简称为供给与需求，是经济学中相当重要的两个概念。正确分析供给与需求这两种现象，对于正确解释经济现象具有很大的作用。同时，我们发现人们对于商品的稀缺性具有很大的兴趣。它的心理作用链条在上一段中已加以说明了。

第五，在这段我们简略地解释由门格尔、杰文斯、瓦尔拉斯等大家创立的边际效用，并简单分析他们用边际效用来解释水与钻石价格的巨差矛盾。对于边际效用的价值论，我们会在以后的章节中更加详细地分析。门格尔等大家认为，水的价格低是由于水的边际效用小，而钻石的价格高是由于钻石的边际效用大。在上面的段落中，我们已分析了为什么水的价格那么低，而钻石的价格那么高。在这里，请读者注意一点，即效用与作用的本质区别及关系。效用在本质上就是作用，作用包含效用。而关于效用与作用的深刻关系，我们会在后面的章节中加以详细分析。因此，我们在生存这个最本质的概念里，认清作用与效用的关系，那么对于门格尔等大家对于水与钻石的矛盾解释就会清晰明白了。

任何一种现象的后面都有着深刻的原因，我们可以刨根问底，没有无缘无故的为什么。水与钻石价格的巨差矛盾，是商品价格理论里的一个重要的问题，我们不是简单地解决了一个问题，而是解决了一类问题，一类问题是一个集合。水与钻石的价格矛盾具有明显的代表性。

另外注意：关于"反态价格"这个概念，我们会在后面的章节里专门进行分析。

第十五章
"卖画现象"与"新酒陈酒现象"背后：论稀缺与供求的关系

在经济学中，事物的稀缺性是一个非常重要的概念。任何一种物品如果能够被无限地索取，那么也就没有交换的必要了。如果人们对于生存性物品的需求能够无限地满足，那么交换的经济现象也就不存在了，其他的经济现象也会不存在了，但是显然对于绝大多数的物品而言，它们都是有限性的存在。物品的有限性对于经济现象的产生及运动非常重要。阳光与空气是免费的，这是由于它们对于人类的生存极端重要，同时，对于阳光与空气人们可以无限地获得。而水对于人类的生存也是极端重要的，但是水资源却是有限的，因此导致了水不是免费的，即水是有价格的，以使水这种宝贵的资源可以被合理地利用。

我们总会发现这样的一种事实现象：越是普遍的物品，其价格往往越低，而相反，如果某种物品越稀缺，它的价格往往越高。这绝对不是一种偶然的现象，其中含有极为深刻的经济学道理。

为了对稀缺性现象进行深刻描述，我们先对供求关系做一种更为深入的阐述，然后一般性地讨论稀缺性现象，并揭示出其与感存有着直接的内在关系。我们知道对于供求关系之间的规律，在很多的经济学著作中都有详细的讨论。我们在这里对其重新详述，是从最根本的角度进行分析的，即是从生存的角度来论述的。在通常情况下，经济学家们对于供求规律是这样描述的：当某种商品的需求大于供给时，这种商品的价格就会相对上涨；反之，当某种商品的供给大于需求时，这种商品的价格就会相对下降。这在价值规律中，有着明确的表述。那么，我们自然会问：产生这种现象的心理依据是什么？如何从生存的角度对其进行准确的分析？我们以卖梨为例，如果某一年梨的产量急剧上升，而市场的需求量低于梨的供给量，梨的价格就会下降，甚至于急剧下降。难道是卖梨的商家出于好心，故意将梨的价格下调？显然不是这样的，商家是从自身的利益出发的。恰恰相反，卖梨的商家为了赚钱，为了不亏本，而必须将梨的价格下调。这种现象是各商家之间利益竞争的结果，是利益竞争机制的必然产物。原因很简单，在供大于求的情形下，肯定有相当一部分的梨要积压，我们知道梨的保质期并不长，如果不能在保质期内卖出去，积压的梨肯定是要变质烂掉的。因此，为了赚钱，为了不亏本，各商家势必要进行价格战，调低梨的价格使自己的梨能够卖出更多，多赚一些，以免更大的亏本。在商家进行价格战之时，受益的肯定是买者，他们可以用较少的货币买到较多的梨。

在上面的卖梨的例子中，我们可以清晰地看到当需求大于供给的时候，梨的价格就相应地上升，随着需求越剧烈，价格就会上涨得越厉害。从供给这一方面讲，当供给相对于需求越加稀缺之时，某种商品的价格越会上涨，这是一种普遍的经济现象。我们再进一步分析卖梨的例子，众所周知，梨是一种保质期相对于其他商品较短的一类水果，苹果、西瓜、蔬菜、肉类等都是保质期短的商品，这类商品形成了一个集合，我们把这种集合称为短时消费集合，意即在相对短的时间内就要把商品消费掉。保质期短这

第十五章 "卖画现象"与"新酒陈酒现象"背后：论稀缺与供求的关系

一重要的特点，决定了这类商品的交换必须从速进行，不宜拖较长的时间，这在一个重要的方面形成了这种商品的竞争方式。正是这种从速心理的驱动，影响了商家之间价格的竞争。

卖梨的例子正是商品的稀缺与充足的较量。我们还看到如下的事实现象：当一种动物开始很多，人们就会很少关注，其价格就会相对低。但是，当这种动物由于某种原因，大量地减少，变得很少时，人们对其关注度就会骤然地上升，注入的感存就会很迅速地上升。这并不是偶然的现象，而是一种必然的事实，且是普遍的现象。这种事实现象从一个角度揭示了感存性价值与稀缺性之间直接的重要关系：越是稀缺的事物，人们对其注入的感存就会越多，说明了它的感存性价值越高；反之，则越少。稀缺性与感存性价值是同向运动的关系：稀缺性的事物怎么样运动，感存也就跟着怎么样运动，感存量的注入也就跟着怎么样注入，感存性价值也就跟着怎么样变化。

下面我们引入供求率的概念，它是需求量与供给量的比值，用公式表示如下：

$$n = \frac{q}{p}$$

这里，n 表示供求率，q 表示需求量，p 表示供给量。

注：这个公式在商品的价格量化中有着重要的作用。

最后，在这一章节里，我们想再用稀缺性与感存的关系解释一下具体的价值现象，如新酒价格和陈酒价格为何不同的现象。为此，请读者先看看下面的一则材料。

【27】一个顾客对画家说："你的这幅画虽稍贵了点，不过我仍准备把它买下来。"

画家说："你要买的东西并不贵，你知道我为它整整花了十年的时间。"

"十年？不可能！"

"真是十年！我花了两天把它画完，其余的时间就是等着把它卖掉。"

趣评：时间是无法增加价值的，增加价值的是时间中其他的力量。

笑话中的经济学：有一个在经济学史上十分著名的"新酒陈酒"的故事。如果承认劳动时间是价值的唯一源泉，那么，新酒在放置了一段时间（其间绝无额外的劳动时间介入）变成了陈酒以后，为什么价格要大幅度上涨呢？对此，英国经济学家麦克库洛赫曾认为，在新酒被搁置期间，人力虽然停止了工作，但是"自然力"却进入了角色并开始作用。结果，新酒在经过了一段时间变成陈酒后，其价格便"自然地"上升了。

在此则材料中，我们要分析两大点内容。首先分析关于画家卖画的问题，其次分析新酒和陈酒的问题。在画家卖画的故事中，画家表示为了这幅画花了十年的时间：两天的画画，十年的等待。所以画的价格就昂贵了，那么画为什么会昂贵？材料中说：时间是无法增加其价值的，增加其价值的是时间中其他的力量。那么，我们的疑惑或者说问题是：时间中其他的力量指的是什么呢？在材料中，没有明确地加以说明，而是非常含糊地一带而过。另外，旧画为什么会比新画更具有价值呢？也就是说，旧画为什么会比新画的价格更高呢？是什么导致了这样的奇怪的现象？这种增加的价值是怎么来的呢？导致这种现象的根本原因在于：稀缺性导致感存价值增加。具体的阐述如下：时间越长的画越是难于得到，越是稀缺，从而势必导致了感存价值的不断上升，进而导致了价格的不断上涨。因而，我们可以推论，如果画的时间更长，不止十年，画的价格会相应地更加昂贵。时间没有直接地增加价值，但是时间却以一种变相的方式增加了价值，即时间会导致事物的稀缺性增加，并使感存价值跟着增加，事物的价格或相应的价值会随着上涨。

现在，我们再看看材料中提出的第二种著名的现象"新酒陈酒现象"。

第十五章 "卖画现象"与"新酒陈酒现象"背后：论稀缺与供求的关系

其实，新酒陈酒的现象跟画家卖画的现象在本质上是一样的。新酒也就是新酿造的酒，而陈酒也就是储存时间很长的酒，这两种酒在形式上的区别就在于此。其实，新酒和陈酒在营养上面不会有很大的区别，但是为什么陈酒会比新酒的价格更昂贵呢？材料中是这样陈述其原因的：在新酒被搁置期间，人力虽然停止了工作，但是"自然力"却进入了角色并开始作用。结果，新酒在经过了一段时间变成陈酒后，其价格便"自然地"上升了。我想，这样解释陈酒的价格昂贵是十分牵强附会的，此解释无非就是指陈酒的营养价值比新酒更加丰富。但是，尽管经过科学认证，陈酒比新酒更有营养，它们的价格也不可能相差巨大。因此，引入"自然力"进入角色，增加了陈酒的价值，其论证是不能使人信服的。那么，这种著名的现象中，是什么导致了陈酒的价格比新酒更加昂贵呢？我想，其中的原因跟上面的画家卖画的例子是一样的。并非什么自然力的改造，虽然"自然力"的改造会增加某种营养价值。人们都有这样的一种心态，当某种事物很多时，人们不会投入很多的精力去关注，但是当某种事物稀缺的时候，人们的关注度就会自然而然地上升了。这正符合一句老话"物以稀为贵，情因老更慈"。这是一种普遍的心理现象，这种明显且著名的心理现象与我们的感存十分密切地联系在了一起，它们具有内在的紧密联系。

综上所释，我们说不管是"卖画现象"还是"新酒陈酒现象"，它们在本质上都与稀缺性引起的感存性价值的变化有直接的关系。

第十六章
波动的规律：商品的价值如何转化为价格

这一章节要表述的理论是整个价值规律的核心内容，因为在这一章节中，我们将向读者展示出一种定量衡量价值的全新的思想，即如何表示商品价格的全新理论。

任何一种商品都是有使用价值的，并且具有价值，而价值是可以进行量化的，价格就是价值的量化的表示结果或形式。有分工必然有交换，有交换必然产生商品。反过来，商品要顺利且快速地进行交换，就必须产生商品交换的中介工具，而这种中介工具就是货币。货币在商品的交换过程中，起着不可替代的作用。换句话讲，货币是商品交换的必然的也是必需的产物。而货币表征着商品的价格，一种商品的价值的大小由价格来表示。如人民币、美元、日元、英镑、卢布、韩元等，都是表征商品价格的货币体系。

为了对商品的价值进行量化表示，我们必须对影响某种商品的价格的因素进行详细的分析。首先，我们必须知道这样的一般性的普遍事实：任何商品的价格都是由该商品的价值所唯一决定的。这个事实是非常重要的，

第十六章 波动的规律：商品的价值如何转化为价格

是我们将商品定量化的必然的前提，是研究商品价格的必然前提。

价值可基本划分为感存性作用价值和物存性作用价值。

请读者先看下面的一种事实。例如，同样都是名人的画作，为什么在稀缺率一样的情形下，有的名家的画作更值钱，而另外的名家的画作对比之下却没有同样值钱。比如说达·芬奇的画作和中国名家张大千的画作，或者其他名家的画作。这种事实并非一种偶然的现象，其中暗藏着一种重要的价值规律：在稀缺率一样的前提下，人们对不同商品注入的感存是不一样的。这是客观的事实，对于不同的事物，人们注入的感存其实是不一样的。这是一种明显的事实。越是出名的画作或者书法作品，或者是其他类似的一切，人们对其注入的感存就越多，也就是它的感存性作用价值就越大。另外，我们必须注意的是：感存性作用价值是一种变化性的价值，换言之它并非固定不变的，随着时间的推移，往往它的感存性作用价值会逐步增加。当然，我们也注意到：书法或者画作在短时间内其感存性作用价值变化不大，是较为稳定的。

什么是物存性作用价值？以水为例，在一般性的情形中，水的物存性作用是非常巨大的，是其他物品所不能替代的，比如水可以解渴、我们体内的物理运动或者化学变化都离不开水、动物或植物的生存都离不开水等，这是水对生存作用的基本意义，这样的种种作用形成了一个集合，所对应的价值就是物存性作用价值。虽然物存性作用价值是从水这个明显的例子中得出的，可它的内蕴可以进行普遍的推广，物存性作用价值表征的是各种各样的物质或物品对生存的种种作用，并且形成了一个集合。

我们考察一种具体的商品，当人们对这种商品的需求量越大的时候，商品的价格就越高，反之就越低；当这种商品的供给量越大的时候，商品的价格就越低，反之就越高。而这具有普遍的意义，也就是说一切商品的价格都遵循这样的变化。商品的需求量与供给量的比值，我们称为供求率。

用下面的公式表示：

$$n = \frac{q}{p}$$

其中 n 代表供求率，p 代表商品的供给量，q 代表商品的需求量。

这个公式，我们在前面的章节中表示过。

商品的供给量和商品的需求量在本质上也是一种价值，在本质上是由感存和物存诱导出来的。

至此，我们完成了对商品价格涉及的种种价值的相关表述。影响商品价格的基本因素有这几种：感存性作用价值、物存性作用价值和商品的供求率。

接下来，我们通过具体的情形来逐个分析商品的价值定量化。

根据商品的三种基本的分类，我们也将分三种基本情形来阐述价值规律。第一种基本类型的商品是物存性商品，从而我们首先来阐释物存性商品的价值规律，并称之为物存性商品价值规律。我们知道物存性商品以物存性作用为主导作用。水是典型的物存性商品，它的主导作用就是物存性作用。除了水是物存性商品，大米、白菜、食盐、苹果、香蕉、酱油等相类似的一切生存性物品都是物存性商品。那么，我们要提出关于物存性商品的一个基本的价格问题：物存性商品的价格是如何决定的？或者更为一般地讲，有没有公式能够定量地描述物存性商品的价格呢？

既然是物存性商品，那么它的物存性作用就占主导作用，感存性作用是次要的。物存性商品的价格因素中，感存性作用价值可以忽略不算。下面，我们通过具体的例子来说明物存性商品的价格与其他两个基本价值因素的关系。以大米为例，它是一种物存性商品，是生存的重要食物。因此，首先它的价格与它的物存性作用价值成反比例关系，这样可以降低生存成本，有利于人们更好地生存，是生存的内在要求。其次，大米的价格与它的供求性有着直接的密切关系。当供给大于需求时，大米的价格下降；当需求

第十六章 波动的规律：商品的价值如何转化为价格

大于供给时，大米的价格上涨。大米的价格与大米的供求率成正比例关系。至此，我们可以给出物存性商品的完整的价格定量化数学公式：

$$J_w = \frac{n}{W_z}$$

其中，J_w代表物存性商品的价格，W_z代表物存性作用价值，n是供求率，即需求量与供给量的比率。

关于此公式读者应注意如下的几点：（1）此公式只针对物存性商品的价格变化规律，或者说只描述物存性商品的价格变化规律。（2）在此公式中，物存性作用价值通常情况下是不变的。（3）n是供求率，是一种比率或比值。它是随时都在变化的。（4）在物存性商品的价格推导中，虽然是以大米作为例子的，但是一切物存性商品的价格变化都遵循这个公式所描述的规律。

接下来，我们要论述混合性商品的量化表述。我们知道，所谓的混合性商品指的是感存和物存作用都具有的一种形式的商品。

注：混合性商品的感存作用和物存作用都同时具有，差别不是非常大，它们之间的差别不能忽略。

我们充分考察各种形式的混合性商品，它们的价格遵循如下的事实：混合性商品的价格与感存性作用价值成正比例关系，与物存性作用价值成反比例关系，与供求率成正比例关系。

比如，小汽车就是一种混合性商品。首先，很明显小汽车具有重要的物存性作用，同时我们也发现一个人拥有了小汽车，其心理上会有很大的舒服感，而这就说明了小汽车具有重要的感存作用。那么，小汽车这种形式的混合性商品的价格变化必然遵循上面所提的事实。我们说所有的混合性商品的价格变化规律都遵循前面所提的事实，并且我们可以用数学公式定量化表述它们之间的关系，其公式如下：

$$J_h = \frac{G_z n}{W_z}$$

其中，$n = \frac{q}{p}$

其中，J_h 表示混合性商品的价格，G_z 代表感存性作用价值，W_z 代表物存性作用价值，n 代表供求率。

虽然这个公式是以小汽车为例得出的，但对于一切混合性商品的价格计算皆适用。

注意：以上公式只针对混合性商品，也就是说只有混合性商品的价格变化规律，才能用这个公式加以表述。

另外，由于事实上的原因，我们又可以将混合性商品划分为高混合性商品、中混合性商品和低混合性商品。

比如以小汽车为例，有的小汽车可以卖到1000万元人民币，有的小汽车只能卖到10万元人民币。二者之间的差距就非常巨大。前者是高混合性商品，后者相对而言就变成了低混合性商品。所以，我们说同一种类的混合性商品，还可以进行相应的划分。这样的事实是普遍性的。

我们把 $\frac{G_z}{W_z}$ 称为感存性作用价值与物存性作用价值的比，简称价值比。

从而，混合性商品的划分可以表述成，在供求率为1的情形下，价值比很大，称为高混合性商品；价值比稍大，称为中混合性商品；价值比不大，称为低混合性商品。

最后，我们来对感存性商品进行定量化的表述。感存性商品指的是金、银、钻石、名人的画作或名人的书法等相类似的一切。很显然，感存性商品的价格变化规律只跟两种因素相关，即感存性作用价值和供求率。通过考察各种形式的感存性商品价格的事实，我们得出一个这样的结论：感存性商品的价格与感存性作用价值成正比例关系，与商品的供求率成正比例

第十六章　波动的规律：商品的价值如何转化为价格

关系。从而，有如下的关于感存性商品价格的一般性公式：

$$J_g = G_z n$$

其中，$n = \dfrac{q}{p}$

注意：这个公式只针对感存性商品，其他类型的商品是不能用这个公式的。

在本章节的最后，我们想向读者阐述一下如何区分物存性商品、混合性商品和感存性商品。（1）在我们的现实生活中，绝大部分的商品都是混合性商品。这是三种性质的商品在数量上的不同点。少数的商品才是物存性商品和感存性商品。（2）感存性商品是相对较好区分的，物存性商品的区分难度也不是很大，我们需要考察如何区分混合性商品。通过观察事实和理论上的推断，我们以如下的标准大致地区分混合性商品：既有明确的物存作用，又可以带来心理上的相对较大的舒服感。这两点是混合性商品的主要标志。例如，房子就是一种混合性商品。一方面，它有很明显的物存作用。另一方面，拥有一套房子可以让人有明显的心理舒服感，即房子同时具有较为明显的感存作用。

第十七章
高高低低的工资背后：
什么决定着特殊商品的价值

在这一章中，我们将分析特殊商品的价值量化规律，所谓特殊商品指的是劳动力。我们知道劳动力也是一种商品，它的载体是自然人，所以它与其他的一般性商品有所不同。

我们说传统的价值规律，仅仅是简单描述与社会必要劳动时间有关的一种经济学的极为重要的规律。但我们也深刻地认识到，这样的规律并不能解释与价值相关的一切的事实现象。比如，名人的画作或者书法为何如此值钱，为什么它们的价格都高到令人望而却步的地步？显然，这样的经济学中的事实现象是劳动价值论所无法解释的。不能简单地说名人的画作或者书法蕴藏着大量的劳动时间或者劳动量，这样的剖析显然是站不住脚的。其实，这里面藏着很深的奥妙。这里面涉及劳动时间，我们有必要具体地对劳动时间进行深入的分析。其实，劳动时间可以划分为三种基本的类型：物存性的劳动时间、混合性的劳动时间和感存性的劳动时间，分别简称为物存时间、混合时间和感存时间。这三种类型的劳动时间在本质上是不相同的，它们有着质的区别。那么，它们到底有着什么样的区别呢？我们将通过事实的例子来加以解释。物存时间的例子在现实世界中比比皆是，譬如农民在田里的劳作，这样的劳动时间就属于典型的物存时间。农民在田里辛勤地劳作着，挥洒着汗水，非常辛苦。确实，这样的辛苦我相信每一个人都能体会到。效用价值论的经济学家将劳动刻画为"超过享乐边际的活动"，这在本质上说明了劳动的辛苦和不易。再比如，工人们在工厂里劳作，也非常单调和辛苦，他们的劳动时间也属于物存时间。我们说物存劳动时间所包含的技术性不是很高或者说智力性的因素不是很高。总之，与此相类似的劳动时间都属于物存时间。

那么，什么是混合性的劳动时间呢？比如，教师、一般的公务人员等，他们所付出的工作时间就是混合性的劳动时间。

最后，我们再看看什么是感存性的劳动时间。哪些类型的人从事的工作涉及感存性劳动时间呢？指的是这样的一类人：科技工作者、画家、数学家、物理学家、化学家、生物学家、音乐家、演员等与此相类似的一切。我们必须对演员这样的一类从事感存劳动的人进行重点说明。为什么要对演员重点解释呢？众所周知，这一类从事感存劳动的人具有极高的收入，从世界的角度来加以衡量，特别在中国，他们的收入很高。众多演员，特别是明星演员，他们的收入是相当高的。明星演员通过一两部电影或电视剧所得到的薪酬，是普通人一辈子的积累所不能达到的。

由于劳动时间可以划分为三种基本的类型，从而我们可以将劳动力商品相应地划分为三种基本的类型：物存性劳动力商品、混合性劳动力商品和感存性劳动力商品。

那么，如何区分不同的劳动力商品呢？也就是说，什么样的劳动力商品属于物存性劳动力商品，或者属于感存性劳动力商品，或者属于混合性劳动力商品呢？通过对大量事实的普遍考察，我们认为应当从它们所具备的技术含量来加以基本的划分。

我们说科研工作者这种形式的劳动力，他们的技术含量更高，属于稀缺的资源。因此，对于这种类型的劳动力需求往往会大于供给。从而，就会有科研工作者的工资往往比较高这种事实的现象。同样对于一般的工人，他们所掌握的技术含量相对较低，并且通常的情形下他们不是稀缺的资源，导致了他们的工资会相对较低的经济现象。

以上我们分析了特殊商品可以划分为不同的类型。为了更深刻地探讨特殊商品的工资，请读者看看下面的材料。

【28】在当时生产力水平下，农业生产费用主要为工资支出，为了确定地租，配第进而去探讨工资。在配第时代，国家规定了最高工资限额，如果超过，支付者和领受者都要受到政府的处罚，对领取高工资的劳动者处罚更重。配第力图从理论上论证：政府所规定的最高工资限额究竟应定在哪一水准上才比较合适。但他是一个低工资论者。

工资由什么决定呢？是由维持工人生活的必需品价值决定。"法律应该使劳动者只能得到适当的生活资料。因为如果你使劳动者有双倍的工资，那么劳动者实际所做的工作，从等价交换角度看，就等于在工资不加倍的情况下，劳动者实际所做工作的一半。这对社会来说，就损失了同等数量的劳动所创造的产品。"

配第又认为，法律也不应把工资规定在工人所需要的最低限度的生活资料之下，否则，不仅不正当，而且工人的生活也无法维持和得到保障。马克思分析说，配第实际上已把工人的劳动日分为必要劳动时间和剩余劳动时间。

关于此则材料，我们要做如下的分析。我们在材料中看到，配第是个低工资论者。那么，这样的低工资论的观点是否可以呢？我们先来分析配第认为工人的工资是由工人生活的必需品价值所决定的这种观点是否正确。

第十七章　高高低低的工资背后：什么决定着特殊商品的价值

我们认为在一般的意义上，可以将工人的工资进行相应的扩展，工人的工资仅仅是更为广泛的意义上的劳动力商品的价格。也就是说，不仅工人的工资可以认为是劳动力商品的价格，其他相类似的一切劳动力商品的工资都可以认为是劳动力商品的价格。配第所认为的工人的工资是由工人生活的必需品价值所决定的，这种观点是否正确？这种深刻的问题就转化成了：工人的劳动力商品的价格到底该如何决定呢？特殊商品的价格该如何决定呢？我们说商品从另外一种角度划分的话，可以划分为一般性的普通商品和特殊性的劳动力商品。而商品在本质上又可以划分为物存性商品、感存性商品和混合性商品。在前文中，我们已向读者阐明了三种基本商品的价值量化所遵循的价格规律，并以公式的形式来表达。不管是一般性的普通商品还是特殊性的劳动力商品，它们都遵循这样的价值量化公式。陈述完商品的价值量化公式，我们就来详细地分析配第的观点：工人的工资就是满足工人生活的必需品价值。既然工资的本质就是劳动力商品的价格，那么我们自然而然就会这样发问：劳动力商品的价格能否满足自身生活必需品的价值要求？为了回答这种更为广泛的问题，我们有必要对人类的生产力进化史做一简单的回顾，并结合人类的各个阶段来回答劳动力商品的价格能否满足自身的生活必需品的价值要求。

人类的生产力进化是从低级向高级方向发展的。原始的人类生产力水平是极端低下的，人们往往食不果腹，随时面临着生存的威胁。随着社会形态不断地向高级变化发展，生产力也越来越强大，人们的生活水平不断地提高，生活也越来越好，劳动力商品的价格也变得越来越符合事实规律的要求。由于交换的要求必然导致了商品的出现，商品的出现势必要求对商品的价值进行量化表示，以便于各种各样的商品能够进行合理快速的交换。

我们先以奴隶社会为例，来探讨工人的生活必需品能否得到相应的满足。在这样的形态的社会中，工人被视为奴隶，他们的人格是相当低贱的。

奴隶的劳动力价格亦是极为低贱的。奴隶这种劳动力的价格都被奴隶主层层压榨了，他们的生活必需品完全得不到满足，奴隶的生存状态处于水深火热之中。奴隶付出艰辛的劳动，却得不到他们所应得的价值。因此，在这种形态的社会中，价值规律或者说价值的量化规律得不到真正的应用，或者说价值规律已被人性的邪恶所扭曲了。奴隶与奴隶主之间只剩下赤裸裸的剥削与被剥削的关系了。奴隶主从来不会去在意奴隶的死活，奴隶仅仅是奴隶主获取各种各样欲望的工具了。这是我们人类进化历史中的一段耻辱史，是一种永远抹不去的历史。同样是高等生命，大多数人成了少数人获取形形色色的利益的工具，仅仅是工具罢了。

接下来的封建社会，虽然社会的生产力水平较之于奴隶社会，有了显著的提升，但在人性的邪恶方面还是相当的可怕。地主依然对佃农进行着残酷的剥削，大多数人还是被少数人所掌控，依然成了地主获取利益的工具。人类的进化史就是这样一步步踏着人性的血印走过来的。大多数人的生活必需品价值无法得到相应的满足，人们的生活还是艰辛的。时过境迁，历史发展到当今，生产力有了极大的提高，文明程度也得到了本质性的提升或变化，劳动力商品的价格能够满足劳动者自身的各种生活必需品的价值要求。

我们说配第是个低工资理论的支持者，那么这样的低工资观点是否合理呢？也就是说，这样的低工资理论是否符合人性欲望的各种需要呢？配第的低工资理论认为：工人的工资只需维持工人的生活必需品的价值即可，工资不能高，工资太高反而会受到重罚。其依据是：如果你使劳动者有双倍的工资，那么劳动者实际所做的工作，从等价交换角度看，就等于在工资不加倍的情况下，劳动者实际所做工作的一半。这对社会来说，就损失了同等数量的劳动所创造的产品。

对于配第的这种观点，我们有如下的阐述理论。

第十七章 高高低低的工资背后：什么决定着特殊商品的价值

第一，此阐述理论是从人性的必然属性出发的。众所周知，人的欲望是多种方面的，这样的多种多样的欲望满足势必与配第所持的只需满足人们的生活必需品的要求产生了强烈的矛盾。这种内在的强烈的欲望满足与低工资的论调势必产生了不可调和的对立，其结果必然要抛弃低工资理论。由于这种显然的本质原因，低工资论调是行不通的。整个人类社会的发展史深刻地警示我们：人类的生存欲望的满足是从一个低等的食不果腹到一个高等的物质文化丰富的过程。这从生存欲望的角度深刻地说明了配第的低工资论调是行不通的。

第二，配第认为要重罚多领工资的工人。我们认为这是不合乎情理的。既然人的多种欲望要得到满足，那么低工资的论调就不可取。进而，重罚多领工资的做法也就自然而然地不可取。配第片面地认为多领工资会让社会的利益受到相应的损失，这显然也是站不住脚的。原因在于：一种合理的社会形态必须以不断地满足人们的生活需要或多种多样的欲望为最终目的。否则，这样的社会就是不合理的社会形态，如奴隶社会和封建社会等。那么，再反过来讲，工人多领了一些工资到底有没有伤害整体的社会利益呢？首先，当然工人不可能任意地领工资，换句话讲，工人不能乱领高工资。领高工资也要符合价值规律，且不伤害其他人的利益。在这样的前提下，要尽可能地提高工人的工资。进而，我们可以进行一般性的推广，在符合价值规律和不伤害其他人利益的情况下，要尽可能地提高特殊商品的价格，以满足人们各种生存欲望的需求。我们认为这也是政府机构的一种功能或作用。关于配第的低工资理论和人性欲望的满足互相矛盾的阐述，我们就先分析到此。

关于劳动力商品的价格问题，也就是这种特殊商品的工资问题，在本质上也必须由价值所唯一决定。任何商品的定量化，即其价格的形成，都必须由它的相关的价值所唯一决定，特殊商品也不例外。因此，我们说特殊商品——劳动力的价格同样遵循商品的三种基本的规律，即物存性商品价格变化规律、混合性商品价格变化规律和感存性商品价格变化规律。从而，我们可以得出特殊商品的价格相应的遵循规律：物存性劳动力商品价格的变化遵循物存性商品的价格变化规律；混合性劳动力商品价格的变化遵循混合性商品的价格变化规律；感存性劳动力商品的价格变化规律遵循感存性商品的价格变化规律。

接下来我们要论述另外一方面的内容——价格的排列现象。

我们说劳动力商品也可以划分为三种基本的类型：物存性劳动力商品、感存性劳动力商品和混合性劳动力商品。那么，我们要探讨的是这三种特殊商品的价格哪种高、哪种低，也就是各种商品的价格排列现象。

我们从商品的价值量化公式或者说是商品的价格公式中可以得出如下的结论：物存性商品的价格最低，排在中间位置的是混合性商品的价格，感存性商品的价格最高。当然，这是从普遍意义的角度来加以排列的，在具体的商品价格体系中，有的混合性商品的价格会高于感存性商品的价格。例如，商品房的价格就超过白银的价格。在特殊商品的价格排列中，当然也是感存性劳动力商品的价格高于混合性劳动力商品的价格，物存性劳动力商品的价格排在最后。当然，我们的社会生活中也存在着不太合理的现象，例如同是感存性劳动力商品，演员劳动力商品的价格高于科研工作者劳动力商品的价格，甚至于高得离谱了，这显然是不合理的。

总而言之，任何一种商品的价格变化规律都符合价值的量化规律，都逃不出商品价格规律的制约。

第十八章
奇怪的吉芬现象：什么是反态商品的价格

在前文中，我们曾提到反态价格，这样的一种属性的价格是与正态价格相对应的。所谓的正态价格是指在正常情况下商品的一般性的价格，而所谓的反态价格是指在一些特殊情形下某种商品所表现出来的价格，它与通常情形下的价格所遵循的规律是有区别的。我们首先必须知道反态价格是价格现象中重要的内容，是价格体系内重要的一环。在这一章里，我们将着重阐述反态价格，以便全面解释所谓的反态价格现象。为此，请读者看看下面的一则材料。

【29】吉芬现象，是指一种商品，在价格上升时需求量本应下降，却反而增加。

"吉芬现象"是以英国统计学家罗伯特·吉芬的名字命名的。1845年，爱尔兰发生灾荒，造成农产品的价格急剧上涨，特别是土豆，当时土豆的价格已经高得可怕了，照理说东西越贵购买的人就应该越少才对。可是当时的土豆市场不是这样的，随着土豆价格的上升，土豆的销量也在迅猛增长。这一反常态的现象，引起了统计学家吉芬的注意。于是，他花费时间仔细研究了这种现象，后来，他发现土豆是当时爱尔兰人生活中必不可少的食物，是生活的基本必要品，在那个大饥荒的年代里，爱尔兰人可以被迫减少肉类和奶类的消费，也不能减少土豆的消费。很多人把节约下来的钱，都用在了买土豆上。但由于土豆稀缺，而且前来消费的人群有增无减，于是，土豆的价格就只能越涨越高。对此，人们就把这种反常的现象，称为"吉芬现象"。

在出门旅游时，天降大雨，旅游景点内困住了好多的游客，早有准备的小商贩趁机推销自己的雨伞，伞价比各大超市和商店要高出二三倍，但小商贩的生意却比往日要红火得多。生活中的这些现象，其实都是"吉芬现象"。

正常情况下，商品的需求规律是：在其他条件不变的情况下，价格越高，商品的需求量就越少。而"吉芬现象"却与商品的需求规律背道而驰，这是不是说"吉芬现象"就违背了商品的需求规律了呢？这里要注意的是，商品的需求规律是有其条件限制的，即"在其他条件不变的情况下"。这个"不变的情况"其实涵盖了很多的概念，如"需求弹性"和"供给弹性"等内容。

对于以上的这则材料，我们有以下的几点阐释。在这些阐述中，我们将扩展吉芬价格的内蕴，并把吉芬价格包含在反态价格之中，把吉芬现象包含于反态价格现象之中。

第一，吉芬价格是一种反常情形下的价格现象。我们知道在经济学中有这样的一种规律，即商品的价格越高反而需求量越低，商品的价格越低则需求量越高。可吉芬价格却反其道而行之，这后面究竟蕴藏着什么样的本质原因呢？从上面的材料里，我们可以看到统计学家吉芬曾深入地研究了这种反常的情况。他发现土豆的价格上涨，可土豆的需求量却不降反升。究其原因，是由于土豆是爱尔兰人的生活必需品，其他的生活品可以缩减，可土豆却不能用其他的东西替代。这就导致了爱尔兰人即使在饥荒的时代，

第十八章　奇怪的吉芬现象：什么是反态商品的价格

可以尽量少吃甚至于不吃其他食品，可不能不吃土豆。简单地说就是，对于爱尔兰人来讲，土豆不能用其他食物替代，使得尽管土豆的价格上涨，但需求量不降反升。土豆是爱尔兰人的生活基本必需品，这是他们的生活风俗，正如大米对于中国人来说是生活的基本必需品一样。在这里，我们提到了一种经济学中的概念，即替代概念。什么是替代现象？例如，你的肚子饿了，你可以吃水果来充饥，也可以吃米饭来充饥。而水果和米饭是可以互相替代的，都可以解决肚子的饥饿。这是替代现象的一种例子，当然替代现象在我们的生活中大量地存在。再如，你去上班，可以骑电动车去上班，也可以开小汽车去上班，这两者也是可以互相替代的。现在，我们反过来想一想，假如爱尔兰人在饥荒的时候，土豆可以用其他的生活品替代，那么土豆的价格上涨时，其需求量是会跟着下降的。吉芬现象所产生的吉芬价格，并没有违反需求量规律。只不过通常的需求量规律是正态情形下的需求规律，而吉芬需求量是反常情形下的需求量规律。有替代的概念，当然就有它的反概念，即不可替代概念。例如，土豆对于爱尔兰人具有不可替代的作用。再如，水对于人类的生存具有不可替代的作用。这些都是不可替代概念的具体例子。因此，从某种意义上来讲，替代概念与不可替代概念是一种成偶的概念。

第二，我们将先综合分析正常情形下的价格规律，然后通过对比再进一步深入分析反态价格的生成原因，最终对反态价格做出定义。为此，我们还要继续深入讨论替代概念和不可替代概念。上一段中，我们引入了替代概念和不可替代概念，这是两种相反的概念或者说是成偶的概念。它们是在解释反态现象里，自然而然地引申出来的概念。在这段里，我们将更加深入地分析这两个概念与供求的关系。水对于生存的不可替代性，与吉芬现象中土豆对于爱尔兰人生存的不可替代性是有差别的。因为，水对于任何人的生存来说都是不可替代的，这样的不可替代性具有绝对的普遍性。

而土豆的不可替代性是具有一定意义上的局限性的，仅仅是对爱尔兰人而言的，对世界其他国家民族的人来说就不是这样的。从而，我们说不可替代性具有普遍性和局限性。从这样的意义上讲，水的供给和需求是不分民族和肤色的，且是永恒的。土豆的供给和需求就有它的区域性了。供给和需求对于商品的价格而言具有极为重要的内在联系。当一种商品的供给量太多时，或者说商品的供给量大于需求量时，它的价格往往会下降；相反当一种商品的供给量不足时，或者说商品的供给量少于需求量时，它的价格往往会上涨。这是商品的价格所要遵循的变化规律之一。商品的替代性和不可替代性与供求是有内在联系的，吉芬现象为内在联系的典型例子。

通过以上的分析阐述，我们对替代作用和不可替代作用有了清晰的认识。据此，我们可以对反态现象做出定义，所谓反态现象是：一种商品具有不可替代性，在反态作用的情形下，需求量不降反升的现象。所谓反态作用指的是特殊情形下的作用，比如旅游时下雨，这时伞所起的作用。一般性的例子，譬如上面材料中的爱尔兰土豆和旅游时下雨等。反态价格的定义为：反态现象所引起的价格称为反态价格。其具有一般性的例子，譬如吉芬价格。吉芬现象在本质上就是反态现象，而吉芬价格在本质上就是反态价格。反态现象和反态价格是吉芬现象和吉芬价格的普遍推广或者说是延拓。

第三，反态价格产生的本质原因与特定情形下的作用有关。比如，下雨时你没有带伞，但又很需要伞，此时伞的作用就变得相对大了，这个时候伞的价格就会被人为地抬升了。但是，抬升的范围不会过于离谱。因此，我们说反态价格的上升只能在一定的范围内上升，它是以商品的价格所遵循的基本规律为必然的依据，而后在一定的范围内向上波动的。

第四，我们想举一个较为特殊的情形下的反态商品的价格例子。例如，你在沙漠中行走，极为口渴，这时候就非常需要喝水，水的作用就会变得极为重要。一个商人身上正好带有大量的水，此时你向他要水喝，可这个

第十八章　奇怪的吉芬现象：什么是反态商品的价格

商人要求换你身上的一条金链，你不换就会渴死。我想在这个特定的环境中，你会做出以金链换水的决定，因为它关乎你的生死。水的价格此时与你的金链的价格相当。这也是反态现象，而吉芬现象是反态现象中的一种特殊的情形。

总而言之，反态现象或吉芬现象是一种特殊的情形下，某种商品的作用变得相对更大的一种价格现象。

既然吉芬商品的价格与此种商品在特殊情形下的作用有关系，那么我们就可以用"作用"这个重要的概念来定量地表述吉芬商品的价格。我们知道，通常情形下商品的价格由价值所唯一决定，也就是说正态商品的价格由价值所唯一决定。可反态商品的价格却是由此类商品在某种特殊情况下的作用所决定。通过观察大量的事实，我们得出这样的结论：在反态现象中，当此种商品的作用越大时，它的价格就越高；反之则越低。例如上面所阐述的吉芬现象中的土地和水等例子。另外，我们注意到在反态现象里，所谓的作用通常意义上指的是物存作用。

正态商品在情形变化之时，可以成为反态商品；反态商品在情形回归正常之时，可以成为正态商品。因此，在具体的情形下，两种形态商品可以互相转化。

最后，我们知道在正态现象中，商品的价格由价值所唯一决定，而在反态现象里，商品的价格则是由此种商品的物存作用所决定的。这是二者之间的本质区别。

第十九章
非正常交换：反商品也有货币性

一切事物的交换都可以划分为两种大的类型，即正常的交换和非正常的交换，前者指的是商品，而后者指的就是反商品。对于商品的价格变化规律，我们在前文中都已详细地分析过了。它们的变化规律遵循价值变化规律。而对于反商品的价格所遵循的变化规律，我们还未详细地加以讨论，在这一章节内，我们就对反商品的价格所应遵循的规律进行明晰的阐述。

我们必须明白什么是反商品，我想通过具体的例子来引导出反商品的内在的概念。例如，毒品就不是商品。如果我们把所有的反商品的事物形成一个集合，那么毒品就是这一集合中的一个元素。当然，毒品有各种各样的形式，并非只有一种。毒品是一种阻碍人们生存的物品，它只能通过地下渠道进行交换，即非正常的交换，也就是所谓的暗交换。但毒品却是具有价格的，也就是说毒品可以价格化。这就是所谓的反商品的货币化现象，虽然它不是商品，但却具有价格。那么，现在我们所要进一步关心的问题是：为什么毒品的价格那么高？我们要解决的一个前提性问题是：既然毒品是阻碍生存的，它对人们的身体伤害那么大，为什么它在社会中还有那么大

第十九章 非正常交换：反商品也有货币性

的地下市场？解决了这个前提性的问题，我们才能解释毒品价格高的本质原因。这个本质原因很简单：人类的强烈好奇心。人类这样的好奇心不管对正常的事物还是对非正常的事物都会有的。它的本质原因在于：人类的天然的感存，也就是我们所提到和分析的天然的感存。正是由于这个天然的感存，使得我们对一切的事物都会注入感存，不管这样的事物是什么样的性质，当然包括毒品这类阻碍生存的物品。

前提性的问题解决了，我们再继续分析毒品为什么价格会如此高。通过考察相应的事实，我们发现有如下的几个相关的原因。

毒品的稀少性，也就是说毒品的量是相对较少的，这是由于人们不敢大量地生产。稀少性是商品与反商品的价格变化的共同因素。但是，二者的本质却是截然相反的。商品是促进生存的，而反商品却是阻碍生存的，这是它们的本质性的区别。

贩卖毒品的犯罪成本很高。由于毒品对人的身心会产生极度的伤害，因此国家对毒品的打击力度相当大，最高可以处以极刑。正是由于毒品的犯罪成本很高，导致了毒品的价格也是很高的。

这是毒品这种反商品的价格昂贵的两种重要原因。为了更好地体会什么是反商品，我们再举下面的例子来加以分析。

例如，在权钱交换中，此时的权力就"变了颜色"。这时的权力是可以换取金钱的，是一种暗中交换的力量。它不再是正常情形下，为人民谋利益的力量，而变成了一种谋取私利的手段。一句话，此时的权力具有了相应的价格，也就是说它被货币化了。在权钱交换中，不同的权力可以换取到不同数量的货币。

最后，我们再举一个反商品的例子。贩卖儿童，这是一种丧尽天良的行为，极为严重地触动了人伦。中国在此方面进行了极为严重的法律惩罚，立法越来越严厉了，强烈地打击了贩卖儿童的黑心行为。

155

我们可以看到很多类似的反商品例子。

通过上面的例子以及考察其他反商品的现象，我们可以给反商品下定义了：反商品是任何可以货币化的阻碍生存的事物。

注意：（1）反商品与非商品是不一样的，例如阳光是促进生存的，但它却是非商品。而毒品是阻碍生存的，它可以进行暗交换，是一种反商品。二者的概念在本质上是完全不一样的。（2）反商品的货币化，说明了反商品可以进行相应的交换。（3）并非任何可以货币化的事物都是商品，有一些可以货币化的事物是反商品。

第二十章
商品的利润从哪里来

任何一种商品，不管它是哪一类型的商品，最终将其生产出来都必须附加上一定的利润，这是一种必然的事实现象。那么，什么是利润？意即利润的本质到底是什么？这就是本章节我们要讨论的重要问题。

读者不妨先看看下面关于利润的材料。

【30】但是，李嘉图最后也遇到了他不能解决的难题。按照他的劳动价值论，同量资本雇佣的劳动力越多，创造的价值越大，利润越多。而在实际生活中却是另一种情况：不同资本有机构成、不同周转速度的资本，也就是说不管同量资本雇佣的劳动力是多还是少，资本家获得大致相当的利润，即等量资本获取等量利润，与同量资本雇佣的劳动力数量没有直接关系。这怎么解释？劳动创造价值、商品按价值等价交换与等量资本获得等量利润怎么一致？李嘉图以"例外"来搪塞。而事实表明这恰恰不是例外。与李嘉图同时代的马尔萨斯正是以此非难劳动价值论。后来马克思通过生产价格和平均利润理论解决了所谓"例外"的问题。马克思认为，在商品经济已成社会普遍现象的情况下，利润已经平均化了，商品不是按价值出售，

而是按生产成本加上平均利润的生产价格出售。因而等量资本获得等量利润并不违反劳动价值论。

关于此材料，我们有如下的几点加以说明或阐述。

第一，利润现象的产生原因，是基于以下的事实：生产任何一种商品都需要付出相应的成本，假如生产者以成本的价格卖出商品，那么很显然商品的生产者没有获得任何多余的价值，这样的后果直接导致的是商品的生产者无法正常地生存，也就是说与其生存直接构成了矛盾，为什么这么说呢？纵观人类生产商品的历史，假如商品以原价卖出，即以不加任何多余的价值形式卖出，那么人们手中的商品价值就是不变的，原来多少的价值就是多少价值。而人们的欲望是多种多样的，这样就无法满足人们多样的强烈的欲望。因此，商品的生产者必须在商品的生产成本上附加一定的价值，而这样的附加价值正是我们所谓的利润。因而，在本质上讲对商品附加一定的价值，即所谓的利润，是人们生存欲望的必然的内在要求，是为了满足人们各方面的更高的生存欲望的必然结果。

第二，那么一种商品在成本的基础上增加多少利润，才算是合理的呢？显然，这样的利润是不能乱加的。比如，一千克苹果的成本价格是5元人民币，售者总不能把它的价格加到5万元人民币，这是很荒唐的事情，买者会认为售者的脑袋有问题。在上面的材料中，马克思认为应当加上它的平均利润，这是一种普遍上的共同的利润，当然在实际的市场交易中，有的商品利润会高于平均利润，有的会低于平均利润，也就是说，商品的利润往往会围绕平均利润上下波动。马克思的论断已经是一种非常明显的本质上的突破。

我们从商品的三种基本的划分入手，来进一步深入分析与利润相关的问题。我们知道商品有三种基本的类型：感存性商品、物存性商品和混合性商品。

首先，我们先分析感存性商品的利润及其利润率的相关问题。感存性商品的价格公式如下：

$$J_g = G_z \frac{q}{p}$$

其中，$\frac{q}{p} = n$，q 是需求量，p 是供给量。

当某种商品的需求量和供给量相等的时候，即 $n=1$ 时，感存性商品的价格公式就相应变为

$$J_g = G_z$$

那么，这样的公式所代表的意义就是某种商品的成本价格，即此公式是商品的成本价格公式。因此，我们可以得到感存性商品的成本定理：感存性商品的成本等于感存性作用价值。二者之间的关系就是如此简单。

为了区别感存性商品的价格，我们用符号 J_{gc} 来代表感存性商品的成本价格。从而感存性商品的成本价格公式可以表示为如下的形式：

$$J_{gc} = G_z$$

进而，我们可以得到某种感存性商品的利润公式，其公式如下：

$$L_g = J_g - J_{gc} = G_z n - G_z$$

其中，L_g 表示感存性商品的利润。

再进一步，我们可以得到某种感存性商品的利润率公式，公式如下：

$$V_g = \frac{G_z n - G_z}{G_z} = n - 1$$

其中，V_g 表示感存性商品的利润率。

因此，我们可以得出感存性商品的利润率定理：感存性商品的利润率等于感存性商品的供求率与 1 的差。

此利润率定理简单地表示出了感存性商品的利润率与供求率之间的某种深刻的关系。

由于供求率有三种情形，从而感存性商品的利润率也就有三种基本的情形。

（1）当商品的需求量小于供给量时，供求率小于1，而大于0，这样感存性商品的利润率就相应变成了负利润率，这说明了此时售出商品会亏本。

（2）当商品的需求量等于供给量时，供求率等于1，说明此时售出的感存性商品既不赚也不亏。

（3）当商品的需求量大于供给量时，供求率大于1，这样感存性商品的利润率就相应变成了正利润率，这说明了此时售出商品会赚钱。

市场上商品的供求率都在时时变化，利润率也就在时刻地变化。

其次，我们要分析物存性商品的利润及其利润率的相关问题。物存性商品的价格公式如下：

$$J_w = \frac{n}{W_z}$$

其中，$n = \frac{q}{p}$ 是物存性商品的供求率。

当供给量和需求量相等时，即 $n=1$ 时，说明了此时卖出物存性商品既没有赚也没有亏。因此，在 $n=1$ 的情形下，物存性商品的价格就相应地变成了成本价格。

为了区别物存性商品的价格，我们用符号 J_{wc} 表示成本价格，从而物存性商品的成本价格公式可以表示为如下的形式：

$$J_{wc} = \frac{1}{W_z}$$

我们有如下的物存性商品的成本定理：物存性商品的成本价格等于物存性作用价值的倒数。

进一步，我们可以得出物存性商品的利润公式如下：

第二十章 商品的利润从哪里来

$$L_w = J_w - J_{wc} = \frac{n}{W_z} - \frac{1}{W_z}$$

从而,我们可以得到物存性商品的利润率公式,如下:

$$V_w = \frac{L_w}{J_{wc}} = \frac{\frac{n}{W_z} - \frac{1}{W_z}}{\frac{1}{W_z}} = n - 1$$

这样,我们可以得到物存性商品的利润率定理:物存性商品的利润率等于物存性商品的供求率与1的差。

同样,物存性商品的利润率也有三种情形:

(1)当需求大于供给时,物存性商品的利润率大于1,此时会赚钱;

(2)当需求等于供给时,这是一种理想的状态,此时既不赚钱也不赔钱,是成本价格的情形,在通常的情况下是不会发生的。

(3)当需求小于供给时,物存性商品的利润率变成了负的利润率,此时会亏钱。

再次,我们对混合性商品的利润及利润率进行相关的陈述,混合性商品的价格公式如下:

$$J_h = \frac{G_z n}{W_z}$$

其中,$n = \frac{q}{p}$,n是商品的供求率。

当供求率 $n=1$ 时,混合性商品的价格就变成了成本性的价格,我们用符号 J_{hc} 来表示混合性商品的成本价格,从而就有了如下的成本性价格公式:

$$J_{hc} = \frac{G_z}{W_z}$$

这样,我们就有了混合性商品的成本价格定理:混合性商品的成本价格等于感存性作用价值与物存性作用价值的比值。

进而，我们可以得出混合性商品的利润公式如下：

$$L_h = \frac{G_z n}{W_z} - \frac{G_z}{W_z}$$

其中，L_h 代表混合性商品的利润。

进一步，我们可以得出混合性商品的利润率公式如下：

$$V_h = \frac{\dfrac{G_z n}{W_z} - \dfrac{G_z}{W_z}}{\dfrac{G_z}{W_z}} = n-1$$

其中，V_h 代表混合性商品的利润率。

我们可以得出混合性商品的利润率定理：混合性商品的利润率等于混合性商品的供求率与1的差。

最后，我们要对以上三种基本类型的商品的价格公式、成本公式、利润公式和利润率公式进行一些说明，这些说明有助于读者对它们有更深刻的认识。

（1）商品的价格公式在一般的意义上来讲，是一种一般性的公式，即商品的价格公式是社会价格的平均性的公式。关于这句话的具体内蕴我们做如下的分析，读者从如下的事实来加以理解。我们注意到在现实的经济现象中，同样的一种商品，比如中国的茶，同样一种品类的茶在有些地方价格高，而在另外的一些地方则卖的价格低。为什么呢？按照商品的价格公式，它们卖出的价格应该一样，可偏偏出现了价格的高低不同现象，其原因是多样的，比如前者卖茶的房租高，而后者采取直销方式，不需要高额的房租等。这就是说，前者的茶的单价高于茶的社会平均价格。茶商会在一般性社会平均价格基础上再加上一定的价格，以保证相应的获利。当然，这样的价格是不能乱加的，也只能在一定的程度上加价。前者茶商与后者

第二十章　商品的利润从哪里来

茶商二者在竞争力方面就出现了差别，就是说差别影响到二者的竞争力。当然，同种商品在不同的地区所卖的价格不一样也可能是由于此种商品在不同地区的需求量或者供给量不同而引起的。从上面的论述中，我们可以看到同样的一种商品有的高于一般性社会平均价格，而有的低于一般性社会平均价格。在现实中商品价格会因为某些因素而围绕一般性社会平均价格上下波动。

（2）商品的成本公式有三种基本的类型，它们或者与感存性作用价值有关，或者与物存性作用价值有关，或者既与感存性作用价值有关也与物存性作用价值有关。我们要提醒读者注意的是：不要认为一种商品的成本价格是固定不变的，它们的不变只是在一定时期内的不变，从长期来看，它们也会产生相应的变化。我们以水和汽油为例，展开具体的分析。水和汽油都是物存性商品，1 吨水的成本价格我们不妨就按 2 元计算，那么 1 千克水的价格就是 1/500 元，1 千克汽油的成本价格我们不妨就按 4 元计算。从物存性商品的成本价格，我们可以计算出水的物存性作用价值为 500 单位，而汽油的物存性作用价值为 1/4 单位。水的物存性作用价值是汽油的物存性作用价值的 2000 倍，这就说明了水对人类的生存作用远远大于汽油对人类的生存作用。从历史发展的角度来看，水和石油的绝对物存性作用价值会不断地变化，比如说，水的物存性作用价值从现在的 500 单位下降到未来的 300 单位，而汽油的物存性作用价值从现在的 1/4 单位下降到未来的 1/7 单位，但是它们的相对价值却是几乎不变的，从原来的 2000 倍变成未来的 2100 倍。这是一种非常重要的事实，它说明了：商品的物存性作用价值在绝对的情形下并不是固定不变的，只是在短期内看不出它的变化，而在长期的历史中它会不断地变化，但在相对的情形下商品的物存性作用价值几乎是不变的。

我们知道商品是用商品生产的，因此很多的商品都是由很多商品组合生产出来的。我们就有下面商品成本的公式：

①感存性商品的成本公式

$$J_{gc} = G_z = \sum_{i=1}^{n} G_{iz} n_i + \sum_{i=1}^{m} \frac{n_i}{W_{iz}} + \sum_{i=1}^{h} \frac{G_{iz} n_i}{W_{iz}}$$

注意：在生产感存性商品的过程中，上面感存性商品的成本公式中也许只有一项，也许有两项，也许有三项。因此，要根据具体的情况进行相应的变化。

②物存性商品的成本公式

$$J_{wc} = \frac{1}{W_z} = \sum_{i=1}^{h} G_{iz} n_i + \sum_{i=1}^{n} \frac{n_i}{W_{iz}} \quad \sum_{i=1}^{m} \frac{G_{iz} n_i}{W_{iz}}$$

注意：在生产物存性商品的过程中，上面物存性商品的成本公式中也许只有一项，也许有两项，也许有三项。因此，要根据具体的情况进行相应的变化。

③混合性商品的成本公式

$$J_{hc} = \frac{G_z}{W_z} = \sum_{i=1}^{m} G_{iz} n_i + \sum_{i=1}^{h} \frac{n_i}{W_{iz}} \quad \sum_{i=1}^{n} \frac{G_{iz} n_i}{W_{iz}}$$

注意：在生产混合性商品的过程中，上面混合性商品的成本公式中也许只有一项，也许有两项，也许有三项。因此，要根据具体的情况进行相应的变化。

关于商品的利润公式，它是商品的一般性的社会平均利润公式。也就是说在现实的经济现象中，同样一种商品的利润有的高于社会平均利润，有的低于社会平均利润。因为根据前面的分析可知，同样的商品有时成本不一样。

关于商品的利润率公式，它是商品在正常情形下的一般性的社会平均利润率公式。也就是说在现实的经济现象中，同样一种商品的利润率有的高于社会平均利润率，有的低于社会平均利润率。另外，在现实的经济现象中，也有不正常的利润率。比如，哄抬物价、投机倒卖等都会形成不正常的利润率，这些利润率往往比正常的利润率高得离谱。

任何形式的商品，其一般性的社会平均价格公式、一般性的社会平均成本公式、一般性的社会平均利润公式以及一般性的社会平均利润率公式都是对社会总供给量和社会总需求量这个内在的意义而言的。

第二十一章
李嘉图的遗憾：价值规律的局限

众所周知，价值规律在经济学中是一个极为重要的规律，很多有关价格变化的现象都可以由价值规律进行很好的解释，价值规律是关于价格怎么变化的基本规律。但是，价值规律也存在着很大的局限性。请读者首先看看一般情况下，人们对价值规律的描述。

价值规律的基本内容：

（1）商品的价值量是由生产这种商品的社会必要劳动时间决定的。

（2）商品交换要以价值量为基础，实行等价交换。

价值规律的作用形式：

价格围绕价值上下波动是价值规律的表现形式。

价格围绕价值上下波动，能够调节生产资料和劳动力在各生产部门的分配。商品生产者只有使生产商品的个别劳动时间低于社会必要劳动时间才能获利，这就能够刺激商品生产者改进生产技术，改善经营管理，提高劳动生产率。生产条件好的商品生产者，生产商品的个别劳动时间低于社会必要劳动时间，获利较多，在竞争中处于更加有利的地位，这就能促使

第二十一章 李嘉图的遗憾：价值规律的局限

商品生产者在竞争中优胜劣汰。

对于以上内容，我们有以下的剖析。

第一，我们先看价值规律的基本内容的第一点：商品的价值量是由生产这种商品的社会必要劳动时间决定的。该论点的含义是：生产商品的社会必要劳动时间是衡量商品价值量的标准，并且是唯一的标准。而一种商品的价值量的多与少又直接决定了这种商品的价格高或低。从而进一步说明了商品的价格实际上就是由生产这种商品的社会必要劳动时间所唯一决定。认为生产商品的社会必要劳动时间决定商品价格的有大卫·李嘉图、亚当·斯密等伟大的经济学家。第一位比较系统地论述社会必要劳动时间是衡量商品价格的经济学家是亚当·斯密。他在《国富论》一书的第1篇第7章"论商品的自然价格和市场价格"中，论述了自然价格与市场价格的关系，指出市场价格会受供求影响而上下波动，但自然价格起着"中心价格"的作用。各种意外的因素会把商品的市场价格抬到自然价格以上或强抑到自然价格以下，但不管有什么障碍，市场价格终究会被吸引趋向于接近自然价格。斯密是一个劳动价值论的坚持者，但斯密并没有真正地建立起劳动价值论，换句话说，斯密并没有真正地揭示劳动与价格之间的本质关系。

第二，劳动价值论的坚持者认为，价格因供求关系围绕价值上下波动。价格围绕价值上下波动，可以自动地调节生产资料和劳动力在各个生产部门之间的分配。商品生产者为了使自己获得利润，必须改善生产条件，提高劳动生产率，唯有这样才能使自己的企业生产商品的个别劳动时间低于社会必要劳动时间，才能使企业获得更高的利润，立于不败之地。这一切都是商品生产企业自动的行为，因为如果他们不这样做的话，如果不主动改善生产条件，必然会被严酷的生存竞争所淘汰掉。

劳动价值论的创立者们坚持用社会必要劳动时间来决定价值量的多与少，这样在实质上就间接地说明了商品的价格是由社会必要劳动时间所决定的。前文主要介绍了斯密对劳动价值论的描述。接下来，我们将主要介绍李嘉图对劳动价值论的贡献，及其无法克服的致命缺点或者说是致命的错误，这样的矛盾是李嘉图的劳动价值论所无法调和的。为了剖析李嘉图的劳动价值论，请读者先看看以下的材料。

【31】在李嘉图的影响下，在英国形成了以李嘉图、詹姆斯·穆勒、麦克库洛赫为代表的李嘉图学派，他们一直在为宣传、捍卫李嘉图的经济思想而努力。从19世纪20年代至40年代，在英国甚至整个欧洲都形成了以李嘉图经济理论为轴心的多种经济派别，他们要么在基本赞同的基础上，进一步修正、发展李嘉图学说，要么在反对的基础上，吸收其有用的成分，创立自己的学说。前者以李嘉图的门徒詹姆斯·穆勒、麦克库洛赫、约翰·穆勒等经济学家为代表，后者则主要表现为代表地主阶级利益的马尔萨斯、法国的资产阶级经济学家萨伊以及德国的历史学派。由于李嘉图价值理论中存在的内在矛盾始终得不到解决，李嘉图学派早在19世纪40年代中期就实质上解体了。但是李嘉图的经济学思想仍然在很大程度上影响了19世纪后半期的经济学，包括约翰·穆勒、阿尔弗雷德·马歇尔（1842—1924）等许多西方经济学家。从小受到李嘉图思想熏陶的约翰·穆勒是一位坚定的李嘉图主义者，他于1844年出版了《政治经济学原理》一书，其中李嘉图的见解占去了很大篇幅。该书从李嘉图的基本理论出发，糅合各家之长，形成了一个新的折中主义的理论体系，被一些西方经济学家奉为无可争议的经济学经典，作为英、美等国家的经济学入门教材，它的权威地位一直到1890年马歇尔的《经济学原理》出版后才被取代。约翰·穆勒曾经在他写给一位友人的信中说，"我怀疑这本书中没有任何一个思想不表现了他（指李嘉图）的学说的推论"。可见，李嘉图的经济学思想对他影响极大，与此类似，他的思想也影响着这个时期的其他西方经济学理论。即使在马歇尔的伟大著作《经济学原理》中，马歇尔也不惜用专章来评述李嘉图的

经济学思想，这足见李嘉图对后来者的影响。

经典理论的致命缺陷：

李嘉图作为资产阶级的代言人，其思想必然受到历史的、阶级的局限，所以，他的理论中也确实存在不少错误。因为缺乏历史观，把资本主义的一切经济现象都看成是自然的，从而不理解价值转化为生产价格、剩余价值转化为平均利润的历史过程，把原始社会的生产工具也视为资本，将劳动与劳动力不作区分，这些都是他缺乏历史观的典型表现。他认为资产阶级的利益与社会的整体利益是一致的，资本主义不会出现经济危机，资本主义制度是永恒的，这是他的阶级局限性所导致的主观想象。李嘉图学说的缺陷最集中的表现是他价值论的两个矛盾，这两个矛盾也成为马尔萨斯等反对者批评的焦点，由于李嘉图及其后继者无法自圆其说，直接导致了后来李嘉图学派的解体。

第一个矛盾是价值规律与利润规律之间的矛盾。根据李嘉图的价值规律，是劳动量而非供求关系决定商品价值，那么任何商品的交换都遵循等价值（等量的劳动量）相交换的原则，资本家雇佣工人劳动时，资本家与工人的劳动相交换也应符合这个原则。既然雇佣工人创造了商品的全部价值，其就应该得到商品的全部价值，资本家就没有利润。但是根据李嘉图的利润规律，利润是劳动产品的一部分，也来自工人的劳动，而工人没有得到商品的全部价值，只得到劳动产品的一部分——工资，其余被资本家以利润的形式占去了，这样一来，李嘉图就陷入两难境地：不能说明资本与劳动交换如何与价值规律相一致。对此李嘉图的解释是，绝大多数商品与商品的交换是按等价交换原则进行的，只有资本与劳动的交换是一种例外，无碍大局。这显然是为了坚持劳动价值论而做出的仓促而粗糙的弥补。

第二个矛盾是价值规律与等量资本获得等量利润的矛盾。根据李嘉图的价值规律，等量劳动应当获得等量利润，等量资本不能获得等量利润，但实际是在不同资本构成、不同资本周转速度的情况下，使用不同的劳动量，等量资本也能够获得等量利润，李嘉图对此无法做出合理的解释，以致最后不得不宣称要修改他的价值论。

李嘉图作为资产阶级的经济学家，他的立场、观点、思想方法不可避免地会受到他那个时代的限制，他出现这些错误也是很自然的。他生长在资本主义内在矛盾日益尖锐的大背景之下，但当时资本主义毕竟还处于发展初期，资产阶级代表了新的生产力的发展方向，资本主义的一切特征还未成型，从而限制了他的眼界，他把资本主义看成是永恒的、不变的自然秩序，也是可以理解的。因此，李嘉图的这些错误和缺陷，并不能降低李嘉图学说的划时代意义，李嘉图依然无可争辩地成为古典经济学家中最杰出的代表。

对于以上的材料，我们做如下的批判剖析。

第一，李嘉图是劳动价值论的坚持者，正如上面的材料中所提到的，李嘉图的劳动价值论虽然是经典的理论，但却有两大无法克服的致命弱点。这样的弱点并非靠李嘉图或者李嘉图学派所能克服，尽管李嘉图本人或其学派做了这样或者那样的修补，但显然都是无济于事的。最终，不可避免地导致了李嘉图学派的解体。

第二，除了上述材料中所言的两种致命的问题，李嘉图还无法对罕见的雕像和古画、稀有的古钱和书籍等价格为什么这么高做出正确的解释。李嘉图只是以敷衍的态度认为：这类商品在市场日常交换的商品额中只占极少的一部分。因此，李嘉图说，谈到商品的价值，"我们总是指数量可以由人类劳动增加、生产可以不受限制地进行竞争的商品"。他给定这一限制条件，实际上就是指明，通常的商品价值只有一个来源，这就是劳动。但是，李嘉图这种敷衍的认识正确吗？请我们的读者加以仔细的思考。经过历代经济大家的发展，价值规律的一般表达形式为：价格因供求关系围绕价值上下波动。在这种价值规律的表述中，最核心的内容是：商品的价值量决定于社会必要劳动时间。而价值规律最根本的无法自我调和的实质矛盾就是在这：决定商品价格的唯一因素就是社会必要劳动时间，或者说是劳动量。我们可以轻而易举地举出很多与价值规律相矛盾的商品价格现象。例如，生产钻石的社会必要劳动时间或者说生产钻石的劳动量并非很大，但是钻石却有着惊人的价格。退一步讲，即使钻石很稀缺，它的价格也不会离它的价值远得离谱。价值规律表述得很明确：价格只是围绕价值上下波动，但不是上下波动得离谱。再如，商品房的价格也是极高的。也就是说，商品房的价格也是远离价值上下波动的，这显然都违反了价值规律的基本表述和基本的内蕴含义。稀有的古钱和古书，其价格也明显地违背了价值规律的基本内蕴含义。难道我们面对如此多的违背价值规律的事实视而不见吗？显然，作为经济学中最一般、最重要的价值规律存在着严重的问题，因为在相当多的事实面前，价格的变化规律都违背了价值规律。

第三，我们想再进一步地陈述：相同的商品其价格是围绕价值上下波动的，它的运动规律是符合价值规律的。但是，不同的商品在它们所包含的劳动时间量一样的时候，为什么它们的价值或者说它们的价格却是不一样的呢？这里面就有很深刻的事实要加以分析。

第二十二章
劳动价值和效用价值哪个更重要：
走进效用价值的深处

我们说在人类经济学的发展过程中，除了劳动价值论，还有一种极为重要的理论称为效用价值论。劳动价值论与效用价值论是两种截然不同的价值理论。但二者是否就是互相对立，不可调和呢？为了便于分析效用价值论，请读者先看看下面关于效用价值论的材料。

【32】边际效用价值论最早是由17世纪的英国经济学家N.巴贲（1640—1698）提出来的，经由德国经济学家H. H. 戈森、英国的杰文斯、奥地利的门格尔和法国的瓦尔拉的各自论述，后由奥地利的欧根·冯·庞巴维克（1851—1914）集大成，并加以发展成为西方经济学的主要价值理论之一。边际效用价值论认为，价值并不是商品内在的客观属性，商品的价值取决于效用，效用大则价值大，反之，价值则小，如果是稀有物则价值贵。所谓效用是指物品能满足人们欲望的能力，因此普遍存在着消费效用递减的规律，某种物品越多，效用越低，市场价格是买卖双方物品效用主观评价形成均衡的结果。

第二十二章 劳动价值和效用价值哪个更重要：走进效用价值的深处

边际效用价值论被用来反对古典政治经济学和马克思主义的劳动价值论，是典型的主观价值论，这种主观价值论，使得客观的价值成为一种可以随着人们的主观评价而任意变化的东西，违背人们对价值认知的基本常识。因此，用边际效用来说明价值来源是十分可笑的说法，这种说法在西方经济学界也遭到多数人的反对，包括赞同边际效用作为一种分析方法的学者。

其实，效用价值论把有用物品的稀缺性看成是其交换价值的决定因素，如果我们沿着这个逻辑继续分析，却反而可以导出劳动价值论的结论。

自然界有使用价值的物品，如果自然界不稀缺，人们可以自由取用，谁也不可能将其全部占有，就用不着通过交换来获取。因此，"稀缺性"是物品进入交换的前提。由于稀缺，人们要想获得这个使用价值，只有两个办法：一是自己用劳动去生产这个物品；二是通过交换从别人那里获得。要进行交换，就得用同样是对别人来说也是稀缺的物品，因为交换的对方如果能从自然界自由地获得这个物品，那么这个物品就属于不稀缺的东西，不稀缺的东西就无法进入交换。因此，不管是己方还是对方，只有通过劳动，才能获得稀缺的物品。凡是自然界中所缺少的东西，都是需要通过人类用劳动去创造的。物品的稀缺性是对于人们的需求而言的，人们的任何需求，最终都可以归为对于人类劳动的需求。在交换中，越是表现稀缺的物品，实际上也是越要花费更多劳动的物品。这个道理是一样的，因为如果通过劳动很容易生产出来的物品，单位商品中所包含的劳动也少，比较来说稀缺性差。越是需要花费更多劳动才能生产出来的物品，其稀缺性就强。社会必要劳动时间是在市场竞争中实现的，市场竞争也是劳动耗费的竞争，通过劳动生产的竞争，从而得出每一种物品都按社会平均劳动时间进行交换。那么仍然是稀缺的物品，必然是需要耗费更多的劳动时间才能被生产出来的物品，那么它的交换价值也就必然高了。因此，"稀缺性"与必须要耗费社会更多的劳动量其实是一回事。论证稀缺性决定价值，其稀缺性只是表象，取决的因素仍然是人类的社会必要劳动量。

同样，如果我们沿着边际效用理论分析也可导出劳动价值论。在人类的各种欲望中，人们通常愿意放弃的是不劳动的欲望，人们最愿意用这种欲望的牺牲，去换取其他欲望的满足。原因是：劳动是人的本能的发挥，人的肌体中蕴含着这种本能。这种本能的发挥，并不一定是痛苦，有时还是愉快，是一种享受，尤其是对脑力的使用更是如此。劳动虽然不是享受，但却是与享受有紧密联系的。劳动是人们对自己本能的超出享乐需要的发挥。如果用边际效用论的术语来表达，劳动就是"超出享乐边际的活动"。从满足之时开始，也就是从人们的活动到达"享乐边际"之时开始，人们发挥其本能的活动就不再是享受，而成为一种支出、一种忍耐、一种令人厌倦的活动。超出"享乐边际"越远，人们就越感到痛苦。只要超出"享乐边际"不是太远，人们是最愿意用劳动去换取自己所需要的东西的。在这方面，人与人之间的差别仅仅在于：有些人只需付出超出"享乐边际"不远的劳动，有些人却不得不付出超出这个边际很远的劳动。但是，不论如何，他们付出的都是劳动。由此可见，即使从效用价值论出发，也会得出劳动是交换价值的本原或基础这一结论。

对于以上的材料，我们有如下的几点要表述。

第一，所谓边际效用价值论是基于以下一种简单的事实，而将其抽象出来的一种普遍化的经济学理论。这种简单的事实就是：人们肚子饿的时候吃的食物最有味道，也就是吃进的食物最有价值，随着人们的肚子慢慢填饱，这样的价值就会逐渐地变小，对于边际效用经济学家来说，他们就说这样的情况属于边际效用逐渐下降。人们的肚子饱了以后，人们就没有再吃食物的欲望了，假如继续让人们吃进食物，人们此时就会产生厌恶的心理现象。这是一种普遍的心理变化过程，由最初舒服的心理到后来厌恶的心理，这样的心理是以阶梯式的形式逐渐下降的。那么，将此简单的事实心理现

第二十二章 劳动价值和效用价值哪个更重要：走进效用价值的深处

象发展成为一种经济学理论，最初是由17世纪的英国经济学家N.巴贲提出来的，然后经过经济学家H.H.戈森、杰文斯、门格尔和瓦尔拉的各自论述，最后由欧根·冯·庞巴维克集大成，并加以发展成为西方经济学的主要价值理论之一。边际效用价值论如果从心理学的角度来加以简单的分析，具有非常明显的心理特征：舒服性与非舒服性，并且这样的心理特征是连续性变化的。因此，边际效用价值论与心理学具有极为密切的联系。它们之间具有如下的事实意义上的关系：边际效用的价值越高，往往伴随着越舒服的心理特性；反之，舒服度下降，甚至产生厌恶的感觉。从这个意义上来讲，心理的舒服感是我们人类一种极为重要的心理属性。在本质性的意义上而言，心理的舒服感这种性质与我们人类的生存具有直接性的关系。心理越舒服的，显然生存的质量越高；反之，则生存的质量越低。我们可以把这样的心理舒服感延拓到一般性的动物上，当然相对于高等动物的我们人类而言，低级动物在它们的心理舒服感层面上，是无法与我们人类相提并论的。从这个角度而言，我们说经济学与心理学在很深的层面上具有极为普遍的内在关系。

第二，我们必须对材料中对于边际效用的主观性说法做出深刻的分析。我们很明显地看到，上面的材料将边际效用定性为一种主观意义上的价值。其实，这样的评断显然是有失偏颇的，是不全面的。原因在于：虽然从表面的形式上着眼，边际效用价值论好像是杂乱无章的，一会儿可以这样评价同一种价值，一会儿又可以那样评价同一种价值，好似无规律可言。给我们的感觉好像是可以随意地或者说任意地评价同一种价值。那么出现这样随意地评价同一种价值的根本原因是什么？同一种价值能随意评价吗？是不是边际效用价值论出现了错误？下面我们将通过事实分析来说明，边际效用方法是符合客观的事实，也就是说这样的分析方法是正确的。那么为什么说这样的分析方法是正确的呢？请读者考察下面的事实：

（1）我们发现边际效用总会呈现出如此的变化规律：我们以口渴为例，当我们很口渴的时候，会非常想喝水，此时喝进水后我们是最舒服的，随着我们喝水的欲望逐渐下降，舒服感会跟着逐渐地下降。请读者注意，这样的现象是会重复出现的，意即当我们再次很口渴的时候，如此的心理现象会重新出现。也就是说，看似主观的杂乱的现象，却是一种可以反复的心理现象。我们还可以这样分析：当我们很口渴的时候，此时水对于人们的生存作用最大，此时水的价值也必然是最大的。随着口渴逐渐地减弱，水对生存的作用下降，它所对应的价值也就跟着变小。当人们完全不口渴的时候，水对生存的作用就化为零，水所对应的价值就变为零了。如果再继续强行喝水，我们会感到厌恶，此时水就变成负价值的。当然，在这样的分析中，水的作用都是即时性的。所谓水的即时性是相对于水对人类生存的普遍性而言的，水的即时性暗含着这样的价值变化过程是可以重复的。因此，将边际效用价值论刻画成一种主观随意的价值现象显然是不准确的。反而边际效用价值论却很好地刻画了"价值是变动的"这种事实现象。其实，所有的事物对生存的作用都是运动变化的，从而它们对生存的价值也就随时处于变化之中，但是这样的变化却呈现出一种循环的重复现象。因此，学者们指责边际效用价值论随意地刻画同一种事物的价值，这样的指责是错误的。

（2）更重要的事实是：所有的心里舒服或者心里不舒服的感觉在我们的身体中，都会有着与之相关的物理变化过程或者是化学变化过程。也就是说，边际效用的心理现象具有与它相关的物质变化基础。当我们的心里感到舒服或厌恶时，我们的体内必然伴随着一系列的物理或化学变化过程。

在动物界的生存中，作用是一种极为重要的普遍概念，特别是对于高等动物的人类而言，作用概念的重要性更加明显。由于作用概念对生存的普遍性，因此其自然而然地被推广到经济学领域里。相信读者们知道在经

第二十二章 劳动价值和效用价值哪个更重要：走进效用价值的深处

济学中有一个重要的概念，称为效用的概念。所谓效用指的是对于消费者通过消费或者享受闲暇等使自己的需求、欲望等得到满足的一个度量。效用概念在边际效用递减规律中作用巨大。那么，在这一章中，我们自然而然要阐释作用概念和效用概念二者之间的关系，并从中明白在最广的一般意义上作用概念的深刻内蕴。

先请读者看下面的一段材料，此材料是关于效用概念在经济学中的运用。我们的目的是请读者明确作用概念在解释此材料时的更深刻的作用。

【33】根据边际效用价值论，价值是一种主观心理现象，起源于效用，又以物品稀缺性为条件。人对物品的欲望会随欲望的不断满足而递减。如果物品数量无限，欲望可以得到完全的满足，欲望强度就会递减到零。但数量无限的物品只限于空气、阳光等少数几种，其他绝大部分物品的数量是有限的。在供给有限条件下，人们不得不在欲望达到饱和以前某一点放弃他的满足。为取得最大限度满足，应把数量有限的物品在各种欲望间做适当分配，使各种欲望被满足的程度相等，这样，各种欲望都要在达到完全满足之前某一点停止下来。这个停止点上的欲望必然是一系列递减的欲望中最后被满足的最不重要的欲望，处于被满足与不被满足的边沿上，这就是边际欲望；物品满足边际欲望的能力就是物品的边际效用。由于这个边际效用最能显示物品价值量的变动，即随物品数量增减而发生相反方向的价值变动，所以，边际效用可以作为价值尺度。

美国前总统罗斯福连任三届后，曾有记者问他有何感想，总统一言不发，只是拿出一块三明治面包让记者吃，这位记者不明白总统的用意，又不便问，只好吃了。接着总统拿出第二块，记者还是勉强吃了。紧接着总统拿出第三块，记者为了不撑破肚皮，赶紧婉言谢绝。这时罗斯福总统微微一笑："现在你知道我连任三届总统的滋味了吧？"这个故事揭示了经济学中的一个重要原理：边际效用递减规律。

这则材料涉及的内容较多，比如涉及价值等概念的一些解释。但是，我们在这里只讨论分析效用概念，以及它如何被作用概念所取代。

第一，我们说边际效用递减规律是经济学中一个极为重要的规律，此规律基于一个十分明显的事实。材料中，举了一个非常简单明了的事实，这个事实是关于一个记者采访罗斯福总统的案例。在事实案例中，这位记者问罗斯福连任总统的感觉怎么样，罗斯福总统没有正面回答，他只是叫记者连续吃了三块三明治面包。最后，什么感觉的答案就出来了。边际效用递减规律是一个普遍性的规律，在我们的生活中随处可见。我们还可以举如下一个类似的例子：某个人工作了一个上午，到了该吃午饭的时候了，肚子感觉很饿。因此，此人对于吃饭填饱肚子的欲望很强。吃第一碗饭，他感到最香、最好吃。接着随着欲望逐渐地减弱，他吃第二碗饭时，就没有了吃第一碗饭那样最香的感觉了。当欲望完全满足以后，此人就没有再吃饭的欲望了。随后，如果再强行地让他吃下，他就会有想吐的感觉了。此类事实，与材料中所举的记者吃三明治面包的事实在本质上是完全一样的。边际效用递减规律在经济学中是一个铁律，具有相当大的运用范围。类似的现象在我们现实生活中是大量出现的。实质上这条规律更像是心理学中一条重要的规律。心理学与经济学的关系是极为密切的，任何一种经济学都有它相应的心理学作为基础。因此，从这个意义上而言，经济学和心理学是不分家的，二者的关系是不言而喻的。从这些事实中，人们抽象出了一种重要的经济学规律，并把它称为边际效用递减规律。

第二，我们将从最深刻的角度来解释边际效用递减规律。这个角度，就是运用"作用"这个极为重要的概念来审视。因此，我们可以把上面人肚子饿的例子，描述成如下的一个过程。首先，一个人肚子饿时，相较于肚子饱时，饭对他生存的作用就显得大。这个时候，此人对于吃饭具有相当的好感，吃饭对他来说是个舒服的事。当第一碗饭下肚后，饭对于其生存

第二十二章 劳动价值和效用价值哪个更重要：走进效用价值的深处

的作用较之第一碗饭的作用下降，吃饭的好感也就随之下降。此人肚子填饱后，此时饭对于其生存的作用降到了最低甚至没有。这时，如叫他再吃饭，可以断定此人是很难再吃下饭的，甚至有厌恶的感觉。如果强行叫他吃饭，他就会有吐出来的后果。我们再来重新地审视一下过程：从吃饭是件舒服的事，到吃饭是件困难的事，整个过程是一个连续的欲望不断下降的过程。这里存在着这样一个对应的关系，从饭对生存的作用大对应于吃饭的欲望强，到饭对生存的作用几乎为零对应于吃饭的欲望基本为零，这是一种连续的对应的过程，同时伴随着一个明显的心理过程。我想这样的事实现象，任何一个人都有深刻的体会。

第三，从上面的分析中我们可以看到用作用概念来分析边际效用递减规律时，得到的结果是一致的。如果从集合的观点来看，作用概念和效用概念都是一个大的集合。但是，二者之间却有着明显的包容关系。也就是说，一个概念包容于另一个概念之中。由于从生存这个最大的本质来加以审视，作用概念包含效用概念，或者说效用概念包含于作用概念之中。效用概念是作用概念的一个子集合。效用概念是作用概念的一种特殊的情形。由于这样一个重要的原因，我们甚至可以将边际效用递减规律改为边际作用递减规律。这样的改法是可以的，甚至可以更加深刻地揭示边际效用递减规律与生存之间某种深层次的联系。

第四，在我们人类的生存世界中，很多现象都是用作用概念来加以解释的，而无法用效用概念来加以解释。比如说在经济领域中，有以吉芬命名的吉芬商品，解释这种价格反常现象时，就必须用到作用的概念，而无法用效用的概念来解释。这就说明了作用概念具有更大的包容性，或者说具有最大的包容性。而效用这个概念的包容性就小得多了。这是两个概念之间的包容性的区别。另外，我想说明的一点事实是：在一般性的情况下，我们都用作用这个极为重要的概念来解释相应的问题，而只在一些特殊的情形下用效用这个概念。相对于作用概念而言，效用概念是一种狭义的概念。

  下面我们将向读者着重阐述边际价值与某事物对生存作用的关系。我们还是以吃饭为例，来详细阐述它们之间深刻的关系。因此，请读者注意如下的一种事实：一个人很饿的时候，食物对他的生存作用就显得尤其大，此时食物对他的边际价值是最大的，慢慢地当他的肚子逐步地被填饱了以后，食物对他的生存作用也就慢慢地变小，此时食物对他的边际价值也就跟着变小了。如果这个人还继续吃食物，以至于肚子变得很饱了，那么此时食物对生存的作用就会极速下降，甚至变为零了。如果这个人还继续吃食物，那么可以断定现在食物对他生存的作用变成负态了，也就是说这个时候这个人会厌恶食物，对食物不具有好感了。从上面的阐述中，我们可以发现如此的规律：边际价值与事物对生存的作用具有直接的内在联系。

第二十三章
寻找价值的真正内蕴

在经济学中,价值是个极为重要的概念,人们普遍接触到这个相当重要的经济学概念。那么,价值到底是什么呢?如何对它进行准确的定义?这都是我们要解决的问题。为此,我们先看下面的一则材料。

【34】什么是价值?价值是一个哲学上的抽象层次最高的概念,它包含的对象范围广泛;就像物质这个概念是一个最高的抽象,越抽象所以包含的对象范围与属性越广泛一样。正因为如此,所以至今人们很难给价值这个概念下个准确而统一的定义,这与对价值的认知与理解有关。人们广泛认可的宽泛意义上的价值定义是泛指客体对于主体表现出来的积极意义和有用性。但这个宽泛的价值定义与我们在经济学中所讨论的价值定义是不同的。在经济学中,价值是商品的一个重要属性。在这其中,西方经济学与马克思经济学对价值的定义也是有所不同的。现代西方经济学认为价值与价格是等同的,有的经济学家甚至不承认有价值存在,只有价格。马克思经济学认为,价值和价格并不等同,价格是价值的表象形式,围绕着价值波动,商品价值是由凝结在商品中无差别的人类劳动决定。在马克思经

济学中，价值与使用价值是两个平行的概念，同为商品的两个属性。使用价值也可以解释为效用价值。这里需要注意不能混淆的是：①广义上的价值与经济学中的价值概念是不同的两个概念，前者泛指客体对于主体表现出来的积极意义和有用性，后者特指来源于劳动的产品。②这里的价值是特指商品的价值属性。商品在最高层次的抽象中，只有两个属性，一是对人有用，二是劳动产品。

对于这则材料，我们有如下的几点要加以论述。

（1）价值这个概念确实是相当的抽象，在经济学的领域中，价值概念是人们必然要遇到的。我们将对价值概念做出详细的分析。我们说所有事物的价值在本质上都必须与生存联系起来。在我们的地球上还没有人类之前，宇宙中的一切物质都是一种客观的存在，价值的概念是不存在的。人类出现之后，才有了价值这种极为抽象的概念。那么，为什么说价值这种概念是在人类这种高等动物出现后才出现的呢？原因在于人类是一种具有趋向性的动物，这种趋向性与人类的生存极为紧密地联系在一起。例如，人类的行为特点具有趋利避害性、趋快乐避痛苦性等明显的趋向属性。人类的这样的趋向属性是由生存所必然决定的，对生存越有利的事物，人类必然越会趋向。而有利与快乐都是促进生存的，从而势必在人类的内在形成了这些明显的趋向性。人类这样的趋向属性必然将一切的事物划分成了两大集合：有价值的事物集合和无价值的事物集合。当然，这样的以集合的形式对一切的事物进行宏观的价值划分，仅仅是相对而言。而事实上任何事物都是有价值的，因为任何事物都有着与其相对应的作用。有时，我们会说某种事物是没有价值的，但请读者注意，这样的所谓的没有价值是相对于另外的更有价值的事物而言的。事物是否具有价值并非固定不变的，是可以变化的。进而，价值这样的概念便在人类的大脑中应运而生了。一种事物的价值的大小必然按照此种事物对于生存作用的大小而决定。也就是说，一种事物对生存的作用越大，其价值就相应越大；反之，其价值就相应变小。

（2）通过上面的严格分析，我们将在这一大段中对价值进行准确的定义。我们先对广义的价值做出定义：价值是一切事物对人们的生存的作用性。接下来，必须对广义的价值定义予以更为深入的分析。①我们必须对广义的价值定义中的"事物"这个词汇做出明确的注释。事物一词包含着两大方面，一个是"事"，另外一个是"物"。所谓"事"指的是事情或者事件。这里的事情或者事件都是抽象的，这种抽象的事情或事件也是具有价值的。比如，一种重要的情报是可以换来货币的，我们就说这样的情报是有价值的。所谓"物"指的就是生存性物品。显然，"物"是具体的，人们看得见的，可以触摸到的实体的客观物品。从广义的价值定义中我们可以明显地看出，价值是一种普遍性的概念，具有普遍的包容性。它既包含对生存有用的事件，也包含对生存有作用的物品。②我们知道作用这个极为重要的概念可以划分为两种基本的类型：物存作用和感存作用。但是，在实际的情形中，一种事物往往既具有物存作用，也具有感存作用，那么这样的事物就具有混合性的作用。从而，根据不同的实际情况，我们可以把广义的价值划分为三种宏观意义上的类型：物存价值、感存价值、混合性价值。这样的划分，使得我们对于什么是价值获得了更为深刻的认识。③相对于广义的价值而言，狭义的价值仅仅是对于商品而言的。任何一种商品都具有价值和使用价值这两种基本属性。商品的这两种基本属性都是对于人们的生存有作用而言的，假如一种物品对于人们的生存没有作用，那么这种物品就失去了成为商品的基本前提。④有些西方经济学家认为：价值与价格是一样的，甚至认为根本就没有价值这样的概念，只承认价格在经济学中的存在。这些经济学家的论断与马克思的观点截然不同。我们认为这些西方经济学家对于价值和价格的论断是错误的，也就是支持马克思对于价值和价格之间关系的认识。由于人类的存在，价值也就必然存在，价值是按照事物对生存的作用来变化的。有句话讲"人朝势走"，这句话在一定的意义上解释了人具有趋向性的行为本质。而人们为什么有行为上的趋向性呢？归根结底是由于生存这个本质。

价值概念一旦应运而生，那么我们自然而然就会提出问题：什么是价值的来源？或者说什么是价值产生的来源？一种伟大的理论认为劳动是价值产生的来源，甚至认为劳动是产生价值的唯一的来源，这种价值论被人们称为劳动价值论。另一种伟大的理论则认为边际效用能很好地刻画价值的来源，经过众经济学大家的发展形成了所谓的边际效用价值理论。劳动价值论认为一种商品的价值是由社会必要劳动时间决定的，也就是说一种商品的价值是由社会必要的劳动量决定的，从而商品的价值就具有了客观性，不会随意地变动。对于这样的论断，我们引入一种新的概念，称它为价值的固定性。同时，边际效用价值理论则认为价值具有某种意义上的变化，据此我们可以引入一种新的概念，称它为价值的变动性。那么，商品价值的固定性与商品价值的变动性是否具有相关的内在联系呢？答案是肯定的。任何商品的价值都具有固定性和变动性，因此商品的劳动价值论和商品的边际效用价值理论同时内蕴于商品之中。这两种价值理论并不冲突，反而各自很好地刻画了商品价值的相应方面。以牛奶为例，牛奶作为一种商品，它的固定的价值量是已被确定的，那就是生产它的社会必要劳动时间，可以定价为5元人民币。但是，我们总有这样的事实体会：当你肚子极饿的时候，此时牛奶在你心中的价格远远不止5元人民币。如果店主跟你要10元人民币，你可能也会给。随着你饿的程度逐渐下降，牛奶在你心中的定价会逐步地降低。当你完全饱了，你甚至会认为此时的牛奶不值钱，送给你你都不会要。通过这种事实的分析，我们看到了商品的劳动价值论和商品的边际效用价值理论能同时很好地融合在商品之中。

第二十三章 寻找价值的真正内蕴

下面我们将更加深入地分析劳动价值论与边际效用价值理论之间更为隐秘的内在联系。首先，我们要严格地陈述劳动与人们心理特征之间的密切的深层关系。快乐与痛苦是人的两种基本的心理属性。人们会很自觉地追求快乐，同样人们会很自觉地避开痛苦。不管是体力劳动还是脑力劳动，超过了一定的限度，人都会感到痛苦。因此，从某种意义上来讲，劳动往往伴随着痛苦性。而边际效用价值理论虽然说是一种经济学理论，但其在本质上可以说是心理上的快乐或痛苦的心理学理论。正如英国经济学家威廉·杰文斯所言："经济学是快乐与痛苦的微积分学……以最小的努力获得最大的满足，以最小厌恶的代价获取最大欲望的快乐，使快乐增值最大，就是经济学的任务。"杰文斯的这句话极为贴切地刻画了边际效用价值理论的本质。在上面的材料中，论述边际效用价值理论的经济学家正是从这样的角度，将劳动明确地描述为"超出享乐边际的活动"。劳动价值论与效用价值理论都只是很好地刻画商品价格的一个方面，换句话讲，单独的劳动价值论或者单独的效用价值理论无法全面描述各种商品价格的所有现象。因此，正是在这样的意义上，我们必须修改经典的价值规律，使得经过修改的价值规律能够全面解释所有商品的价格现象。

效用价值论和劳动价值论是从不同的角度来分析经济现象的。

请读者看如下的材料。

【35】西方经济学说可分为两大流派：完全以个人欲望满足为依归，分析经济问题、建立体系的自由主义经济学；主张个人欲望某种程度上服从社会利益、社会需要的所谓国家干预经济的学说。后者的哲学根源大体出于德国古典哲学。从康德到黑格尔，虽然人性总体上被认为是追求自身利益，但同时存在凌驾于个人之上的"绝对命令"，即社会的总体意志、道德意志。这一哲学思想与东方传统有某种程度的吻合。

另一条线索是价值论。我们知道，经济学存在两种价值论，即劳动价值论和效用价值论。什么是价值？价值由什么决定？如何增加价值和分配价值？……回答这些问题，就回答了经济学的大部分难题。劳动价值论比较古老，从亚里士多德开始，到配第、马克思，再到斯拉法，都是从劳动价值论入手分析经济现象。这一学说的特点是从物质生产领域开始思考问题，并把物质领域的生产当作理解所有经济问题的关键。它必然得出资本剥削劳动、资本主义非正义公平的结论。效用价值论同样也很古老，古代思想家在劳动创造价值还是效用决定价值问题上从来就含糊不清。但效用价值论的正式形成尚在马克思主义之后，大体上它是以与劳动价值论相对立的面貌出现的。效用包括物的效用和服务的效用。在此基础上建立的体系自然成了一个在社会经济生活所有方面都具有同等重要性的学说。效用价值论自创立之后，就是西方经济学分析经济问题的基本根据，大部分西方学者是从效用价值论角度分析经济问题的。所以，理解了效用价值论，就不难把握西方经济学的发展脉络和分歧所在。

西方经济学内部分歧虽然很多，但在对待马克思主义方面，却表现出了相当的一致性。与此相联系，西方经济学有意无意地避开了制度问题，当年凡勃伦从制度方面批评资本主义的时候，被当时美国的经济学界冷拒门外。只有当西方从"社会主义恐惧症"中恢复过来，对西方制度开始"有信心"的时候，从制度、产权角度研究经济问题才得到承认。但是，他们论证的是私有产权、私有制度对发展经济的比较优势。

对于以上的材料，我们想做出如下的一些分析。（1）不管是劳动价值论还是效用价值论，它们都从某种侧面深刻地分析了与之有关的经济现象，但是又无法独自完全地刻画所有的经济现象，从而说明了两种经济理论的局限性。（2）正如材料中所指出的：什么是价值？价值由什么决定？如何增加价值和分配价值？……回答这些问题，就回答了经济学的大部分难题。实际情况确实如此，价值是从普遍的现象中高度抽象出来的具有共性特征的概念。

下面我们来定义广义的价值：价值是一切的事物对人们生存的作用性。

在这里，我们将更加深入地探讨价值这个极为抽象而又极为重要的概念。从定义中，我们看到这样的事实，价值与人们的生存具有某种直接的联系。这种联系是通过作用与生存发生关系的。对于广义的价值，我们要一般性地讨论如下的一般性问题：对于人们的生存而言，是否所有的事物都有价值？换句话讲，一切的事物对于人们的生存是否都是有作用的？答案是肯定的，即一切的事物都是有价值的，也就是说，一切的事物对生存都是有作用的。很显然，货币、商品、权力等对生存是极为有利的，因此人们很容易就判断出这些事物对生存都是有价值的。但是，对于一些反常的事物人们往往就会得出错误的结论，认为这样的事物对于人们的生存是没有价值的，也就是说对于人们的生存是没有作用的，比如疾病。其实我们不能武断地认为疾病对人们的生存是没有作用的。从直观上看，疾病确实严重阻碍了人们的生存，从而人们就认为疾病对于人们的生存是没有价值的。但这其实是片面的看法，任何事物对人们的生存都是具有两面性的，疾病也不例外。疾病既阻碍了人们的生存，同时又促进了人们的生存。因为人类可以从对疾病的研究中获得更为深刻的医学知识或其他的知识。从这个角度来说，疾病对于人类的生存具有很大的意义。正所谓"存在就是合理的"，只是人们看问题的角度不同罢了。当然，疾病可以促进人类的科学研究，但任何人都不希望得病，毕竟从个人的角度看，疾病严重阻碍了个人的生存。以上我们是从一般性的意义，并且是从相对性的角度来分析价值概念的，得出了结论：一切的事物都是具有价值的。

关于价值的量化计算，我们有两个极为重要的思路，即劳动价值论的价值计量方法和效用价值论的价值计量方法。综合各方面的事实，我们会提出以下的事实疑问：在劳动价值论中，社会必要劳动时间能否很好地刻画商品的价格？效用价值论能否很好地刻画商品的价格？如果能，它们又是如何刻画的？商品的价值如何价格化，即对于一切形式的商品如何准确地进行定价，这是经济学中一个极其重要的悬而未决的问题。如能解决这个经济学的难题，经济学中相当一部分的问题也就随之解决。

（1）劳动价值论认为劳动是价值的唯一来源，因此计算价值量的基本手段自然由劳动量来加以衡量。在劳动价值论中，通常意义上用社会必要劳动时间来作为一种商品价值量多少的衡量标准。显然，当一家工厂生产一种商品的时间低于社会必要劳动时间，它就会有更强大的竞争力，这样的竞争力体现在同等的时间内会生产出数量更多的商品。也就是相对于其他的厂家，它的劳动生产率更高。劳动生产率的提高，意味着可以获得更丰厚的利润。为了获得更多的利润，不同的厂家之间必然进行着明着的或暗着的竞争，这种形式的竞争在本质上是提高劳动生产率的竞争。为了提高劳动生产率，厂家会自动地调节生产资料和劳动力在各个生产部门之间的分配。这就是劳动价值论所阐述的价值规律自动调节各种生产资料分配的力量原理。价格与价值之间具有必然的联系，价格是价值量化的结果形式，价格体现着一种商品的价值量。在劳动价值论中，价值量的基础是社会必要劳动时间，价格围绕价值量上下波动。

我们来进一步分析劳动时间或者社会必要劳动时间在劳动价值论中的作用。事实上，劳动时间是不能刻画一种商品价格的，原因如下：我们已经知道商品在宏观上可以划分为三大基本的类型：感存性商品、物存性商品和混合性商品。对一切形式的商品的划分，在前文我们就已经详细地讨论过了。正是这种基本的类型的划分，使得用劳动时间无法统一地刻画各种形式的商品的价格了。比如，无法用劳动时间来刻画水的价格和钻石的价格，因为生产纯净水的劳动时间和生产钻石的劳动时间相差不会很大，但是二者之间的价格却相差非常大。那么，社会必要劳动时间在经济学中

第二十三章 寻找价值的真正内蕴

有什么作用或者说有什么现实的意义吗？其中，社会必要劳动时间会引起厂家对生产商品的竞争，这一点是社会必要劳动时间极为重要的一种现实的意义。对于这一作用，我们在前文中已详细地讨论过了。劳动时间的另一作用是对于物存性抽象商品，即物存性劳动力商品，有着很重要的意义。因为，对于物存性劳动力商品而言，付出劳动的时间越多，显然可以获得更多的货币。但有很重要的一点需要说明：单位时间内的劳动力商品的价格，却无法用社会必要劳动时间或者说是劳动量来决定。通过上面的种种事实的讨论，我们会得出如此的结论：在传统的价值规律中，社会必要劳动时间无法唯一定义商品的价格。从而，我们必须拓展传统的价值规律范围。

（2）关于边际效用的计量问题，我们先看下面的材料。

【36】边际效用能不能计量，一直是困扰经济学家们的一道难题。弗里希提出一种运用统计资料测定边际效用的方式，试图以此加以解决。在他看来，价值"是一个技术和主观的力量都在起作用的均衡问题"。所谓"技术"，是指生产供给方面，所谓"主观力量"是指人们对效用的主观评价，一种商品的价值量的确定，要从这种均衡中寻找问题的答案。

他首先研究其他商品的价格变动对其不能产生多少影响的商品，即所谓"独立"商品的效用测量。他根据从巴黎大公司的统计资料中选出的有关资料，来计算边际效用的弹性，亦即边际效用的相对变动与收入的相对变动的比值。再从这些比值中取出一些作为描述一条曲线的点，组成商品的需求曲线，称为统计的需求曲线，并由此引申出供给曲线。然后，他研究那些边际效用受其他商品价格变动影响的商品的边际效用弹性。对此，他采用复相关方法来校正其价格影响，即运用统计资料计算出来的大致数值来衡量边际效用。我们知道，帕累托曾发明运用无差异曲线分析以求得序数效用，弗里希以统计方法来求得商品的效用是另辟蹊径。弗里希的这一尝试，关系到计量经济学的某些根本问题。特别是在此学科建立的初期，宏观模式的研究尚不盛行，人们大都从事微观的个人消费行为的研究，于是边际效用能否衡量便成为关键性问题。弗里希在统计需求方面的贡献，并没有解决效用的测量问题，不过在此设想下创建了一门新的学科。

对于以上的材料，我们要陈述的第一点是：在效用价值理论中，效用能否测量是一种关键性的问题。在边际效用理论创立的那一时刻开始，相关的经济学家们绞尽了脑汁想对所谓的效用进行测量。但效用是一种时时刻刻都在变化的量，这是我们对其捉摸不定的一个根本原因，不是我们人类不够厉害，而是效用的变化确实是太飘忽不定了，让众经济学家们望而生畏。要想对效用进行量的精准刻画，其难度是可想而知的，以至于人们产生了一种疑虑：效用价值能否进行准确的描述或量上的刻画或计算？我们对"效用价值能否进行精准的量上的计算？"回答如下：效用价值能够准确地计量。只不过，我们必须寻找到一种全新的技术或者说是概念，方能做到对效用价值的量化衡量。在后文中，我们将给出这种精准的量上的计算的一般性公式。

在上面的材料中提到的"独立"商品是指其他商品的价格变动对其不能产生多少影响的商品。弗里希想从中计算出"独立"商品的效用，从材料中我们看到弗里希最终没有成功，尽管弗里希运用了统计的计量方法。由此可见对效用价值计算的难度。其实，纵观我们所生活的世界，受其他商品价格影响很小的所谓的"独立"商品是存在的，比如说"水"就是一种"独立"商品。这是一种事实现象。原因在于，水对于人类的生存极端重要，如此重要的生存性物品受其他商品价格变化的影响就势必很小，从而水可以成为一种独立的商品。但问题是如何计算水的效用价值，这才是问题的关键。由于效用是作用的特殊的情形，作用对于生存而言是最一般化的概念，从而我们说计算水的效用价值转化成了计算水对于生存的作用价值。也就是说，我们需要对水对生存的物存性作用价值进行量化的计算。

（3）效用价值递减规律所阐述的价值量的计算方法与劳动价值论所用

的方法完全不一样。效用价值论中计算价值量所采取的基本手段是从人的心理特征入手的。效用价值理论与心理学具有直接的联系，它与人的两种基本的心理状态有关，一种心理状态是快乐，另一种心理状态是痛苦。在经济学的发展历史上，效用价值理论对于价值的计算方法有两种，一种是基数计量法，另一种是序数计量法。

关于效用价值理论中用基数计量法计算效用价值，请读者先看看如下的材料。

【37】既然效用表示消费者消费商品或劳务所得到的满足感，而且效用有大有小，那么如何来度量效用呢？基数效用（Cardinal Utility）理论认为，一种商品对消费者的效用是可以用基数1，2，3，4……加以测量，并计总求和的。边际效用学派的三位创始人杰文斯、门格尔、瓦尔拉斯都认为，效用是能够用具体数字来计量的。这好比长度可以用米作单位，重量可以用公斤作单位一样，消费者消费不同商品或不同数量的同种商品获得的效用也可以有一个共同的计量单位。计算效用大小的单位被叫作效用单位（Utility Unit）。根据基数效用论，消费者可以说，吃一个馒头的效用是10个效用单位，看一场电影的效用是36个效用单位，打一次篮球的效用是20个效用单位，拥有一辆宝马汽车的效用是200个效用单位，等等。如果对某消费者而言，一个苹果的效用为4个效用单位，一个橘子的效用为2个效用单位，则一个苹果的效用是一个橘子的效用的2倍，而一个苹果和一个橘子的总效用就是6个效用单位。

边际效用随着商品消费数量的增加而递减的例子在现实生活中比比皆是，比如一个人在饥饿时，吃第一个包子给他带来的效用是最大的。以后，随着这个人所吃的包子数量的连续增加，虽然总效用是不断增加的，但每个包子给他带来的效用增量即边际效用却是递减的。当他完全吃饱时，包子的总效用达到最大值，而边际效用却降为零。如果此时要他继续吃包子，包子给他带来的只有不舒服的感觉，即包子的边际效用变为负数，包子的总效用也会随之下降。

为什么在消费过程中会呈现出边际效用递减规律呢？基数效用论者认为，该规律的存在是以人们的欲望强度递减和欲望强度饱和为基础的。人的欲望无限，这是就欲望的多样性和分层次性，以及每一种欲望在被满足之后还会具有重复性和再生性而言的。但就每一种具体的欲望满足过程而言，在一定时间内，却不是这样。当在一定时间内，消费某种商品时，对该种商品的欲望的强度会因为得到即刻的满足而减弱；而随着消费数量和次数的增加，该种欲望获得的满足最终会达到饱和状态，欲望也减弱到最低限度。相应地，每一商品增量的消费使消费者感到增加的满足程度或效用越来越小，直至下降为0或负数。因此，边际效用的大小，与欲望的强弱成正比。同时，边际效用是特定时间内的效用，也具有时间性。

关于此则材料，有以下几点要加以陈述。

第一，效用价值论所产生的价格，我们称之为效用价格。以上的效用价格为基数性的效用价格。它是效用价格量化理论的其中一种形式，还有一种效用价值理论认为：效用价值不能进行大小的量化比较，而只能将价值进行定性的排列。前一种效用价值理论称为基数效用价值论，后一种效用价值理论称为序数效用价值论。对于序数效用价值理论，我们会在后文专门加以讨论。在这里，我们主要对基数效用价值论进行相关的陈述。

第二，我们要讨论效用价值论与感存的内在本质的关系，不仅讨论基数效用价值论与感存之间的本质关系，还讨论序数效用价值论与感存之间的本质关系。我们知道，不管是基数效用价值论，还是序数效用价值论，它们都与人们的心理现象有着根本的联系。也就是说，效用价值论与人的心理的两个本质特征——舒服和痛苦有着极为密切的内在联系。因此，我们说效用价值理论更像是心理学理论。另外，我们也注意到一个非常明显

第二十三章　寻找价值的真正内蕴

的事实：感存与人的心理的本质特征也有着根本的关系。从而在一个本质的层面上，通过心理的本质特征建构了或者揭示了感存与效用价值理论之间的内在关系。

第三，通过第二点的讨论，我们可以得出如下的结论：既然商品的价格可以用基数效用论来表述，那么商品的价格同样可以用感存来加以表述。而事实上，在根本的意义上，对于很大一部分商品我们都是用感存来分析它们的价格现象。那么，如何用感存这个基本工具分析价值现象以及与此有关的商品价格呢？我们知道，所有的商品都可以划分为物存性商品、感存性商品和混合性商品三个基本的类型或集合。

第四，在上面的材料中提出了不同的商品具有不同的效用价格，在材料中举出了很多商品的效用价格的例子。例如，看一场电影的效用是36个效用单位，打一次篮球的效用是20个效用单位。从这个例子，我们可以清楚地看到看一场电影的效用超过了打一次篮球的效用。对于这样的例子，我们有几点表述。（1）在此例中，看电影的效用超过打篮球的效用并非固定不变的。它是因人因时而异的，也就是说，对于不同的人在不同的时刻，看电影的效用并非都超过打篮球的效用，也会出现打篮球的效用超过看电影的效用的情况。（2）推而广之，不同事物对于生存的作用不一样，那么其产生的效用也就不一样，进而事物的量化结果也就不一样了。

第五，在上面的材料中，我们看到不同商品的效用是可以相加的，在本质上反映的是效用价值量之间具有相加性。

第六，在上面的材料中，我们可以看到效用与欲望之间的联系。我们对于某种商品的欲望越大，此种商品对于我们的价值就越大，反之就越小。欲望是一种重要的心理概念，但在本质上欲望是包含于作用这个普遍的概念之中的。也就是说，欲望这个心理概念是作用这个普遍概念的一个子集合。欲望具有变动性，我们在不同的时刻对于某种事物所产生的欲望是不一样的。此刻欲望大，彼刻可能欲望就变小了。这样的变化取决于某种事物对于生存的作用变化情况。

在前文中，我们已经对价值现象做了很深入的探讨，但是这还不够，下面我们将对价值现象做更为精辟的论述，使读者对什么是价值有一个更为全面的认识。

在人类已知的认识中，通常认为价值现象可以划分为两种类型，且只能划分为这两种类型，一种是劳动价值论，另一种就是效用价值论或称之为边际效用价值论。在下面的论述里，我们将详细地分析这两种价值理论之间的内在联系，使读者最后发现这两种价值理论其实是等价的，两种理论可以互相推导，即在本质上二者是一样的。

劳动价值论认为商品的价值是由社会必要劳动时间决定的，因此商品的价格也必须由社会必要劳动时间决定。效用价值论认为商品的价值是由商品的效用价值所决定的。在经济历史的发展过程中，经济学家们对这两种理论各执一词、互不相让，都认为自己的理论是正确的，都认为这两种理论是水火不容、互相排斥的。支持劳动价值论的有斯密、马克思等，支持效用价值论的有门格尔、瓦尔拉斯、杰文斯等。这两种价值理论是经济学历史发展中的主轴线。

我们将从两大本质的方面来阐述为什么这两种形式上完全不同的理论在本质上是一样的。一个本质方面是极为重要的概念"作用"，另一个本质方面是人的心理基本的特点"舒服"或者"痛苦"这一对重要的概念。

在经济学中，所谓的效用是指事物满足人们心理欲望的程度。当某种事物使人们的心理越舒服时，我们就说这种事物对人们的效用越高；当某种事物使人们的心理舒服程度下降时，我们就说这种事物对人们的效用变低。因此，正是从这种意义上讲，我们说边际效用递减规律直接与人们的心理特征联系了起来。甚至于在本质上，我们可以这么讲：边际效用递减规律就是一种心理满足程度的规律，即人们的心理舒服还是心理痛苦的规律。在前面的章节中，我们曾详细地论述了"作用"这个重要的概念与"效用"这个重要的概念之间的关系，从集合的角度我们可以认为，"作用"这个普遍的概念包含"效用"这个经济学中的重要概念。因此，我们只要一般性地论证了"作用"在价值中的作用，也就论证了"效用"在价值中的作用。从严格的意义上讲，这样的论证更具普遍性。

我们先从劳动价值论推导出边际效用递减价值论，也就是如何从劳动价值论引导出人们的心理变化现象，要么心理舒服，要么心理痛苦。劳动价值论与社会必要劳动时间有直接关系，而劳动价值规律又告诉我们在实际的生产竞争中，劳动生产率又起着极为重要的作用。我们将所有的商品划分为三种基本的类型：物存性商品、感存性商品和混合性商品，也就是说，某种商品要么属于物存性商品，要么属于感存性商品，要么属于混合性商品。物存性商品的价格与物存性作用价值和商品的供求率有关。感存性商品的价格与感存性作用价值和商品的供求率有关。混合性商品的价格与物存性作用价值、感存性作用价值和商品的供求率有关。而商品的供给和需求在本质上也是一种价值。

一种商品 A，随着生产率的不断提高，这种商品就会被大量地生产出来，从而它相应的作用就会迅速地下降。因此，此时人们对于商品 A 的心理满足程度会跟着下降。进而，人们对于此种商品的心理舒服程度会跟着相应下降。

那么，对于作用性价值所引起的心理变化的五种基本态：极端态、非常态、正常态、零态和负态，我们又如何从劳动价值论引导出这种效用价值现象呢？对于这五种心理基本态是什么，我们会在后文中加以详细的陈述。

为了论证上面所提的问题，我们分三种基本情形来讨论。我们首先以物存性商品——水为例，来论证第一种基本情形。水的定量价值公式，与水的物存性作用价值和水的供求量有关。当一个人极度渴望水时,他对水的需求量大于水的供给量,此时水的价格就会被严重抬高,也就是水的心理价格被严重抬高,水的心理价格远远大于水的真实价格,也就是水的作用大大上升了。此时,我们可以认为,水的供求率大大提高了。据此,我们可以虚幻地认为此时的劳动生产率严重下降了。在这里,我们引入一个重要的经济学概念——虚幻劳动生产率,它是相对于真实的劳动生产率而言的。真实劳动生产率是指真正的通过提高劳动生产率而提高商品的供给量。而虚幻劳动生产率是指心理意义上的一种劳动生产率,并不是真正地提高或降低劳动生产率,而仅仅是心理上对某种商品的需求放大或者缩小。从而,我们说劳动生产率可以划分为两种基本的类型:真实劳动生产率和虚幻劳动生产率。

劳动生产率的基本划分是关于劳动生产率的相当重要的突破,人们在通常的意识中,认为劳动生产率是不能再加以划分的,但在上面的讨论中,我们清晰地看到劳动生产率可以划分为两种基本的类型。

第二种基本情形,我们将论证对于感存性商品,如何从劳动价值论推导出效用递减规律价值论,即如何推导出人们心理上的舒服或者痛苦。我们以钻石作为论证对象。跟第一种情形相类似,当钻石的真实劳动生产率不断上升时,钻石的真实产量就会不断地上升,人们对于钻石注入的感存就会不断地下降,从而人们的心理舒服感就会跟着下降,即边际效用价值就会跟着下降。对于一种感存性商品 A,人们越需求的时候,人们对其注入的感存就会越多,从而人们的心理舒服感就会越多,反之则越少。从这种情形我们也可以推导出效用价值递减规律,效用价值规律在本质上属于心理是否舒服的价值规律。

第三种基本情形,对混合性商品的讨论,即如何从其劳动价值论推导出边际效用递减规律,与上面的物存性商品或者感存性商品的讨论是一样的。我们不再做重复的讨论分析。

在上面的各种情形的讨论中，我们从劳动价值论引导出了边际效用递减的价值论。但我们还需要从边际效用递减规律推导出劳动价值论，从而才能完整地论证劳动价值论和边际效用递减规律在本质上是相同的，即二者的理论在本质上是一致的。

第一，对于劳动与边际效用的关系，有经济学大家指出：劳动是超出边际享乐的活动。对于这句话的理解是：（1）这句话是从人们的心理舒服感或者心理痛苦感来理解劳动，把劳动归结为使人们心里舒服或痛苦的现象。（2）在正常情形下的劳动，只要没有超出一定的范围，人们的心里是会相对舒服的，但是一旦更多地延长了劳动时间，超出了人们的某种心理范围，就会给人们带来不舒服感或者说是痛苦感。正是在这样的实际意义上，经济学大家就指出劳动是超出边际享乐的活动。我们认为其论断的正确性是很明显的。

第二，如何从边际效用推导出劳动生产率这一概念，我们知道只要推导出了劳动生产率这一概念，即完整地引导出了劳动价值论。因为劳动生产率联系着社会必要劳动时间或者劳动时间，也联系着供求率等劳动价值论的重要概念。我们说每一个人都有五种基本的心理态：极端态、非常态、正常态、零态和负态。这五种基本的心理态对应于不同的心理舒服感或者心理痛苦感。我们考察商品，不管这样的商品是物存性商品、感存性商品还是混合性商品，其讨论结果都是一样的，不影响讨论的本质结果。（1）当人们处于一种心理基本态时，不管这样的心理基本态是极端态、非常态、正常态、零态还是负态，它都对应于一种供求率，或者是真实供求率或者是虚幻供求率。真实供求率指的是真实地提升劳动生产率对应的一种劳动供求率，而虚幻供求率指的是人们在某种具体的心理状态下，所对应的一种心理上的供求率。比如，当你的肚子非常饿时，你对食物的需求感会急剧上升，如果此时食物的供给量很少，那么在心理状态的意义上我们可以认为供求率大大上升了，从而此时你对食物注入的稀缺性感存就会大大上升，即食物的稀缺性感存价值就会迅速上升，此时你对食物的心理价格就会跟着迅速上升。（2）我们知道供求率亦可划分为两种基本的类型：真实供求率和虚幻供求率。对于真实供求率我们再做进一步的探讨。例如，当你对某种商品 A 的需求为正常态时，可以认为这种商品的真实供给量在上涨，导致了你对商品 A 的需求为正常，心理感觉就为正常性的舒服。

综合论之，当我们处于一种心理态时，要么对应于真实供求率，要么对应于虚幻供求率。不管怎么对应，我们都说可以由边际效用递减价值论引导出劳动价值论。

从而，我们在更深刻的意义上说，劳动价值论和边际效用递减价值论可以互相推导，即二者在本质上是一致的。在推导二者之间的深刻关系时，我们同时用到了真实劳动生产率和虚幻劳动生产率，以及真实供求率和虚幻供求率。

其实，通过三种基本类型商品的价值公式即可推论出：劳动价值论和边际效用递减价值论在本质上是相同的。价值公式已经完整地暗含了这样深刻的内蕴。

第二十四章
关于绝对价值和相对价值

这个世界或者说这个宇宙之中，不同的物对于人类生存的作用是不一样的，从而导致了它们对于人类生存的价值是不一样的。有的物对于人类的生存来说是不可替代的，但是有的物对于人类的生存来说是可以替代的。这样的事实普遍存在于我们的现实世界中，因此，这就孕育了物对生存的作用的绝对性和物对生存的作用的相对性。进而，就有了物的绝对价值和物的相对价值。

物对生存的绝对价值指的是这样的几种基本的物所形成的价值，它们分别是阳光、空气、水、土地。这四个具有绝对价值的物形成了一个独立的价值集合，我们把它称为四元素基本物集合，简称四元素集合。不管是动物还是植物的生存都离不开阳光。当然，阳光对于人类的生存更是不可或缺的绝对因素，是任何其他的物所不能替代的。空气对于人类的生存同样是其他的物所不能替代的，人们时时刻刻都在呼吸着空气，以保证能够生存下去，不至于死亡。水是生命的源泉，离开了水，人类就无法活下去，就会死去。水对生存的作用也是不可替代的。最后是土地，道理是一样的，土地也是一种不可替代的生存元素。在四元素集合里，阳光和空气是免费的，水和土地却具有相应的价格。阳光与空气是免费的，原因在于：阳光和空气作为生存的基本元素是无限可取的，也就是说它们的可取量是无限的，是不需要交换，任何人都可以得到的。另外，也由于阳光与空气对人类生存的极端重要性，任何人都不敢在这两种绝对价值上"做文章"。但是，我们在此要说明的一点是：目前世界各国都存在着一定程度的空气污染，使人们的生活质量大大打了折扣。空气污染必然影响着人们的生活，当然各国都在采取相应的措施来减少污染。

我们知道水和土地是有价格的，也就是说水和土地是可以进行买卖的，是商品。在四元素集合中，我们把水和土地所具有的价格称为绝对价格。虽然水和土地都有绝对价格，但它们之间还是有相应的区别的。首先，我们发现这样的事实，水的价格要比土地的价格低得多。这是为什么呢？其中有什么隐藏的秘密吗？在我们人类所生存的地球，水和土地都是一种有限的资源，它们不是无限可供应的。因此，从稀缺性角度加以考量的话，水资源比土地资源更加稀少，两种资源都具有不可替代的绝对价值，但水对生存的作用与土地对生存的作用之间还是有差别的。经过综合考察，我们发现水对生存的作用比土地对生存的作用更大。其次，我们注意到：土地可以被人们进行"炒作"，土地的价格具有更大的变动性，当然这是相对于水对生存的作用而言的。而我们反过来观察发现，水就不会被人们大肆地炒作。这一点也说明了阳光、空气、水、土地虽然同属于四元素集合，但它们对生存的作用是有区别的。这种事实现象，其实说明了一个深刻的道理，由于生存的缘故，人类是不敢对水进行价格的"炒作"的，从而水的价格是相对稳定的。但是，土地就不一样，它的价格变动性就相对大，当土地稀缺时，它的价格就跟着上涨。由于土地是稀缺资源，土地的作用很大，从供求关系方面考察，土地的价格会上涨，而不会下降。

第二十四章 关于绝对价值和相对价值

相对于具有绝对价值的四元素，其他的一切的商品，我们称之为相对价值商品，它们所组成的集合称为相对价值集合。相对价值集合中的商品所具有的价格，我们称之为相对价格。这类集合的商品都是具有可替代性的。当然，我们在这里所指的可替代性是一种广义上的含义。以衣服为例，衣服对于生存的作用主要是保暖御寒，没有衣服，人类是无法与寒冷的自然相抗争的。在人类的进化史中，衣服的出现可以说是一个重要的事件，是人类文明的一大进步。对于人类来讲，衣服也可以起到遮羞作用。衣服本身也可以作为一种集合，衣服的形式是多种多样的，如西装、棉衣、夹克、皮衣、长裤、衬衫、牛仔裤等，我们在这里都统称为衣服（衣服在这里也包含裤子等一切具有保暖御寒性质的物品）。由于衣服的形式多样，因此衣服就具有丰富的替代性，没有了西装，我们可以换夹克，天冷我们可以穿棉衣等。再如食物，也可以组成一个集合，食物的形式也是多种多样的，如大米、小米、玉米、大豆、西瓜、猪肉、鸭肉、牛肉、羊肉、馒头、西红柿、饮料、苹果等都是食物。同样，食物也就具有了丰富多变的替代性。肚子饿了，可以吃猪肉，没有猪肉，可以吃其他形式的食物来解饿。以上的衣服集合和食物集合这两个例子，充分地告诉了我们一个浅显而深刻的道理，这个道理是关于价格的一种重要的规律：相对性价值集合由于具有可替代性，从而直接地影响了相对性集合的商品的价格。

为什么有的生存性物品是免费的，即不需要货币的交换就能得到，而有的生存性物品却需要一定的货币交换才能得到？这里存在着一个十分深刻的道理：即生存成本的问题。那么，什么是生存成本？所谓生存成本，指的是人们为了生存这个最本质的缘由，而对某种生存性物品所付出的货币数量。人们对单位生存性物品付出的货币量越大，说明了此种物品对于人们的生存而言，成本越大；反之，则越少。由于阳光和空气对于人类生存的极端重要性，阳光和空气是免费的，意即人们对于阳光和空气的生存成本为零，可以无限地获取。地球上的水资源是有限的，因此虽然说水是四元素绝对价值之一，但水是具有价格的。当然，水的价格是低廉的，也就是说，人们在用水上的生存成本很低。假如人们在用水上的生存成本很高，需要用很多的货币方能交换的话，那么这显然是十分不利于人们生存的。在上面的分析中，我们运用了一个重要的概念，即生存成本。这是一种分析经济现象的重要的手段。人们对于某种物品的生存成本，可以用花费货币量的多与少进行相应的刻画，从而使生存成本与货币产生了联系。

第二十五章
作用态的一般性划分和作用价值的量化

我们知道在边际效用递减规律中,对于效用的分析有两种基本的思路:一种思路认为,效用可以进行基数性的计算;另外的一种思路则认为,效用是不可能计算的,只能进行序数性的分析。两种观点截然相反,水火不相容。在本章中,我们将尽力阐述效用的序数表示。其实,效用是可以进行基数性的计算的,效用也是可以进行序数性的分析的。作用是生存理论中一个极为重要的概念,我们将继续深刻探讨作用的内在含义,并结合边际效用递减规律,引导出作用态这一重要的概念。在后文的论述中,读者会逐步看到作用态在分析效用的序数性中的重要作用。

效用价值的序数性理论最早是1934年希克斯和艾伦在《价值理论的再思考》这篇著名的论文中提出的:效用作为一种心理现象是无法计量的,因为不可能找到效用的计量单位;他们运用埃奇沃思发明的"无差异曲线"对效用进行了重新诠释,认为消费者在市场上所做的并不是权衡商品效用的大小,而只是在不同的商品之间进行排序。这就是所谓的序数效用论。序数效用论力图避免效用可以直接被计量这种尴尬的假设,并为经济学提供了一种新的分析方法,即无差异曲线分析。

现在,我们需要对这则内容进行一些适当的分析。

第一,在这篇《价值理论的再思考》论文中,希克斯和艾伦认为效用是一种心理现象,无法用具体的公式计算出它们的数量。他们认为基数效用的假设是有问题的,即效用可以被计量的这种假设是有问题的,从而他们另辟蹊径,用无差异曲线来对边际效用进行序数性的分析。用无差异曲线分析效用的一个典型例子是:一个人吃了一块面包和听了一首音乐,如果这个人认为听了音乐比吃了一块面包在心理上更具幸福感,那么可以认为此时听音乐的效用超过了吃面包的效用,于是可以说听音乐的效用是第一的,而吃面包的效用是第二的,即听音乐的效用大于吃面包的效用。这就是序数效用论的典型例子,它的基本的分析方法是无差异曲线分析法。

第二,我们要阐明的是效用的确可以用序数性的方法来分析,但并非否定了效用可以用基数性的方法来计量,只是人们还未找到一个合适的基数性计量效用的基本手段。在后面的分析中,读者将会逐步地看到,效用是可以用基数性的公式来测量的,也就是说效用是可以计量的。总之,我们将向读者清晰地呈现出:边际效用既可用基数计量,也可用序数分析,二者并不矛盾,它们都正确地阐述了效用的价值。

某种物品或事物对于生存的作用,依据其是否会变化的特点,在一般的意义上可以划分为两种基本的类型:不变作用与条件作用。什么是物品或事物的不变作用?什么又是物品或事物的条件作用?我们以四元素集合中的水对生存的作用来加以详细的分析。例如,水对于生存的作用有:(1)解渴,水可以保证人们正常地生存下去,而不会被活活地渴死;(2)人类生命体内的各种物理过程或者化学变化过程,都需要水的参与,若没有水的参与,这一系列的变化过程是无法进行下去的,人们也就无法生存下去,就会死去。(3)水可以用来清洗身体,除去人们身上的污垢,以保证人们的舒适度。（4）人类生活的很多方面也离不开水，比如煮饭、洗菜、洗衣服等类似的一切都需要在水的参与下方可进行。以上四点是水对人们生存的四个极为重要的方面，当然，水对于人类还有其他的作用。我们把水的这样的作用统称为水的不变作用，这就是不变作用的具体例子。通过水的例子，我们认识到了什么是不变作用。在人类长期的进化史中，水的以上四点作用都是固定不变的，也就是说，水的这样的作用一直都存在着，这就是我们为什么把水的这样的作用称为不变作用。以上水的四个重要的作用形成了一个固定集合，我们称为水对人们生存的固定集合。以上所列举的四大点内容，都是这个固定集合中的相关元素。

不仅水对人们的生存有固定不变的作用，形成固定的作用集合，一切的物品或事物对于生存的作用都有不变的情形，形成固定的集合。因此，物品或事物对于生存的固定性作用是具有普遍性的。

再比如四元素集合中的土地。（1）在土地上可以种各种各样的庄稼，以保证人们生存上的需要。这是土地的第一个极为重要的作用。（2）在土地上人们可以建造各种各样的建筑物，如房子、工厂等，房子可以保证人们不被风吹日晒，以促进人们很好地生存。在工厂中生产者可以生产各种形式的商品。这是土地的第二个极为重要的作用。（3）在土地上，人们可以获得各种形式的土，以确保生存的某些需要。一句话，人们必须生存在土地上。以上三点是土地作用的极为重要的三个方面，这三个方面组成了土地对生存的作用的一个固定集合，这三个方面就是这一固定集合中的元素。

物品或事物对于人们的生存具有不变的作用，从而我们可以引出不变价值，这种价值属性与条件价值是有区别的。至于什么是条件价值，我们会在后文中进一步加以详细的分析。

物品或者事物对于人们的生存作用，还有随条件而变的条件作用。条件作用是相对于不变作用而言的，不变作用对人类的生存是固定不变的。

接下来我们要分析的是物品或事物对于生存的作用是运动变化的，即所谓的条件作用。为了说明什么是条件作用，请读者认真考察下面的一个关于水的作用的事实现象。从这种事实中，我们将引出作用态的一般性的划分。

从上面的分析中，读者们已经看到了物品或事物对于人们的生存有不变的作用，这是具有普遍性的，比如水。但大量的事实现象告诉我们，在具体的环境中或在具体的条件下，物品或事物对于人类的生存还具有条件作用。下面我们以不同情形下水的作用为例，比如一个人在沙漠里行走，刚开始的时候身上带着一些水，并且这些水可以满足他的需求，但随着行程越来越长，他逐渐口渴，天气变得越来越热，他渐渐地发现所带的水不能满足他的需求，在这样的过程中水的作用越来越大，随之水的价值就越来越大。在这个过程中，水对于生存的作用是随着条件的变化而变大的。这个人越口渴，水的作用就越大。这是条件作用的明显的例子。当然，其他事物或物品对于生存也会有条件作用，条件作用如同不变作用一样是具有普遍性的。

从一般意义的心理上来讲，水对于人们的条件作用可以宏观地划分为五大类。第一类，我们把它称为极端态。比如一个事实现象：当你极端口渴的时候，你对于水的需求是非常渴望的，你感觉好像没有喝水会死一样，在此情形下，水对于你的生存作用是最大的。当你喝下第一杯水的时候，心里是最美的。第二类，我们把它称为非常态，相较于极端态，在这种情形下你对水的需求有所下降，但是你还是很渴望喝到水的，水对于你的生存作用跟着下降。第三类，我们把它称为正常态，在此种情形里，你对于水的需求是正常的，口渴可以在一定的范围内加以控制，你没有那么急迫地想喝水。此时，水对于你的生存作用处于一种正常的状态。第四类，我们称之为零态。在此状态中，你对于水没有任何的需求，你没有任何的口渴想法，反而带有某些不想喝水的感觉。从某种意义上来讲，水对你没有任何意义，此时水对于你的生存作用为零。第五类，我们称之为反态或者说是负态。

第二十五章 作用态的一般性划分和作用价值的量化

在这种状态中,你非常害怕再喝水,如果此时有人继续逼你把水喝下,你会吐水,如果有人逼得越厉害,你会吐得越厉害。此种情况下,水对于你的生存就是一种相反的作用了,也就是说水阻碍了你的生存。我们可以看到,水在通常的意义上都是促进生存的,而在此种情形中,它却是阻碍生存的。极端态、非常态、正常态、零态、反态或负态,这五态虽然说是宏观上的划分,但它们之间的变化却是连续的。其含义是:我们从极端态非常渴望喝水,到最后变成了非常讨厌喝水或害怕喝水,这一过程是连续变化的,人们在心理上的感觉是明显的。

水既有它的不变作用,亦有它的条件作用。水的不变作用在历史的演变过程中,是不会变化的。但是,水的条件作用却是时时处处在变化的,好似捉摸不定。可我们通过观察大量的事实现象,发现了水的条件作用尽管随时随处地发生变化,却有着宏观的变化规律,即人们总处于这五态中的某一态,或是极端态,或是非常态,或是正常态,或是零态,或是反态或负态。也就是说,人们总在这五态中变来变去,逃离不了这五种心理状态。人们对于水的五种心理状态对应着水的五种条件作用。

虽然五态的划分是从水这一特殊的事实现象中引导出来的,但是它却有着普遍性。也就是说,其他物品或者事物对于生存的条件作用也可以划分为五种状态。比如说,我们听音乐,当我们非常喜欢一首歌的时候,第一遍听的心理感觉是最舒服的,这可以认为是极端态。接下来我们继续听,极端态慢慢地就变成了非常态,此时这首歌曲还是非常好听,可以认为这是非常态。再往后,非常态慢慢地就会变成正常态,心理的需求就变成了正常的状态。如果我们继续听下去,正常态就会变成了零态,此时这首我们爱听的歌曲,对于我们而言就变成平平淡淡了。如果此时有人逼着我们继续听,我们就开始厌恶这首我们曾爱听的歌曲。

听音乐这个例子,虽然说在状态上没有水的例子明显,但它的五种状态与水的五种状态在人的心理上是一样的。在考察大量的事实现象后，我们得出了具有普遍意义的结论：条件作用在宏观上可以纯粹地划分为五种态，它们分别为极端态、非常态、正常态、零态和反态或负态。我们把这五种态的划分称为作用态的一般性划分，也就是说，根据事物或物品对于生存的条件作用，作用态可以一般性地划分为五大类型。这就是所谓的对于事物或物品的定态化。

作用态的一般性划分与边际效用递减规律中的序数性分析边际价值，有什么内在的联系呢？我们知道，无差异曲线分析法是边际效用中一种基本的分析边际价值的方法。这种理论倾向于边际效用只能比大小，无法进行准确的量化计算，它区别于基数性分析边际效用的基本方法。

作用态的一般性划分与无差异分析法的联系：二者都是从心理的角度来分析问题的。我们知道人类的心理有两个基本的特征：舒服与痛苦。任何一个人都想处于舒服的心理状态，都想避免痛苦的心理状态。正是从这种一般性的心理状态出发，才有了作用态的一般性划分以及无差异分析法。也就是说，舒服或者痛苦的心理特征是二者理论的心理依据，两种理论有着很深厚的心理基础。

在通常的意义上，五大类型的态别所具有的价值是不一样的。它们可以进行序的意义上的大小比较。我们还是以水为例，极端态的价值大于非常态的价值，而非常态的价值又大于正常态的价值，正常态的价值又大于零态的价值，零态的价值又大于负态的价值。这是它们一般性价值的序的意义上的排列。从而，我们可以断定在这些情形下，极端态的心理价格大于非常态的心理价格，以此类推，零态的心理价格大于负态的心理价格，等等。

在上面的一段论述中，我们提到了"心理价格"这个概念，它是区别于商品的实际价格的。所谓商品的心理价格指的是人们在心理上给予商品的一种感觉上的价格，是一种精神意念中的价格。在极端态和非常态中，人们的心理价格大于商品的实际价格，在此种情形下，人们心里会非常坚定地认为某种商品的实际价格不止这些，心理价格远远高于实际价格。在正常态的情形中，人们的心理价格与商品的实际价格基本上是相符的。而在零态或者是反态中，人们的心理价格低于商品的实际价格，人们甚至会产生某种商品不值一分钱的想法。相信这样的情形，在我们的现实生活中是切切实实存在的。

人们的心理价格有时会高于商品的实际价格，有时会与商品的实际价格相当，有时又会低于商品的实际价格。造成这样的现象的事实原因是：在不同的条件下，某种商品对于生存的作用是不一样的，导致了人们的心理价格起起伏伏地变化。但商品的实际价格在这些情形下却是相对不变的。这是非常奇妙的一种事实现象。

通过上面的分析，我们看到如果从心理的舒服或者痛苦的角度出发，效用价值的确能用序数的方式进行分析，也就是说效用价值具有大小的排序。

我们可以从商品的价格公式来推出作用价值的公式。首先，我们知道作用价值可以分为两种基本的类型：感存性作用价值和物存性作用价值，简称为感存性价值和物存性价值。

我们知道感存性商品的成本价格为：$J_{gc}=G_z$，从而感存性作用价值的计算公式为：$G_z=J_{gc}$，即感存性作用价值等于感存性商品的成本价格。

由于物存性商品的成本价格为：$J_{wc}=\dfrac{1}{W_z}$，从而物存性作用价值的计算公式为：$W_z=\dfrac{1}{J_{wc}}$，即物存性作用价值等于物存性商品的成本价格的倒数。

由于成本价格是较容易计算的，感存性作用价值和物存性作用价值也就较容易计算。

最后，我们从混合性商品的成本价格公式：$J_{hc}=\dfrac{G_z}{W_z}$ 出发，将混合性商品的感存性作用价值和物存性作用价值的比值，称为混合性商品的价值比率，简称价值比。任何一种混合性商品都有其相应的价值比率。

注意：在通常的情况下，某种混合性商品的价值比率是相对固定的，但是在长期的历史观察中，我们发现它也会产生一定的变化，或者变大，或者变小。

由于作用概念包含效用概念，或者更进一步地说，作用价值概念包含效用价值概念，从而我们给出了作用价值相应的计算公式，也就给出了效用价值相应的计算公式。

总而言之，效用价值既可以进行序数的定态分析，又可以进行基数的量化表示，只是二者从不同的角度来审视罢了。前者是从心理的角度出发的，后者利用了商品的成本价格公式。

第二十六章
通往幸福的经济学

在生存的本质意义上，追求财富是人的天然的本性。每个人都渴望自己拥有更多的财富，更多的财富会更好地促进自己的生存，使自己的生活过得更好。有的人追求财富，取之有道，而有的人却恰恰相反，不择手段地追求财富，结果闹了个不好的结局。自古以来，人们都在尽可能多地追求财富，不管是个人还是国家。那么什么是财富？财富难道就仅仅指拥有货币量的多少吗？人或人类社会是如何创造财富的？人们通过什么样的途径获得财富，才算是真正的心安理得呢？这些都是本章要讨论的问题。

先请读者看一下以下的一则材料，这则材料有助于我们对财富的分析与理解。

【38】布阿吉尔贝尔意识到，问题的根源还在于当时柯尔贝尔推行的以牺牲农业来发展工业，同时又对工商业实行官僚管制的重商主义政策，而最终又在于对财富的认识。

什么是财富？他的看法与重商主义尖锐对立。他认为："财富包括人们的全部享受，不仅是生活必需品，也包括非必需品以及能够满足身体官能快乐的一切物品。"而货币不过是流通手段。"在财富中，钱币只是手段，而对于生活有用的各种货物才是目的和目标。"他在著作《谷物论 论财富、货币和赋税的性质》中，讥笑重商主义者本末倒置："金银这些金属在商业中之所以被采用，是因为它们在商品的交换和流通中起保证作用，这又是由于商品种类繁多，不再能进行直接交换的缘故；可是，人们几乎离开了贵金属的媒介作用，而将它当作神明来看待了。"

所以，要根本消除法国的积弊，就要废除把金银货币当作国家唯一财富来追求的重商主义政策和法令。

对于此则材料中关于财富的论述，我们有以下的几点看法。

第一，我们首先来谈论一下金银，在货币的发展历史中，金银曾经是人类货币史上一种金属货币。金银作为货币，就意味着只要拥有更多的金属货币，就拥有更多的商品财富。不仅如此，巨大的金银财富，在一定的意义上，还代表着一种权力。不管这种权力是一种意念上的权力，还是一种实际意义上的权力。因此，占有了金银就意味着占有了相应的财富，不管这样的财富是商品财富，还是其他相关的财富。同时，占有财富可以使人们的生活过得更好，更加惬意。在人的一生中，人们在某种程度上追求物质财富。物质财富可以让人们的生活得到相应的满足和幸福。在重商主义者的眼中，金银是财富的集合，也是重商主义者追求的目标。金银是一种货币，可以作为价值的尺度，衡量一种商品价值的大小。同时金银本身就具有价值，这种价值可以当作一种财富来加以保存或贮藏，是一种财富的象征。世人皆爱金银，这是事实，不可否认。

第二，我想论证的是：金银的作用是什么？也就是说，人们获得金银后，用它来做什么？这才是我们每一个人拥有金银后的一个终极的想法。面对这样一个终极的想法，不同的人有不同的答案。有的人成了金银的守财奴，一辈子为金银所困，他们仅仅知道如何赚钱，却不知道金银的意义何在。这是这样的人的悲哀之处。不管人们认为金银的作用是什么，归根到底我们说，金银的作用在本质上可以划分为两种：物存作用和感存作用。我们先论述金银的物存作用。在历史上，金银是一种主要的货币，因而金银可以买到很多的商品，以及商品外的众多的其他东西。例如，金银货币可以买到粮食、衣服、房子等，这些都是金银货币的物存作用。金银货币的物存作用，有史以来一直被人们当作一种根本性的作用。虽然人们知道金银本身具有价值，如金银可以作为装饰，但人们就是不知道这样的作用到底属于什么性质的作用。这样属性的作用到底是什么？人们一直没有答案。因此，我们有必要认真剖析此种性质的作用，让读者明白金银的另一层意义的内蕴。这就是要阐述的金银的感存作用。金银的感存意义上的作用主要表现为：金银可以用来作为装饰品。譬如，女性出嫁了，她们身上往往带着大量的金银装饰品，如金项链、金手链等。这是人类社会的普遍现象，是金银的一种普遍的感存作用。

第三，我们要阐述的是金银并非唯一的财富，换句话讲，人生的财富还有其他的表现形式。如果金银不能给你带来快乐，也就是说拥有金银并不能使你幸福，那么在实际的意义上讲，对于你来说金银反而不是一种财富。因为，从最普遍的角度上讲，或从最深刻的意义上来刻画，如果某种东西对人类是财富，那么它会给人类或人们带来幸福或快乐。因此，我们讲"带来幸福或快乐"是财富的一种本质属性。任何一种所谓的财富都必然要给人们带来相应的幸福或快乐，否则这样的东西就不能称为财富。这正如上面的材料所言：财富包括人们的全部享受，不仅是生活必需品，也包括非必需品以及能够满足身体官能快乐的一切物品。从而，财富的概念被大大地扩展了，从金银财富拓展到了所有具有享受性质的生存性事物。例如，能够充实和丰富人们精神的名人名言也是一种财富，甚至这样的精神财富比起一些世俗意义上的财富，对人的作用更大、更有意义。通过上面的一系列分析，相信读者对于什么是财富，具有了愈加清晰的认识。

第四，这是我们对财富现象的论述中重要的一点。威廉·配第是一位伟大的经济学家，马克思称他是一个"最有天才的和最有创见的"经济学家。威廉·配第曾讲过：土地是财富之母，劳动是财富之父。作为财富之母的土地，其至关的重要性是不言而喻的。农产品是在土地上生产出来的，即使是工业产品，其厂房也必须建在土地上面。所以，从这两种根本的意义上来讲，土地是一切财富生产之母。土地是财富来源的一个极为重要的侧面。财富来源的另外一个极为重要的侧面就是劳动。如果没有人们辛勤劳动的参与，那么人们即使拥有了土地这个财富之母，也是无法生产出丰富的劳动产品的。因此，作为财富的两个侧面，二者缺一不可。人们离开了哪一个方面，都无法生产出财富。当然，威廉·配第这里所讲的"劳动是财富之父，土地是财富之母"是从物存意义上而言的。土地和劳动是经济意义上的重要的两个概念，农业财富和工业财富都是建立在这两种根本意义上的。

第五，人类历史的发展过程就是一个伴随着财富创造的过程。在生产力极为低下的原始社会，人类创造的财富是极为有限的，只能够勉强地满足人类的生存需求，有时甚至无法满足。我们可以想象：那时人类的生存境况是何等的艰难！随着生产力的逐步提高，人类可以创造出更多的财富，财富可以更好地促进人们的生存。当代社会，人类可以创造出巨大的财富，充分满足人们的生存需要，无论是物存意义上的生存需要，还是感存意义上的生存需要。但世界并不太平，有的国家还处于战争的状态中，人们的生活处于水深火热之中。我想那些没有处在战争中的人们，应当庆幸拥有和平安定的幸福。从基本意义上而言，财富可以划分为物存财富和感存财富两种基本的类型。根据转化原理，这两种基本类型的财富可以互相转化。

第六，我们将阐述心理意义上的财富。有的人认为：人是自私的动物。这句话所含之意是：人有私心，凡事会顾及自己的利益而不去考虑到他人的利益。如果人们的财富观皆是秉承这样的旨意，那么我们人类是很危险的。但事实上，"人是自私的动物"只说对了一半。作为高等的灵长类，人类身体内还存在着另外的一股力量，即是利他的力量。这股利他的力量同样是很强大的。有的人会将自己的财富捐出去做善事。因此，从严格的意义上来讲，人是利己与利他的辩证统一体。正确的财富观，其结果必然是共赢的，利己的同时也利他。我们都知道妒忌是个魔鬼，有的人往往会去妒忌他人拥有的财富。这是很容易理解的，这也是人性的一个明显的弱点。但我们要反过来想：我们要自己创造更多的财富，妒忌只会使自己坠入心理罪恶的深渊，会在心理上严重害了自己。如果人们能够在这样的层面上去理解财富观，那么这样的人也是有智慧的人。

我们说任何一个人都有两种基本的心理状态，它们分别是：幸福的心理状态或者说是舒服的心理状态，以及与此相类似的一切心理状态；痛苦的心理状态或者说是难受的心理状态，以及与此相类似的一切心理状态。我们知道，任何一个人都想追求幸福。那么，所谓的幸福，到底是什么呢？如何才能到达幸福的彼岸？如何才能对幸福的内涵进行合理的表达？幸福与经济学有什么样的重要的关系？这一切都是我们在本章中要回答的问题。为了更好地分析幸福现象，请读者先看看下面的与幸福相关的材料。

【39】幸福在哪里？《易经》曰："否极泰来，福之将至。"古希腊哲学家亚里士多德认为：善就是幸福，幸福是合于德性的现实活动。幸福有三条件：身体（健康）、财富与德行，这三条件是同时必备的，缺乏理性与美德就没有幸福可言。梭伦认为，幸福包括五大要素：财富、年龄、健康、婚姻、人格。美国经济学家萨缪尔森提出了一个"幸福方程式"，其表达式是：幸福＝效用／欲望。美国著名心理学家塞利格曼也提出了一个幸福公式：总幸福指数等于先天的遗传素质加后天的环境，再加上你能主动控制的心理力量，英文表达是：$H = S + C + V$。

人们消费的目的是获得幸福。对于什么是幸福，上面提到过"幸福方程式"就是：幸福＝效用／欲望，从这个方程式中我们看到欲望与幸福成反比，也就是说人的欲望越大越不幸福。但我们知道人的欲望是无限的，那么效用再大结果不也等于零吗？因此，在分析消费者行为理论的时候，我们应假定人的欲望是一定的。那么我们不用效用理论来分析问题时，再来思考萨缪尔森提出的"幸福方程式"，我们发现他对幸福与欲望关系的阐述太精辟了，难怪他是诺贝尔奖的获得者。

在社会生活中，对于幸福，不同的人有不同的理解：政治家把实现自己的理想和抱负作为最大的幸福；企业家把赚到更多的钱当作最大的幸福；教师把学生喜欢听自己的课作为最大的幸福；老百姓往往把平平淡淡、衣食无忧作为最大的幸福。幸福是一种感觉，人们认为自己幸福就是一种幸福。有的人把拥有财富的多少看作是衡量幸福的标准，一个人的欲望水平与实际水平之间的差距越大，他就越痛苦。反之，他就越幸福。从"幸福方程式"我们想到了"阿Q精神"。

鲁迅笔下的阿Q形象，我们都了解。而我要说的是，人们如果一点阿Q精神都没有，那么会感到不幸福，因此"阿Q精神"在一定条件下是人们获取幸福的手段。如果穷人欲望过高，那只会给自己增加痛苦，倒不如用"知足常乐"，用"阿Q精神"来降低自己的欲望，使自己虽穷却也获得幸福自在。富人会追求更富有，如果得不到，他可能也会感到不幸福。

"知足常乐""适可而止""随遇而安""退一步海阔天空""该阿Q时得阿Q"，这些说法有着深刻的经济含义，我们要为自己最大化的幸福做出理性的选择。

从经济学角度分析，公平与效率的有机统一是产生幸福的基础。"条条道路通罗马"，通往幸福的路有多条，但基础条件是公平与效率的有机统一。

关于以上的材料，我们有如下的分析，以使读者更加深刻地认识幸福。

第一，古希腊哲学家亚里士多德认为：善就是幸福，幸福是合于德性的一种现实活动。亚里士多德将幸福与道德联系在了一起，并简单地认为善就是幸福。这是在道德的层面上来分析幸福的，但这样的幸福显然不能包含所有的幸福现象。举个例子：一个人在肚子相当饿时，给他一块面包吃，他会感到非常幸福，此时他的心里会有满满的幸福感。很明显，这样的幸福现象是不能用道德意义上的善来解释的。从这个简单的例子，我们可以清楚地看到"幸福现象"是个范畴很大的事实现象，我们必须从多方面进行考察，才能得到综合性的结论。当然，一个人的幸福与他的道德有着很大的联系。一个人如果没有道德、没有善的心，那么他纵使有着巨大的财富，也不会得到真正意义上的幸福。因为，他的那颗心已经蒙尘了，这颗阴暗的心是无法带来真正的幸福的。幸福与我们内心的善，联系是极为密切的，但是我们不能简单地将善与幸福画上等号。从其他角度来考察幸福，幸福还有另外极为重要的内蕴。

第二，关于幸福的条件，即人们具备了哪些条件方能获得幸福呢？关于这个问题，在材料中有着不同的提法。

（1）有人认为幸福的条件有三个：健康、财富和德行。我想在这三个条件中，健康是最重要的，健康可以被认为是幸福的前提，只有在身体健康的情形下，一切的财富才有了享受的意义，否则一个人拥有再多的财富也是无福消受的。这是健康与财富之间的辩证关系。另外，还有一点就是德行，关于德行与幸福的关系，在前文中我们已经论述过，就不再展开分析了。但对于三个条件中的健康，我们要做进一步的陈述，以使读者更加深刻地认识到健康的极其重要性。我们想说明的一点是：健康与物存之间的内在关系。健康可以划分为两种基本的类型：物存性健康；感存性健康。所谓物存性健康指的是这样一种类型的健康：身体上或者肢体上完整，没有缺陷，没有其他物质性的病变等。所谓感存性健康指的是这样一种类型的健康：

精神或者意识或者内心上的舒服，没有精神上的疾病或者精神上的不舒服等。物存性健康与感存性健康有着密切的联系：物存性健康往往会相应地带来感存性健康，带来精神上的舒服等；同样，感存性健康也会影响到人体的物存性健康。一句话，物存性健康与感存性健康可以互相影响、互相作用。关于什么是财富，我们在前文中，已经深刻论述过了。在此，我们再次提醒读者：财富不单单是可以看得见的金银珠宝和货币等，财富还包括一切能够引起心里舒服的感受。这样，我们就把财富的内蕴大大地进行推广了。

（2）梭伦认为幸福包含五大要素：财富、年龄、健康、婚姻、人格。对比以上的幸福的三个条件，财富与健康是二者所共有的。区别在于：前者认为幸福包含德行，而后者认为幸福还应包含年龄、婚姻、人格。我想，一个人的人格可以包含于德行之中。年龄和婚姻也能影响到人们的幸福，但我们认为这两个不是幸福的基本元素，它们完全可以作为关于幸福的更大的一种集合中的两个元素。

第三，我们将要论述的是幸福的基本条件或者是基本因素。

（1）我们先分析美国经济学家萨缪尔森提出的"幸福方程式"，其表达式是：幸福＝效用／欲望。这是关于幸福的方程式，萨缪尔森认为幸福是由两个相关的因素组成的，分别是效用和欲望。效用越大，人得到的幸福感越强；欲望越大，人得到的幸福感就越弱。我们认为，这样的方程式还不足以涵盖关于幸福的所有现象，它只能刻画与幸福有关的一些现象。例如，他严重忽略了一个人的身体因素对幸福的重要影响。另外，我们从哲学的角度加以考虑：一个人的欲望是必然存在的，没有欲望的人根本就不存在，适度的欲望假如能够满足，那么人会得到相应的幸福；更大的欲望如果能够满足，那么人获得的幸福感会更加强烈。因此，从某种意义上讲，欲望如果能够得到相应的满足，人会得到相应的幸福，欲望不仅仅是与幸福成反相关的关系。欲望与幸福成反相关的表述，显然不是十分合理的。最后，我们再来分析"效用"这个经济学中的重要概念，并指出它在幸福中的作用。效用指的是一种事物或者一些事物对于人们欲望的满足所起的作用。效用与欲望是连在一起的，一种事物能够给人们带来更多的作用，显然它会使人们更加幸福，也就是说，效用越大的事物，由于其满足人们欲望的方向更多，就会给人带来更多的幸福。效用与人们的幸福是呈正相关的，但正如前文所述的，任何效用的满足都必须以健康作为前提，否则人就无福消受。

（2）接着我们再来分析美国著名心理学家塞利格曼提出的一个幸福公式：总幸福指数等于先天的遗传素质加后天的环境，再加上你能主动控制的心理力量，英文表达是：H=S+C+V。显然，此公式是塞利格曼从心理学的角度得出的关于幸福的结论。先天的遗传对幸福确实很重要，假如一个人遗传了残缺不全或者有什么遗传病，对这个人而言是沉重的打击，会严重影响这个人的幸福程度。同时，一个人如果有良好的遗传基因，可为后天的努力打下一种天然的基础，相对而言这个人会获得更多的幸福。现在我们要阐明的是，遗传的影响可以划分为两种基本的类型：一是物存性遗传，它是与人们的健康有关的一种遗传；二是感存性遗传，它是与人们的智力或者能力或者精神世界有关的一种遗传。后天的环境与幸福的关系，也是明显的。好的环境总会对人们的发展或者幸福有着深刻的促进影响；反之，坏的环境总会对人们的发展或者幸福有着深刻的阻碍影响。最后，我们再来分析所谓的"主动控制的心理力量"。这可以理解为一个人的身心修为，一个人的身心修为的境界越高，他就可以逃离更多的烦恼，可以获得更多的幸福。修为越高的人，往往其德行也会越高。反之，一个人"主动控制的心理力量"越弱，就会带来越多的苦恼。

（3）不管是萨缪尔森关于幸福的公式，还是塞利格曼关于幸福的公式，还是前文中我们所分析的其他重要人物对于幸福条件的理解，从中我们都可以对幸福的基本因素进行高度的浓缩整合，并将影响幸福的基本因素重新划分为两种基本的类型：一是物存欲望的满足；二是感存欲望的满足。换句话讲，我们可以将所有引起人们幸福的因素都划分为这两种基本的集合，所有与幸福有关的因素都可以归结为这两个集合中的某一个。比如，健康因素要么可以归结为物存性健康，要么就属于感存性健康。再比如，一个人的德行可以归结为感存欲望的满足。总而言之，在最深刻的本质上，所有与幸福有关的因素都可以进行最终的归结，而物存欲望的满足和感存欲望的满足正是它们所归属的基本集合。因此，我们可以得出下面的关于幸福的公式：

$$H = W_y + G_y$$

其中，W_y 代表物存欲望的满足，而 G_y 代表感存欲望的满足。

第四，我们必须对幸福的基本公式进行更为深入的阐释。为此，我们将列举下面的事实例子并进行相关的阐述。

（1）当你很口渴时，会很渴望喝水。你喝水的过程就相当于你的物存欲望的满足过程，你会从中深深地体会到强烈的幸福，当然随着你的口渴慢慢地变弱，甚至于消失时，你的幸福感会相应地减弱以至于消失。这个过程完全是一个物存欲望满足的过程，我们可以认为在此过程中没有涉及感存欲望的满足。但我们要请读者注意的是：整个过程涉及感存的不断转化和变化，也就是说，随着口渴的逐渐变弱，感存始终在不停的变化中，由原先的强烈到后来的变弱，甚至于提不起兴趣。在这样的情形下，幸福可以用下面的公式加以表示：

$$H = W_y$$

（2）当你的手上戴着钻戒时，在心理上你会很舒服或者有相应的幸福感。这样的幸福可以认为是你的感存欲望的满足。这里并不涉及物存欲望的满足，在这样的情形下，幸福可以用下面的公式加以表示：

$$H = G_y$$

当你在欣赏鲜花且吃饭时，在心理上你会感到相应的幸福感，这样的幸福既包含着感存欲望的满足，也包含着物存欲望的满足。

我们要说明的是：在实际的生活中，我们的物存欲望的满足和感存欲望的满足皆是交叉式地联系在一起的。这是一种连续的过程，不是断断续续的。因此，我们说，幸福通常是用第一种情形的公式来刻画的。

第五，我们从哲学的角度分析幸福。凡事都有一个度，我们必须很好地掌握这种度，否则会过犹不及或物极必反，幸福也不例外。从上面的论述中，我们知道，幸福 = 物存欲望的满足 + 感存欲望的满足。一旦我们物存的欲望得不到相应的满足，心里的欲望就会产生反作用，使我们感到痛苦或者不舒服。这是一种辩证关系，得到了就舒服，得不到就痛苦。我们应根据自己的实际能力去追逐欲望，否则过高的欲望超过了我们自己实际能够达到的能力，我们就会产生相应的痛苦。我们可以用方程式来表述关于痛苦的现象：痛苦 = 物存欲望得不到满足 + 感存欲望得不到满足。我们也可以用下面的公式来表示痛苦或者不舒服：

$$T = W_{yb} + G_{yb}$$

其中，T 代表痛苦，W_{yb} 代表物存欲望得不到满足，G_{yb} 代表感存欲望得不到满足。

从公式中，我们可以看到：幸福的内容和痛苦的内容正好是一个相反的表述。前者，欲望得到了满足；后者，欲望得不到满足。例如，一个罪犯被囚禁在监狱里，他就失去了很大的自由，自己很多的欲望就得不到满足，因此他就会很痛苦。幸福和痛苦是一对孪生兄弟，不可分割。一个人不可能总是处在幸福之中，也不可能总处在痛苦之中，这两种基本的心理状态是交错出现的。我们时而会因某种喜事而感到幸福，也会因某种伤心的事而感到痛苦。

第六，我们要分析材料中"从经济学角度分析，公平与效率的有机统一是产生幸福的基础"这一句话。从产生幸福的经济学条件来说，公平与效率固然重要，它们是产生幸福的大的经济环境，没有这种大的经济环境，人们是不会真正获得幸福的。公平意味着在争取个人的幸福中，人们可以通过合理且平等的方法获取。但是，把公平与效率的有机统一看成是产生幸福的基础，显然是夸大了公平和效率的作用。原因如下：经济的发展是在安全这个前提下运行的，离开了安全二字，人们的财富或生命健康得不到保障，经济的发展就是一个空谈。任何一个社会如果不能给个人或百姓以安全，其经济的发展就会相当危险，因为人们不知道现在获得的幸福（包括财富等各种各样的幸福）能不能得到保障，会不会在下一秒就消失了。因此，在经济发展的大环境下，就有了"稳定压倒一切"的说法，其本质就是：安全的大环境是经济发展的前提。那么，在这种深刻的意义上，我们可以清晰地看到安全的经济环境比"公平与效率的有机统一"的经济环境更为重要，故从经济角度分析，公平与效率的有机统一不能作为幸福的基础，至少安全的经济环境意义已经超过了"公平与效率的有机统一"的经济环境意义。那么，从经济学角度分析，什么才是幸福的基础呢？这是一个狭义的范畴上的提问，幸福的基础被局限在经济学的角度。从最广泛、最根本的一般意义上分析，经济的基础是建立在生存这个最基本的普遍概念上的。幸福是生存之树上所结下的美好的果实。当然，从狭义的经济学角度来回答幸福的基础是什么，可以把"安全的经济运行环境"当成是幸福的基础。但请读者充分注意，这仅仅是从狭义的意义上来讨论幸福的基础。一个地区或者一个国家不能提供安全稳定的经济发展环境，我们可以断定这样的经济必然是混乱的，一句话：无法正常地发展经济，更谈不上什么幸福了。

为了更深入地探讨幸福，请读者继续看下面的关于幸福的材料。

【40】按照传统道德标准和正义原则，人性应是利他的，利己的行为要受到谴责。古希腊的伊壁鸠鲁及其信徒提出了一种观念，认为追求幸福是一种可以赞美的人类所做的努力。但早期和中世纪的基督教义拒不承认这样的论点。到文艺复兴和宗教改革时期以后，人们才开始注意到伊壁鸠鲁的论点。1651年，托马斯·霍布斯虽然遭教会反对，但他还是发表了惊人的"利己主义个人"思想。他写道：

"欲望是无穷的。人天生是渴望一切的，而当他的智力提高了，他的感觉也要精益求精了，可能有更多的嗜好；他的欲望是扩大了，而他的需要也随他的愿望的增加而增加，他的愿望是求得一切稀少的东西，能够满足他的感官的、装饰他的肉体的东西，以及增进生活安逸、愉快和华丽的东西。"

霍布斯表明了这样一种意思，人是追求个人欲望的满足来获得幸福的，这是人的本质。这是对人性的一种当时最为大胆的理解。

约翰·洛克1690年发表的《人类理解论》所表达的享乐主义哲学，构成了斯密经济学说的心理基础，实际上也是后来马歇尔经济学分析的心理根据。洛克表达了这样一种思想：人类的幸福被认为包含在欲望的满足之中；人们能够判断成为快乐源泉的各种物品，并且需要那些最能增进他们快乐的物品。这意味着要由消费者独自选择他们认为最能满足他们欲望的那些物品，并且让生产者毫不受到阻挠地生产消费者所选择的物品。这无疑是一种利己的个人主义思想。

斯密的密友大卫·休谟的动机论，追随洛克，接受幸福是所有人类活动的目的的观点。他这样写道："一切人类的勤勉的伟大目的是获得幸福"，"世界上一切事物都是用劳动购买的；而我们的情欲是劳动的唯一原因"。虽然休谟也提出这样的观点，即"公正的价值"就是谋求整个人类的幸福，除要给予直接有关的私人以幸福外，也要给别人带来幸福。但这与斯密利己主义"经济人"的内在含义并不矛盾("经济人"是《国富论》中的概念,全称为"经济人假设",简称为"经济人"),只不过经济人是在谋求个人利益当中给别人带来幸福。

这些享乐主义哲学,所表达的大体上是一种利己的个人主义。认为人们的行为,是为了个人的幸福和享受,或个人的欲望的满足。这些在斯密那里成了寻找资本最好用途的强大动机。追求幸福、享受和欲望的满足,既然是人类的本性使然,斯密的"经济人"便有了深厚的哲学基础。

关于上面的材料,我们有如下的观点分析,以便读者对于幸福有更深入的理解。

第一,利己主义和利他主义与幸福的关系。人在本质属性上是利己呢,还是利他呢?人们如何才能真正地得到幸福?我们不能单纯地认为一个人是利己的,也不能单纯地认为一个人是利他的,我们需要将二者辩证地结合起来思考,方能得到合理的解释。

(1)一个人如果只利己而不利他,其结果只能是两败俱伤。道理很简单,大量的事实现象告诉我们,只利己的行为必然会遭到他人的强烈的反击,最后自己的利益也得不到相应的保护。但我们总会观察到这样的事实,一个人总是从自己的现实利益出发去思考问题,为了自己的利益的实现,往往也会去思考别人的利益,并照顾到他人的利益,最后得到了双赢的结果。真正的利己,到最后也是真正的利他。而真正的利他,结果也是真正的利己,这是一种非常美妙的关系。我们把这样的辩证关系,称为利益的双向性。利益的双向性的含义是:实现自己的利益必然要实现他人的利益,否则损害他人的利益也必然损害自己的利益,二者就像一对孪生兄弟,不可分割。

(2)利己主义与幸福的关系:真正的利己结果都会形成利他,因此幸福是从真正的利己中获取的。另外,盲目的利己主义,其本质都是在伤害他人的利益,最终也会伤害自己的利益,从而无法实现自己的利益。正如材料中所言："斯密的密友大卫·休谟的动机论，追随洛克，接受幸福是所有人类活动的目的的观点。他这样写道：'一切人类的勤勉的伟大目的是获得幸福'。"的确如此，幸福是人类这棵生存之树上的美好的果实，人类一切行为的目的都是品尝这个美好的幸福的果实，而避开痛苦的果实。这是人类行为上的明显的趋向性，人类的行为就是这样的泾渭分明。追求幸福是我们每个人的合法权利，但我们也总会观察到这样的事实：追求自己的幸福总会与追求他人的幸福必然地连在了一起。

第二，我们再论述欲望与幸福的关系。人类的欲望是无穷无尽的，因为在整个人的一生的生存过程中，我们会不断地享受幸福，这是一种自然而然的过程。人有了欲望，而后就要不断地努力去争取，以保证幸福的连续性。当然，在其中人们也会感受到痛苦，这是正常的。假如一个人永远处于幸福状态，而其中没有痛苦元素的加入，是不正常的。幸福与痛苦交叉地存在于我们的心理状态之中。欲望得到满足，我们自然就会高兴或幸福；反之，欲望得不到满足，就会对我们的心理产生相应的反作用，我们就会感到相应的痛苦。当一种欲望得到了满足，人们会产生更高的欲望，欲望就像一个无底洞。

第三，如何理解"追求幸福、享受和欲望的满足,既然是人类的本性使然,斯密的'经济人'便有了深厚的哲学基础"？我们知道，经济人假设会得出相应的精髓结论：自由竞争的经济理论。这种自由竞争的经济理论的实质就是：人人都真正地为自己，为了实现自己的利益，会同时考虑到他人的利益，从而使社会或者一个国家，乃至于整个世界的经济合理地良性运动，开出一朵朵美丽幸福的经济花朵。斯密思考经济的出发点就在于此，这也是斯密对经济学的极大的贡献，奠定了斯密在经济学中的崇高地位。从而，我们说追求幸福或者说享受幸福以及欲望的满足这种人们的本性，成为斯密的经济人概念的哲学基础。

第四，我们要阐述的是，幸福是通过对比而得到凸显的。如何理解这句话的内容呢？我们知道如果光看自己身上所获得的，很难得出自己是否幸福的结论，把自己所拥有的与他人所拥有的进行对比，才能凸显出自己是否幸福。如果我们从对比中，发现自己拥有的财富或者其他的东西比别人更多更好，往往我们就会觉得自己幸福。相反，如果我们从对比中，发现自己拥有的财富或其他东西不如别人，往往我们就会觉得自己痛苦。这种性质的对比，可以是现在与往昔岁月的对比，也可以是今人与古人的对比，我们从中体会到自己是否幸福或者痛苦。对比的角度可以是多方面的、全方位的，现在与往昔对比也许你是幸福的，但与别人对比也许你又是痛苦的。总而言之，人们的幸福程度与他人的幸福程度联系在了一起。

幸福是一种感觉，它与舒服或快乐的感觉相类似，它们是同一种性质的感觉现象。幸福与经济学有着不可分割的联系，因为经济学在某种意义上来讲与心理学有着直接的相关性，而心理学与幸福这种基本的心理状态也有着直接的联系。在经济活动中，与其说人们是在追逐某种经济财富，不如说人们是在追求着他们的幸福。所有的财富最终都会转化为心理上的某种幸福，如果你所拥有的财富不是给你带来幸福，而是带来痛苦，那么这样的财富就是没有意义的。

接下来，我们将更为深刻地描述什么是欲望，以及其与经济的内在的关系。为了更好地阐释欲望与经济的关系，请读者先看看下面的材料。

【41】传统的伦理观把欲望作为万恶之源，主张"存天理，灭人欲"，这是对人性的扼杀。经济学家对欲望和利己的肯定无疑是历史的进步。但特别要强调的是，欲望、利己并不等同于贪婪。亚当·斯密在《国富论》中肯定了由欲望产生的利己的合理性，但他严格区分了利己与贪婪。他的另一部名著是《道德情操论》，"道德情操"一词是指人判断克制私利的能力。《道德情操论》一书正是要说明利己的人如何在社会中控制自己的私欲和行为，

使得由利己的人构成的社会也是一个有道德的社会。斯密明确地反对贪婪。他的这两部著作构成既承认利己，又要以道德克制贪婪的理想市场经济社会。

乍一看，欲望和贪婪都是无限的，但实际上这两者之间有着本质区别。美国心理学家把人由欲望产生的需求分为五个层次。正常来说，一个层次的欲望满足了，再产生新的欲望，而最高层次的自我实现则是无止境的。这就是说，人的正常欲望应该随能力的提高而产生。比如，在你的收入满足了基本生活要求之后，你就会产生新的欲望，比如买一辆车。这就是正常的欲望更新。如果人连饭也吃不饱，就整天想买车，大概只能算贪婪了。

强调把利己、欲望和贪婪分开的一个重要原因是，欲望推动人努力工作，而贪婪则会使人犯罪。再接着上个例子说，当你满足了基本生活需求之后想买车，你就会为实现这一目标而努力工作，或者在本单位做出业绩，或者去兼职，这都有利于整个社会。但如果一个人贪婪，每天只想迅速发财致富，就很可能走上犯罪之路。许多人正是被贪婪推上不归路的——从抢劫犯到贪官都是如此。欲望与贪婪往往只有一步之遥，真理跨过一步可能就是谬误。

关于此则材料，我们有如下的几点论述，在阐释的过程中，读者会更加清晰地认识到欲望与经济的关系，以及欲望与生存的必然联系。

第一，欲望与生存的内在关系。假如把一切的欲望剔除掉，任何一个高等生命都是无法生存的。欲望的存在是必然的，它是人的一种本性的内需，它是生存的必然的内在要求，人都是有欲望的。合理且适度的欲望是促进生存的，但是过分的欲望却是阻碍生存的。过度的欲望一旦无法实现，人们就会感到痛苦。所谓"存天理，灭人欲"，是一种很荒唐的想法，人欲是不可能被消灭的。欲望与贪婪有着本质上的区别：（1）在生存的意义上，二者的属性是不一样的。欲望在生存上是正的属性，而贪婪在生存上是反的属性。人们通过合理的方法去获取相关的满足，这是欲望的情形。人们通过不合法或者不正常的手段去获取相关的满足，这是贪婪的情形。最终贪婪会将人引入犯罪的道路，而欲望所追求的是美好的果实。（2）欲望是经济发展的推动力，人们的欲望形式是方方面面、多种多样的，为了这些欲望，人们自然地会去努力满足，而在满足自身欲望的过程中，人们就必然会推动经济的正常发展，使社会变得更加美好。而贪婪则会让社会的风气变得浑浊，从而阻滞着经济的正常发展。因此，欲望与贪婪是完全不同的。

第二，利己与经济发展的内在关系。在《国富论》里，斯密已明确了利己主义与经济发展的本质关系。承认利己，是人类的一大进步，通过利己方能真正地做到利他。利己主义在经济学上有着极为重要的作用，斯密在《国富论》里，把利己主义发挥到了炉火纯青的境界，这是斯密对经济学的贡献。利己主义与经济人假设有着本质的关联。利己与贪婪或自私在本质上是不一样的，贪婪或自私是只顾自己的利益，而不顾他人的利益，是典型的损人利己的表现。利己则是要满足他人的利益，从而再实现自己的合理的利益，是一种共赢的结果。利己与自私只有一步之遥，在心理上而言，前者在天堂，后者在地狱，心理境界完全不同。

第三，我们将分析需求层次论。在上面的材料中，我们已经看到美国心理学家将人们的无尽的欲望分为五个层次。需求的层次理论认为：人们的欲望可以分为五个层次，最低一种层次的欲望实现后，就会向更高一种层次的欲望前进，一层一层地，不断地往前递进。这就是说，欲望是可以进行分层的。但我们要向读者阐述的是感存与物存是如何在这样的层次需求论中运动的。我们通过对事实现象的考察来分析这个问题。例如，一个人家里很穷，他首先要解决温饱问题，在解决温饱问题的过程中，他的物存与感存是同时实现的。也就是说，他解决了温饱问题，同时也实现了他内心的幸福或舒服，物存与感存是同时并进的。随后，他会向更高的欲望要求前进，以至于层层推进。但是，不管他的欲望层次如何提升，物存与感存皆是同步并进、相伴前进、同时实现的。这是需求层次论的一种基本特点。这种事实现象具有普遍性，适用于所有的人。通过上面的分析，我们看到需求层次论可以理解为：它是感存和物存并行性地从低一级的需求向高一级的需求不断上升的一种过程，在此过程中人们的欲望不断得到满足，内心不断获得幸福。

接下来，我们将向读者展示幸福的更深层次的意义，特别是它在经济运动过程中的本质性的意义，为此请读者先看看下面的材料，我们对此材料展开相应的分析。

【42】西斯蒙第学说的一个基本思想，就是产品要被消费才会有价值，若生产出了一大堆财富，而生产它们的劳动者却不能享受它们，仅仅满足了一少部分人的穷奢极欲，那么，社会为什么要生产它们呢？这就提出了一个公正与财富需要权衡的问题。就是说，人类生产财富的真正目的，是为了人类的幸福，如果人们创造了财富，却不能消费它们，多数劳动者的生活甚至比原来更痛苦和不愉快，那么这既不公平，也不正义。由于产品要"消费才有价值"，因而，创造的财富要分配给需要消费它们的劳动者才能充分发挥它的作用。

古希腊著名哲学家苏格拉底曾经说过："我比较倾向于说，事物只要是愉快的就是好的（如果它没有其他后果的话），而事物只要是痛苦的，那就是坏的。"一件事的好与坏，公正还是不公正，要看它是否给人类，或绝大多数人带来愉快。资本主义大生产无疑是一种以最快速度创造财富的生产方式，但这种生产方式以大生产摧毁小生产，众多的小生产者破产，沦落为出卖劳动力的无产者。财富是急剧增加了，占人类大多数的劳动者却没有足够收入来购买，结果，少数人可以穷奢极欲，多数人贫穷困苦。资本主义社会财富的急剧增长，导致的是多数人不愉快，这说明，资本主义不是一个"好的"事物，是一个"坏的"事物。

一个社会如果由于追求财富的增长而日益失去公平和正义，那么这个社会将走向崩溃。伟大的马克思曾经很认真地描述了"资本主义必然灭亡"的逻辑过程,世界上也曾经有十多亿人对此坚信不疑。当时的资本主义为追求财富而牺牲了社会公正,使这个社会形成阶级对立,社会矛盾激化,陷入了深刻的经济政治危机之中。如果这种为财富增长而牺牲公平正义的状况继续维持下去,不作任何改变,这样的制度必然走向灭亡。

对于以上的材料,我们要做出如下的几点分析,以使读者进一步认识到幸福在经济里的本质作用。

第一,财富的消费与幸福的关系,这一点是关于消费的深入探讨,在探索和阐述的过程中,我们会更加清晰地认识到幸福的本来面目。

(1)所谓消费,它的内在含义是指一种财富或者某种商品要进行某种实质意义上的转化,而在此转化过程里,人们会在心里感觉到舒服或者幸福。那么什么是某种实质意义上的转化呢?我们通过事实例子加以阐述,以明确其内涵。例如,你买了一袋米,假如你没有将这袋米使用掉,而是买后一直放在那里,这袋米就没有进行实质意义上的转化,这袋米超过了保质期,就会生虫烂掉,这袋米就没有起到相应的促进生存作用,你也就不能从中得到相应的幸福感,整个过程可以认为没有消费的内涵。米的促进生存作用没有得到实质意义上的转化,即米没有被消费掉,这是关于消费意义的反面例子。当然,我们也可以很容易找到关于消费的正面例子。还是以食物为例,比如你买了一个苹果,把它吃掉了,也就是说苹果这种食物进行了实质意义上的转化,你会从中体会到幸福感或者说是舒服感。这两个例子是关于消费内涵的反面例子和正面例子,不单单有这两种例子,其实实质意义上的转化是普遍存在的,贯穿在我们生活的整个过程,从生到死。任何一种形式的财富,不管它是物存性的财富,还是感存性的财富,如果它没有进行实质意义上的生存转化,换句话说,就是没有把它相应地消费掉,从而达到心理意义上的幸福或舒服,那么这样形式的财富在生存上是不具有意义的，仅仅是一种形式的占有或者称为摆设罢了。

（2）我们进一步阐释财富的性质以及幸福的性质，即所谓象征性财富和象征性幸福。为了充分地解释象征性财富和象征性幸福这两个概念，以及二者之间的联系，我们通过具体的例子加以分析。比如一个人拥有巨大的财富，十分富有，他所拥有的货币财富一辈子都花不完，当然，他就有很大的财富无法消费掉，那么现在的问题是：这些无法消费掉的财富就没有意义了吗？还是具有更深层次的意义呢？如果我们现在还从实质意义上的转化加以考虑的话，显然会得出错误的结论。对于这样的事实，我们应当从另外的一种角度去分析。为了很好地理解这种类型财富的意义，我们首先要知道：什么是象征性财富和象征性幸福？所谓象征性财富指的是一个人所拥有的财富比一般人都多，且一生中都花不完。所谓象征性幸福指的是由象征性财富所引起的内心的快乐或者幸福。象征性财富直接引起了象征性幸福这种事实现象。原因在于：一个人所拥有的财富越多就会越引起人们羡慕的目光，当然从财富的拥有者角度思考，他就会更加幸福或更有舒服感。通过上面的分析，我们发现这样的普遍事实：象征性财富虽然没有被直接消费掉，但是这种巨大财富的拥有却会给人带来心理上的舒服感或者幸福感。我们把象征性财富这种形式的消费称为暗消费，同时我们把前面的实质意义上的生存转化性的消费称为明消费。这样财富消费就有了两种类型：财富明消费和财富暗消费。两种形式的消费在本质上都可以让人获得心理上的快乐。当然，我们也同时注意到这样的事实现象：在明消费中，对于具有保质期的食物要合理及时地消费，否则就成了浪费，无法转化成幸福。在暗消费中，所具有的财富在通常的意义上具有恒久性，比如货币财富。

（3）象征性财富与名誉的关系，这一点对于象征性财富具有重要的意义。货币财富太多或者其他形式的财富太多，但人却不懂得消费掉或者说一味地只知道守财，人生的意义就会大打折扣。财富越多，越要懂得行善，名誉才会越来越好，唯有这样，人生才会更加缤纷多彩。

第二，我们要探讨财富的多数性占有与财富的少数性占有的关系，这是从社会的层面来阐述财富，这会引导我们对各种社会形态的思考。财富的多数性占有与财富的少数性占有，在本质上就是财富的分配问题。这是个大问题，我们先做一个初步的探讨。正如西斯蒙第所言："若生产出了一大堆财富，而生产它们的劳动者却不能享受它们，仅仅满足了一少部分人的穷奢极欲，那么，社会为什么要生产它们呢？"西斯蒙第对于财富分配的发问是十分深刻的。大多数人辛辛苦苦地劳动，却不能获得应有的财富，不能享受到他们应有的幸福，而极少数人却占有大量的财富，极大地浪费多余的财富，试问：这样的社会形态还正常吗？在人类几千年的历史中，奴隶社会、封建社会等就是这样的畸形社会形态的代表，到处是赤裸裸的剥削关系，人压迫人的现象是十分普遍的。财富的不平等占有必然成了社会形态从低级野蛮向高级文明变化的内在动力。在这种畸形社会形态中，大多数人的生存受到了严重的威胁，而只有少数人过着穷奢极欲、纸醉金迷的生活。正常合理的社会形态应当是：绝大多数人的生活应当是幸福的，少数人的生活是相对幸福的。唯有这样的形态下，社会才不会动荡不安，才会正常有序地运转。人类社会自然而然就会朝着这样的社会形态运行变化。

第三，苏格拉底有句名言："我比较倾向于说，事物只要是愉快的就是好的（如果它没有其他后果的话），而事物只要是痛苦的，那就是坏的。"我们对比做深入探讨。

（1）在前文中，我们曾经论述过人的心理状态可以划分为两种基本的类型：幸福态或者舒服态、痛苦态或者不舒服态。人的心理状态的基本划分，是对人的心理运动规律的非常深刻的认识，这种基本划分在经济学中有着极为重要的作用。显然，苏格拉底的这句名言是十分正确的。通过这种深刻的心理状态的描述，苏格拉底将所有的事物进行了相应的划分，能够给人们带来幸福或愉快的就是好的事物，否则就是不好的事物。例如，性在夫妻之间是合理合法的，可以给夫妻带来十分明显的心理享受或者幸福感。人类如若没有了性，生活不完整，生活状态会剧烈地失衡。但是，如果人们对性不加控制，就会带来巨大的伤害，比如，失去了家庭的安宁，以及处在无尽的忧伤之中。

（2）苏格拉底将这种深刻的想法运用到社会形态之中，即运用这种心理状态的基本划分的尺度，来衡量一个社会形态的好坏。苏格拉底认为，如果大多数人处在痛苦之中，而仅有少数人处在穷奢极欲之中，那么这样的社会就是不合理的，势必会被一种更为先进的社会形态所取代。这正与马克思论述的资本主义社会必然灭亡的思想不谋而合，因为资本主义社会中人与人之间是一种赤裸裸的金钱关系，是剥削与被剥削的关系。显然，这样的社会是建立在多数人痛苦，而少数人快乐的基础之上的，长此以往，社会必会发生变革，被新型的、更为先进的社会形态所取代。请读者高度注意基本心理状态的划分，在经济学中很多理论的论证都会涉及它。

一种合理的社会形态，应当顾及每个人的幸福，这才是一个公平且公正的社会形态。

第二十七章
美与经济的关系：
从美的角度建立劳动价值论与
边际效用递减价值论的等价关系

在这一章节，我们将深刻探讨美与经济的直接的本质关系。为此，我们先向读者陈述如下的一种基本事实：如果我们在所生存的环境或地球不能发现美，那么我们会很难生存或无法生存下去，也就是说，我们会很痛苦或死去。任何一个人都会对其所生存的环境产生美感，这样的美感或强或弱。也就是说，我们人类在生存的环境中感到美，是生存的一种充要条件。而美是我们人类对任何一切注入感存的产物，美随着感存的变化而变化。感存是生存的一种基本的力量，它是无形的、看不见的，但是它却真真实实地作用着我们人类的生存。感存作用的一种直接的结果，就是让人类对生存环境产生美感，从而促进人类的生存。这种基本的作用，从古至今被人们忽略了，很多人没有意识到这种基本力量与生存之间的本质性联系。我们只注意到吃喝住行对于生存的作用，而从本质意义的角度去思考，

第二十七章 美与经济的关系：从美的角度建立劳动价值论与边际效用递减价值论的等价关系

吃喝住行仅仅是物存行为，它被物存这个基本的集合所包含，也就是说，吃喝住行只是物存集合中的一些元素罢了。因此，人们在阐释经济学理论或者社会学理论时，都仅仅从物存这一基本力量去思考，引导出各种各样的理论。显然，这些理论都是有致命缺陷的，缘由很简单：没有感存这一基本力量的参与。没有感存这一基本力量参与的经济学理论或其他形式的理论必然存在着严重的问题。既然美是感存的直接的派生产物，我们就详细阐述美与经济的内在的本质关系。

前文中，我们曾利用"作用"这个重要的概念和两种基本的心理态：舒服和痛苦，建立了劳动价值论和边际效用价值论的等价关系。现在，我们将从另外一种本质的角度来论证两种理论之间的等价关系，这种工具即是"美"。在论证之前，我们先简单回顾一下劳动价值论和边际效用价值论的相关基本内容，即关于这两种理论的基本事实。

【43】马克思完整地阐述了劳动价值理论：商品具有使用价值和价值两因素，是因为生产商品的劳动具有具体劳动和抽象劳动的两重性。价值由人类抽象劳动决定，即生产商品所消耗的体力和脑力决定。它可以按劳动的时间来计量，生产一个商品需要的劳动时间越长，价值越大，但社会只以社会必要劳动时间计量商品价值，即以平均劳动强度和技术水平下生产商品所需要的劳动时间决定，或通常所说由部门平均劳动时间决定。

【44】根据边际效用价值论，价值是一种主观心理现象，起源于效用，又以物品稀缺性为条件。人对物品的欲望会随欲望的不断满足而递减。如果物品数量无限，欲望可以得到完全的满足，欲望强度就会递减到零。但数量无限的物品只限于空气、阳光等少数几种，其他绝大部分物品的数量是有限的。在供给有限条件下，人们不得不在欲望达到饱和以前某一点放弃他的满足。为取得最大限度满足，应把数量有限的物品在各种欲望间做适当分配，使各种欲望被满足的程度相等，这样，各种欲望都要在达到完

全满足之前某一点停止。这个停止点上的欲望必然是一系列递减的欲望中最后被满足的最不重要的欲望，处于被满足与不被满足的边沿上，这就是边际欲望；物品满足边际欲望的能力就是物品的边际效用。由于这个边际效用最能显示物品价值量的变动，即随物品数量增减而发生相反方向的价值变动，所以，边际效用可以作为价值尺度。

美国总统罗斯福连任三届后，曾有记者问他有何感想，总统一言不发，只是拿出一块三明治面包让记者吃，这位记者不明白总统的用意，又不便问，只好吃了。接着总统拿出第二块，记者还是勉强吃了。紧接着总统拿出第三块，记者为了不撑破肚皮，赶紧婉言谢绝。这时罗斯福总统微微一笑："现在你知道我连任三届总统的滋味了吧？"这个故事揭示了经济学中的一个重要原理：边际效用递减规律。

消费者连续消费一种产品的边际效用是递减的。如果企业连续只生产一种产品，它带给消费者的边际效用就在递减，消费者愿意支付的价格就低了。因此，企业要不断生产出多样化的产品，即使是同类产品，只要不相同，就不会引起边际效用递减。例如，同类服装做成不同样式，就成为不同产品，就不会引起边际效用递减。如果服装完全相同，则会引起边际效用递减，消费者不会多购买。

我们先对材料【43】做出详细的分析，并建立劳动价值论与美的本质关系，并由此推导出边际效用递减的价值理论。

第一，劳动价值论的核心论点是：（1）商品具有使用价值和价值两种因素；（2）商品的价值量由生产商品的社会必要劳动时间决定。这是古典经济学对于商品价值的理解，是从劳动的角度来理解的。因此，我们只要建立这两个核心论点与美的本质关系即可。商品的使用价值指的是商品对生存的某种作用，任何一种商品对生存都是有作用的，否则这样的物品就成为不了商品。商品的价值是对商品使用价值的量化表示，并通过货币以

第二十七章　美与经济的关系：从美的角度建立劳动价值论与边际效用递减价值论的等价关系

价格的形式加以量化表示。我们说任何一种物品对于生存的作用都可以划分为两种基本的形式：感存作用和物存作用。从而，商品的使用价值可以划分为两种基本的类型：感存性使用价值和物存性使用价值。对于劳动价值论的第二个核心论点"商品的价值量由生产商品的社会必要劳动时间决定"，我们在前文中已做了详细的论述，已经重新阐释了价值规律，在此我们就不再展开了。

第二，我们考察一种商品 A，并通过以下两种情形来加以分析。

（1）我们已经对古典的价值规律重新进行了表述。一种商品的价值量或者说价格，一般由三种基本的因素决定，它们分别为：感存性作用价值、物存性作用价值和商品的供求率。在通常的情形下，我们只需考虑供求率对于商品价格的影响或价值量的影响。商品的供求率与生产商品的劳动时间具有直接的联系，其联系是密不可分的。另外，我们请读者必须注意这样的重要事实：越是稀缺的物品或对生存作用越大的事物，我们对其注入的感存就越多，物品或事物显示出的美感就越强烈；反之，就越弱。现在我们考察商品 A 的第一种情形，当这种商品 A 还比较稀缺时，人们对它注入的感存就会更多，因而人们就会感觉这种商品更美；反过来，商品 A 被大量地生产，由于它的普遍化，人们对商品 A 轻易可得，人们对它的感存注入就会变小或变弱，这种商品的美感就会相应地下降。从而这种情形就引导出了边际效用递减价值论。边际效用递减价值论的核心思想是：当一种商品不断地被消费时，随着消费量的不断增多，人们对它的欲望就会不断地减少，进而人们心里的舒服感也会不断地减少，以至于最后人们完全没了感觉，甚至在继续消费的情形下，会产生厌恶感。材料【44】所阐述的关于边际效用递减规律的论点对应的就是这种重要的事实。边际效用递减规律与美的联系是直接性的，且是本质性的。它们的关系表述如下：当一种商品不断被消费之时，人们的舒服感就会随之下降，同样人们对这种商品的美感也会随之下降。这是一种非常重要的事实，它说明了通过美可以建立劳动价值论与边际效用价值论之间的等价关系。第一种情形是关于实际性的生产商品的情形，我们称之为具象生产商品，生产的商品越多，人们对它的欲望就越低，效用就越低，人们心里的舒服感就越低，美感就越少。

（2）第二种情形是商品 A 对生存作用性的情形，它不是具象生产商品，而是幻象生产商品，所谓幻象生产商品指的是人们并没有实际地生产商品，而是商品在某种情形下的作用变大了。我们也可以从劳动价值论引导出边际效用价值论，其推导链条如下：当某种商品在某个时刻对你的生存作用很大时，你就会注入很多对它的感存，同时你就会感到这种商品很美，你的心里会相应地感觉很舒服；反之，你对它的感存注入就会变少，同时你对这种商品的美感就会下降，你心里的舒服感也会相应地减少。比如，你肚子饿了，这时一碗饭在你眼里的感觉与肚子不饿时完全是不一样的。此时，这碗饭对于生存的作用在急剧上升，你所注入的感存此时上升的原因是饭的作用变大了。

第三，我们再度考察商品 A，并从边际效用递减价值论引导出劳动价值论。当我们连续不断地消费同一种商品时，我们对这种商品产生的美感就会不断地下降，由最开始的美，逐渐变为不怎么美，还继续下去的话，我们会产生厌恶感。这种事实就相当于生产者在不断地生产同一种商品 A，使得这种商品从稀少变得很普遍，人们对它的感存注入就会从多变少，美感也会跟着发生相应的变化。

综合论之，不管在前面的章节中从"作用"和心理的基本态入手来论证劳动价值论与边际效用递减规律在本质上是等价的，还是现在从美的角度来论证劳动价值论与边际效用递减规律在本质上是等价的，我们都得出了一个极为重要的结论：劳动价值论与人心理的相应变化（舒服、痛苦或美、丑）有密切关系；而边际效用递减价值论会对实际的商品生产产生直接的

第二十七章　美与经济的关系：从美的角度建立劳动价值论与边际效用递减价值论的等价关系

引导作用，生产者不能不断生产同样的商品，要使商品的形式多样化。因此，这两种价值论都具有两重性：客观的生产性和主观的心理性。前者指的是这两种价值论都会直接影响到实际的商品生产，后者指的是人们会在心理上产生相应的状态：舒服、痛苦或美、丑。

我们已经知道人们只有对事物产生美感，才能幸福地生存下去，否则就无法生存。这是客观的事实，它所包含的道理是极为深刻的。现在，我们看看美与商品的生产有何内在的关系？美对商品的生产起到了什么样的推动作用？

只要我们认真观察生活中的种种现象，我们总会发现这样的事实：（1）在同等的价格下，人们喜欢去装修相对较好的那一家饭馆吃饭，或者去装修相对较好的那一家商店买服装，或者去装修相对较好的那一家商店买日用品等。（2）在同等的价格下，或价格相差不大的情况下，人们喜欢买包装较为精美的食品或其他的日用品等。（3）在同等的价格下，或价格相差不大的情况下，人们喜欢到环境较好的体育馆健身等。（4）旅游方面，人们喜欢去风景更美好的景区游玩等。当然，类似的事实还有很多，我们仅仅列举了以上四种具有代表性的情形。这些重要的客观事实包含着极为重要的经济学规律，它在一个侧面指导了商品应该如何生产，以及如何生产商品才能让人们获得心理上的舒服、才能满足人们心理上的欲望。

下面我们通过例子加以分析，以便读者更加深刻地认识它的蕴意。例如：以商品的包装为例，A、B两个厂家生产同样的一种食品，厂家 A 对此商品的包装要比厂家 B 对此商品的包装更为精美，更为合理。我们就会注意到这样的结果：在价格相差不大的情况下，人们更愿意买厂家 A 生产的这种食品，而 B 厂家生产的这种食品就会受到相应的冷落，不好卖。从心理欲望满足的角度分析，厂家 A 商品精美的包装更能引起顾客的食欲，相比之下厂，家 B 商品的包装不容易引起人们的食欲。这个客观事实揭示的就是：

美在商品生产中的重要作用，以及美如何通过对人们心理的影响而作用于商品生产。厂商如果能够充分把握这样的事实来生产商品，那么商品会更容易卖出去。我们也注意到这样的事实：很多厂商虽然不知道其中深刻的道理，或此道理的本质原因，但他们在无形之中都在自觉或不自觉地运用这一事实规律，以提升商品的售卖量。

事实证明，美与经济有着不可分割的本质性联系，它有助于我们更深入地理解相关的经济现象。

参考文献

［1］达利，柯布.21世纪生态经济学[M].北京：中央编译出版社，2015.

［2］燕君.一本书读完经济学名著[M].北京：电子工业出版社，2013.

［3］斯凯恩.笑话中的经济学[M].北京：电子工业出版社，2010.

［4］张笑恒.北大清华经济课[M].北京：人民邮电出版社，2014.

［5］萧剑.听经济学家讲故事[M].北京：当代世界出版社，2007.

［6］陈世清.对称经济学[M].北京：中国时代经济出版社，2010.

［7］陈金伟，宁仁梅.影响世界的10位经济学大师[M].北京：人民邮电出版社，2012.

［8］许小年.自由与市场经济[M].上海：上海三联书店，2009.

［9］卢晓刚.说钱——与财富有关的事儿[M].太原：山西经济出版社，2009.

［10］张体，连山.图说经济学[M].北京：中国华侨出版社，2015.

［11］吴学军，罗世滨.经济如此动荡，你要早作打算[M].广州：广东经济出版社，2012.

［12］蔡定创，蔡秉哲.信用价值论：宏观经济学新原理[M].北京：光明日报出版社，2015.

［13］沈禄政.经济学在身边[M].北京：电子工业出版社，2016.

［14］黄威.经济的逻辑[M].武汉：武汉出版社，2010.

［15］何正斌.经济学300年[M].长沙：湖南科学技术出版社，2010.

［16］李建琴，史晋川.微观经济学教程[M].杭州：浙江大学出版社，2006.

［17］王俊峰.每天学点经济学全集[M].北京：石油工业出版社，2009.

［18］梁小民.小民经济学[M].北京：北京联合出版公司，2015.

后记

经过几个春秋的心血凝结，这本关于经济运动规律的著作如期地完成了，其中的辛酸只有我自己知道。我想我没有辜负生命中的每一天，是不间断的对经济事实现象的思考，使我感到生活的充实和美好。生命中一个最基本的事实是生存，而生存的必要条件是感存和物存，经济运动也必须遵循这种基本的规律，由此引发了我对经济学"大厦"的建立。从最简单的原理，演绎出复杂的理论。它与宇宙的大道至简的思想是一致的，显示出了理论的高度美感。深奥的经济现象所蕴藏的道理，就这样被一层一层地拨开，真理显现在我们的面前。书中的各种结论，我是反复思考与推敲过的，都是具有普遍性的。江风无月心如潮，回首暮云落花处，正是我此刻的心情。希望此书能够给人类的智慧宝库添上一丝光亮。

庄艳忠
二〇二四年五月